JN082393

実践につながる
新しい乳児保育
——ともに育ち合う保育の原点がここに

大浦賢治 編著

The new practical textbook
for infant care

ミネルヴァ書房

は じ め に

　近年，格差社会，日本語を母語としない子どもの増加，そして児童虐待などのように，子どもを取り巻く環境には時代の変化に伴う数々の問題が山積しており，子どもだけではなくて大人も自分自身のこれまでの人生やこれからの生き方に思いを巡らす状況がみられます。こうした中で脳科学や心理学の最新の知見からこれまで考えられていた以上に，人間の一生にとって乳幼児期は重要な時期であることが明らかとなってきました。資源に乏しいわが国において今後も少子化が進む現状を考えると，なおさらのこと将来の日本を背負って立つ子どもに少しでも質の高い保育や教育を授けることが不可欠であると考えられます。

　このような諸課題に対処するために，国の施策としては2016年に児童福祉法が改正されて，さらにその後の2018年から新しい「保育所保育指針」が施行されました。また，保育の内容・方法に関する科目としての「乳児保育」については，改定後の「指定保育士養成施設の指定及び運営の基準について」の中で以下の目標が掲げられています。

〈教科目名〉乳児保育Ⅰ（講義・2単位）

〈目標〉
1．乳児保育の意義・目的と歴史的変遷及び役割等について理解する。
2．保育所，乳児院等多様な保育の場における乳児保育の現状と課題について理解する。
3．3歳未満児の発育・発達を踏まえた保育の内容と運営体制について理解する。
4．乳児保育における職員間の連携・協働及び保護者や地域の関係機関との連携について 理解する。
※「乳児保育」とは，3歳未満児を念頭においた保育を示す。

〈教科目名〉乳児保育Ⅱ（演習・1単位）

〈目標〉
1．3歳未満児の発育・発達の過程や特性を踏まえた援助や関わりの基本的な考え方について理解する。
2．養護及び教育の一体性を踏まえ，3歳未満児の子どもの生活や遊びと保育の方法及び 環境について，具体的に理解する。
3．乳児保育における配慮の実際について，具体的に理解する。
4．上記1〜3を踏まえ，乳児保育における計画の作成について，具体的に理解する。
※「乳児保育」とは，3歳未満児を念頭においた保育を示す。

　こうして保育士養成校には質の高い保育者を育成するということが求められているわけです。しかしながら，現状では保育士養成校で学ぶ学生が少なからず卒業時に進路変更することに加えて，現職者の早期離職や休職などにより，就労する保育士が全国的に不足しており，さらに周りを見渡せば適切な子育ての相談相手がいない保護者の窮状などもみられます。そこで，この問題を解決できるような良書が求められています。このような現状を踏まえて，このたび刊行に至った本書は，より質の高い保育学生の育成，日常の職務に不安を抱える新任保育士，そして子育てに様々な悩みを抱える保護者の方々への「道しるべ」となるべく実践的な書籍として企画されたものです。

　こうした本書『実践につながる 新しい乳児保育——ともに育ち合う保育の原点がここに』の特色は以下の通りです。

①　「指定保育士養成施設の指定及び運営の基準について」に準拠して「乳児保育Ⅰ」「乳児保育Ⅱ」に
　　対応した内容構成となっている。

② 執筆者は全員が，保育士養成施設所属の現役教員や保育の業務に従事している現場の責任者などであり，「乳児保育」の領域において特に造詣が深いスペシャリストである。

③ 構成は，「第Ⅰ部 講義編」全15章（乳児保育Ⅰに対応）と「第Ⅱ部 演習編」全8章（乳児保育Ⅱに対応），合計23章からなるが，授業回数が15コマの学校にも対応可能なように「第Ⅱ部 演習編」は各章2節（全16節）構成としている。

④ 内容は実践本位であり，日常の授業を受ける保育学生，現場の新任保育士のみならず，適切な相談者が身近にいない保護者にとっても助けとなるような知識やスキルが数多く掲載されている。

⑤ 平易な解説と親しみやすいイラストや写真を多用しているので，初めて乳児保育に関わる読者にも理解が容易である。

　乳児保育は，一生続く学びの出発点であり，赤ちゃんに対してお世話をしてあげるという一方向的な関わりではなく，育てられる人と育てる人が共感し合いながら関わり合うことで双方が育ち合う営みです。これは，私たち大人は赤ちゃんから人間が育つとはどういうことかを学び取り，自分は人間としてどうあるべきか，またどう生きるべきか，という人間存在の意義に立ち返ることを意味しています。乳児保育に対する実践力を身に付けると同時に，大人と子どもが共に育ち合える「保育の原点」を本書から読み取っていただければ幸いです。

執筆者一同

第15章　乳児保育における連携と協働

第Ⅱ部　演習編

第16章　0歳児保育の実際

第17章　1歳児保育の実際

第22章　長期的な指導計画と短期的な指導計画

第23章　集団の指導計画と個別の指導計画

本文イラスト：大浦賢治（第18，20章除く）

第Ⅰ部

講義編

　乳幼児期は人間の一生を形成する土台となる時期です。そして，この時期に出会った物事や人々との関わりがその子どもの心身に大きな影響を与えます。近年ではこの時期の重要性があらためて認識されていますが，少子化，児童虐待，貧困など現在の日本社会は数々の困難な課題を抱えています。そこで，講義編である第Ⅰ部では，主に「乳児保育Ⅰ」の内容を中心として最近の社会事情，乳児保育の意義，子どもの発達過程，そして年齢ごとの子どもへの関わり方，保育者の心構えなどを学んでいきます。いずれもこの科目を学ぶうえで基本となる事柄ばかりですので，しっかりと学んで地域社会の人々から期待される保育者になれるように頑張りましょう。

おことわり

　児童福祉法では「保育所」が正式名称とされており，「保育園」の表記は通称として使用されています。しかしながら，一般的に保育所は公立，保育園は私立で使われることが多く，さらに規模の大小によっても名称の使い分けがなされています。そのために本書では解説をする場面や状況などに応じて両方の表記を使用しています。

第1章 乳児保育の意義と役割

学習のポイント

●社会と乳児保育の関係を知り，乳児保育の全体像を把握しましょう。
●乳児保育における保育の内容を理解しましょう。

第1節 乳児保育と子育て家庭の社会的状況

1 社会と家庭状況の変化

【事例1-1　保育園落ちたの私だ】
　2016年3月にSNS上で「#保育園落ちたの私だ」という投稿が飛び交った。きっかけとなったのは「保育園落ちた日本死ね」と書かれた匿名のブログだ。国会で保育所不足のことが取り上げられ「誰が書いたんだよ」という野次がとんだことを受けて一気に投稿は広まり，国会前でデモをする人たちもいた。
（出所：ハフポスト，2016年3月2日の記事を要約して抜粋）

　ニュースや社会科の授業で「少子化」や「待機児童」という言葉を聞いたことがあるでしょうか。少子超高齢社会ともいわれるように日本国内の出生数はほぼ毎年減少しています。子どもが減っているにもかかわらず，待機児童，つまり保育所に入れない子どもがいるなんて，不思議ではありませんか。図1-1をみるとピークよりは減りましたが，まだ1万人を超える待機児童がいます。子どもを産む数が減っても，保育所を利用する家庭の割合が上がったということです。

　そのような社会の変化の背景には，非正規雇用の増加があります。1990年代頃から不景気や低成長の時代が続き，契約社員・派遣社員などの不安定雇用が増えてきました。父親一人の収入で家族全員の生活費を賄えなければ母親も働かなければなりません。一方で女性の高学歴化や，価値観の変化，**女性活躍**推進の政策等により働きやすい環境も整ってきました。それらの社会の変化を受けて共働きの家庭が増えています。また，離婚によってひとり親家庭になるケースも増えています。共働き家庭やひとり親家庭で子育てをしようと思えば，日中の子どもの世話を誰かにしてもらわなければなりません。こうして保育所の利用希望者は増え，保育所に入りきれない子どもが待機児童となっています。

2 乳児保育のニーズの高まり

　社会の変化により保育ニーズが増えましたが，3歳以上の子どもの受け皿と

✿ことば

少子化
相当の期間にわたって合計特殊出生率が，人口を維持するのに必要な水準を下回っている状況をいう。

待機児童
保育所を利用する理由があり保育所等の保育施設への入所を希望していながら，保育施設に入所できていない子どものこと。

少子超高齢社会
65歳以上の高齢者が人口の7％を超えると高齢化社会，14％を超えると高齢社会，21％を超えると超高齢社会と呼ばれる。日本では，2007年に高齢化率が21％を超えて超高齢社会となった。それに少子化を合わせて少子超高齢社会となる。

プラスα

女性活躍
2015年に女性活躍推進法が決議されるなど，政府による女性の社会進出の後押しがある。一方で女性の家事負担が重い状況が続いているなど，ジェンダー・ギャップ（男女の格差）の改善につながっていないとの指摘もある。

図1-1　待機児童数の変化

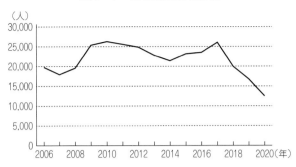

出所：内閣府『少子化社会対策白書（令和3年度版）』及び厚生労働省『保育所関連状況取りまとめ（平成25年4月1日）』をもとに作成

しては元々幼稚園がありました。そのため待機児童のほとんどは，3歳未満児です。2020年時点では，待機児童の87.1％が0～2歳児でした。

それと並行して保育に期待される役割も変わってきています。今の保護者の多くは，核家族で育った世代です。親戚との交流も多くなく，兄弟も少ないため，自分が子育てをするまでに赤ちゃんと関わった経験がない保護者がほとんどです。育児に関する信頼できる相談相手も求められています。

3　子どもと子育てを応援する社会への転換

ここまでの社会の変化を受け，2010年に子育てを社会全体で支えるものと位置づけ，目指すべき社会への政策を打ち出す「子ども・子育てビジョン」を閣議決定しました。この子ども・子育てビジョンをベースにして，2014年より「子ども・子育て支援新制度」が始まりました。「量」と「質」の両面から子育てを社会全体で支えることを謳う制度ですが，中でも強調されたのは0～2歳児を受け入れる保育施設の増加です。小規模保育，家庭的保育，幼稚園・保育所の認定こども園への移行支援など，0～2歳の保育枠を増やす対策を重点的に行いました。その成果もあり，近年待機児童数は減少傾向にあります。

2017年に告示された**保育所保育指針**の改定は，子ども・子育てビジョンを踏まえた内容となっていて，保育所や保育士の役割として子育て支援が重要な位置づけとなっています。また0～2歳児の保育所利用者が大きく増えたことを受け，0，1，2歳児の保育についての記述が充実しました。ではそのように重視されている乳児保育とはどのようなものなのでしょうか。

第2節　乳児保育の意義・目的と役割

1　乳児とは

本書は乳児保育のテキストです。「乳児」とは一体何歳のことでしょう。「乳」というからには，ミルクや母乳を飲む赤ちゃんのことでしょうか。

保育所の法的根拠である児童福祉法では第4条1で次のように規定しています。「乳児　満1歳に満たない者」，つまり0歳児のことを指しています。

ことば

子ども・子育てビジョン
次代を担う子どもたちが健やかにたくましく育ち，子どもの笑顔があふれる社会のために，子どもと子育てを全力で応援することを目的として，2010年に子ども・子育てビジョンが閣議決定された。ビジョンでは「子どもが主人公（チルドレン・ファースト）」という考え方に基づいて，「少子化対策」という社会からの発想ではなく「子ども・子育て支援」という家族中心の発想に転換し，社会全体で子育てを支え「生活と仕事と子育ての調和」を目指すこととされた。

プラスα

保育所保育指針
保育の内容に関する基本的事項を示すもので約10年に一度改定される。2017年の改定では，乳児に関する記述の充実，養護の意味の再確認，幼児教育機関としての役割，災害への備え，研修体制の強化の5つがポイントとされている。

一方で，厚生労働省の保育士養成課程等検討会資料の中では「本科目における『乳児保育』は，3歳未満児の保育を指す」と書いてあります。法律用語としての「乳児」と，科目としての「乳児保育」にズレがあることがわかりますね。保育士養成の科目としての「乳児保育」は3歳未満児の保育のことを指しているため，本書でも3歳未満児の保育を扱っています。

保育現場でも「乳児」という言葉を使う際に，0歳児を意味する場合と0，1，2歳児を意味する場合があります。どちらの意味で使っているのか確認するようにしましょう。

2　乳児保育の意義

テレビやインターネット等で左のイラストのように「乳児を保育所に預けるなんて可哀想」という意見をみたことがないでしょうか。その前提には「幼い子どもは生物学上の母親が世話をすべきである」という考えがあります。そのような考え方を「3歳児神話」と呼びます。3歳児神話は，たとえば次のようなものです。

・3歳までの子どもは母親が世話をしなければならない。
・母親が世話をしない子どもは発達上，取り返しのつかない悪影響を受ける。
・子どもは母親による世話を望むはずである。

幼少期の関わりが子どもの発達にとって重要な意味をもつのはたしかなのですが，それは生物学上の母親でなくてもよいですし，一人である必要もありません。

不快な場合や困ったときに母親に限らず身近な大人に対応してもらうなど安心して過ごせることで，子どもは自分が周囲の人々に肯定されており，自分の周りの世界は信用できるものだという**基本的信頼感**を獲得できます。基本的信頼感をもった子どもはヒトとの関わりに積極的になり，経験の幅を広げることができるのです。

3　乳児保育の目的と役割

保育所保育指針第1章1(1)「保育所の役割」では，保育の役割としてア〜エの4つが挙げられています。

> ア　保育所は，児童福祉法（昭和22年法律第164号）第39条の規定に基づき，保育を必要とする子どもの保育を行い，その健全な心身の発達を図ることを目的とする児童福祉施設であり，入所する子どもの最善の利益を考慮し，その福祉を積極的に増進することに最もふさわしい生活の場でなければならない。

アでは「保育を必要とする子どもの保育を行い，その健全な心身の発達を図ること」が，保育所の目的であるとわかります。保育を必要とするというのは，第1節で述べたような就業はもちろんのこと，保護者の病気，介護，就学，虐待のおそれなどの状況のことです。それらの事情によって保護者が子どもの世話をできない場合に，保護者に代わって保育所は子どもを保育します。

では，健全な心身の発達を図るとはどういうことでしょうか。そのヒントが

まだ赤ちゃんだし，保育園に預けるのは可哀想かなぁ？
母親が一緒にいるのが子どものためなのかなぁ？

プラスα

3歳児神話
1998年の『厚生労働白書』では「母親と子どもの過度の密着はむしろ弊害を生んでいる，との指摘も強」く「3歳児神話には，少なくとも合理的な根拠は認められない」として3歳児神話を明確に否定している。

ことば

基本的信頼感
エリクソンによると，基本的とはパーソナリティの一部として特別に意識されることなくもっているという意味であり，信頼感とは，ほどよく人を信頼し，自分も信頼に値するという感覚を表す。

その次に出てくる「子どもの最善の利益」という言葉です。「子どもの最善の利益」は，子どもの権利を象徴する言葉として様々な法律や条約に用いられています。児童の権利に関する条約では，子どもの最善の利益の内容として「生きる権利」「育つ権利」「守られる権利」「参加する権利」という **4 つの権利** を挙げています。

> イ　保育所は，その目的を達成するために，保育に関する専門性を有する職員が，家庭との緊密な連携の下に，子どもの状況や発達過程を踏まえ，保育所における環境を通して，養護及び教育を一体的に行うことを特性としている。

イでは，目的を実現するための保育のあり方について書かれています。保育は「養護と教育」を一体的に行うものです。養護というのは子どもの心身の健康を保つ保育の福祉的側面です。保育は児童福祉であると同時に教育でもある，という 2 つの性質をもっています。この中身については，第 3 節の中でより詳しくみていきます。

> ウ　保育所は，入所する子どもを保育するとともに，家庭や地域の様々な社会資源との連携を図りながら，入所する子どもの保護者に対する支援及び地域の子育て家庭に対する支援等を行う役割を担うものである。

ウは子どもだけでなく，家族に対する子育て支援の機能について書いたものです。児童福祉法第18条の 4 では保育士を「保育士の名称を用いて，専門的知識及び技術をもつて，**児童の保育**及び**児童の保護者に対する保育に関する指導**を行うことを業とする者」と定めています。子どもとの関わりだけでなく，保護者の子育て支援が保育士の役割の一部であることがわかります。

在園児の家庭のニーズに合わせながら子どもを保育し，また保護者と情報共有や相談援助を行います。さらに身近な子育ての専門機関として，地域の保護者の子育て支援も期待されています。

> エ　保育所における保育士は，児童福祉法第18条の 4 の規定を踏まえ，保育所の役割及び機能が適切に発揮されるように，倫理観に裏付けられた専門的知識，技術及び判断をもって，子どもを保育するとともに，子どもの保護者に対する保育に関する指導を行うものであり，その職責を遂行するための専門性の向上に絶えず努めなければならない。

エでは，保育士の専門性の向上について書いてあります。保育や子育て支援を適切に行うためには，技能を高め，時代の変化に合わせ知識やモノの見方を更新していく必要があります。

第 3 節　乳児保育における養護及び教育の一体性

1　環境を通した保育

生まれたばかりの子どもは，まだ自分でできることは多くはありませんが，

プラスα

4 つの権利

児童の権利に関する条約で保障される子どもの 4 つの権利について，ユニセフは次のように説明している。生きる権利：住む場所や食べ物があり，医療を受けられるなど，命が守られること。育つ権利：勉強したり遊んだりして，もって生まれた能力を十分に伸ばしながら成長できること。守られる権利：紛争に巻きこまれず，難民になったら保護され，暴力や搾取，有害な労働などから守られること。参加する権利：自由に意見を表したり，団体をつくったりできること。

子どもの権利には受動的権利と能動的権利の側面がある。受動的権利は大人に守ってもらう立場としての子どもの権利であり，保護者や社会などが義務を果たすことで実現するものである。もう一方の能動的権利は子ども自身が自分の意思をもって権利を行使するという側面である。参加する権利などはその能動的権利を文章化したものであるが，守るべき存在としての子どもを強調しすぎると，この能動的権利が十分に実現されないことがある。

その後の３年間でたくさんのことができるようになります。食事一つをとっても，保育者に哺乳瓶を口に当てがってもらっていた赤ちゃんが，自分で手づかみ食べをし始め，やがてスプーンを持って食べられるようになります。まだできないということは，これから身に付けるということでもあるのです。乳児は何もしていないのではなく，周囲から情報を得て積極的に学び取っていると考えることができます。

　乳児が自分の能力を発揮して学び取りながら成長していくために必要なのは，周囲の環境です。生活の場面やあそびを直接的に体験しながら，環境から刺激を受け，様々なことを感じ，気づきを得て新しいことを身に付けていきます。そこで，多様な体験ができる環境をつくることが保育者の役割となります。

　では適切な環境とはどのようなものでしょうか。保育の内容は養護と教育の二本柱です。子どもの発達に沿った養護と教育が行えるような環境でなければなりません。ここから乳児期の養護と教育についてみていきましょう。

2　乳児保育における養護

　保育所保育指針第１章２⑴では，養護について「養護とは，子どもの生命の保持及び情緒の安定を図るために保育士等が行う援助や関わり」であると，記述してあります。

　保育所における養護とは，子どもの健康な生活を守る保育の福祉的な機能を指します。その方法として**生命の保持**と**情緒の安定**の２つが挙げられています。大まかにいえば，生命の保持は体の健康，情緒の安定は心の健康です。

　生命を保持するためには，栄養のある食事をし，十分な睡眠をとり，体や服，身の回りの空間を清潔に保ち，安全な環境をつくり，病気やけがの際には適切な治療を受けなければなりません。しかし子どもは，食事や排泄などの生理的欲求を自分で満たすことができません。そこで保育士らが子どもたちを守り，支えることが必要になります。

　また，乳幼児期は身の回りのことを自分でできるようになっていく時期でもあります。そこで保育者は子どもの援助をしながら，子どもが**基本的生活習慣**を身に付け意欲的に生活できるよう働きかけていきます。

　それらの身体的な側面だけでなく，精神的な側面からも子どもの健康のための働きかけを行います。それが情緒の安定です。子どもの気持ちを受容しながら関わっていきます。安心して甘えられる関係の中で，子どもは自分自身を肯定的にとらえられるようになり自尊感情が高まっていきます。

3　乳児保育における教育

　保育所は子どもを養護し守る場です。しかしそれだけではありません。子どもはただ生きるだけでなく，日々経験を重ね成長する存在だからです。子どもが年齢に応じて学びを得られる教育も行わなければ，家庭に代わる子育ての機能を十分に果たせません。

　そこでいう教育とは，学校のように席に座って先生の説明を聞くことではありません。具体的な経験を通して気づいていくことです。たとえばボールを実

ことば

基本的生活習慣
食事，排泄，睡眠，着脱衣，清潔など毎日の生活を健康に送るために，日常的に繰り返す習慣のこと。保育所では食具の使用，トイレでの排泄など生活習慣の形成の支援を行う。

際に転がすことで，ボールの動きや跳ね返り方を理解していきます。慣性の法則や弾力性の知識があるわけではありません。ボールを見る経験そのものを通して学ぶのです。

そのような経験を経た子どもは，ボールを投げるようになり，やがてドッジボールなどもできるようになります。このように**発達は連続性**をもってつながっていきます。何歳だからこれ，と決まった活動があるわけでもなく，その子どもの発達段階にあった経験をすることで一つひとつ能力を伸ばしていきます。

その教育の内容は0歳児では3つの視点，満1歳以上児では五領域として表されます。その詳細は次節の中で解説します。

4　養護と教育の一体性

ここまで保育における養護と教育についてみてきましたが，実際には保育の中での関わりは「これは養護，これは教育」とはっきり分けられるようなものではありません。

一つの活動に養護と教育の両側面があります。また，教育の充実によって事物の理解が進み心身のコントロールが上手になると，子どもの行動が変化し健康な生活習慣を進んで行うようになります。適切な養護がなされると今度は心身が安定した状態で意欲的に保育活動に参加でき，教育効果が高まります。養護と教育は互いに双方の効果を高める働きがあるのです。このように養護と教育は互いに関連し合っていることを指して，**養護と教育の一体性**といいます。

第4節　3つの視点と五領域

1　乳児保育の3つの視点

乳児保育といいますが，ここでいう乳児は0歳児の意味です。1歳以上児の保育内容の教育的側面は「五領域」というものがあるのですが，0歳児はまだ発達が十分に分化していません。「これは何のための活動」とはっきり分けられるものではないのです。そこであえて境界をぼかした3つの視点から教育内容を考えていきます。

保育所保育指針第2章1(2)では，3つの視点それぞれについて次のように書いてあります。

ア　健やかに伸び伸びと育つ
　　健康な心と体を育て，自ら健康で安全な生活をつくり出す力の基盤を培う。
イ　身近な人と気持ちが通じ合う
　　受容的・応答的な関わりの下で，何かを伝えようとする意欲や身近な大人との信頼関係を育て，人と関わる力の基盤を培う。
ウ　身近なものと関わり感性が育つ
　　身近な環境に興味や好奇心をもって関わり，感じたことや考えたことを表現する力の基盤を培う。

　０歳児は最初は思ったように体を動かすこともできませんし，自分から言葉を話すこともできません。しかし，周囲の環境や大人からの働きかけを読み取り，少しずつ自分自身と自分を取り囲むヒトやモノについて理解していきます。子どものそばにいる大人が子どもの行動を観察し，子どもの反応に合わせて適切な関わりをすることで，０歳児であってもより豊かな経験をすることができるのです。どうすれば子どもにとって刺激となるような経験をもてるか，保育室のおもちゃや生活用品の配置，言葉かけなどを工夫していきましょう。

　またこれらは１歳以上児の教育内容である五領域と関連した内容となっています。それぞれの内容は五領域と重なる部分があるのですが，特に関連が深い領域もあります。その関係を図式化したのが図１-２です。「健やかに伸び伸びと育つ」ことは健康につながります。「身近な人と気持ちが通じ合う」ことは，人間関係の深まりからやがては言葉を使ったコミュニケーションへと発展していきます。「身近なものとの関わり」を通して周囲の環境に気づき働きかけるようになりますし，「感性の育ち」は自分でそれを表現することへとつながっていきます。このように３つの視点の育ちが発達とともに分化し，複雑化する中で五領域へと発展するのです。

2　満１歳以上満３歳未満児に係る五領域

　小学校に国語・算数・理科・社会の四教科があるように，保育にも基本となる５つの項目があります。それが五領域と呼ばれるもので，**健康・人間関係・環境・言葉・表現**の５つです。保育所保育指針第２章２⑵では，それぞれの領域について次のように書いてあります。

> ア　健　康
> 　健康な心と体を育て，自ら健康で安全な生活をつくり出す力を養う。
> イ　人間関係
> 　他の人々と親しみ，支え合って生活するために，自立心を育て，人と関わる力を養う。
> ウ　環　境
> 　周囲の様々な環境に好奇心や探究心をもって関わり，それらを生活に取り入れていこうとする力を養う。
> エ　言　葉
> 　経験したことや考えたことなどを自分なりの言葉で表現し，相手の話す言葉を聞こうとする意欲や態度を育て，言葉に対する感覚や言葉で表現する力を養う。
> オ　表　現
> 　感じたことや考えたことを自分なりに表現することを通して，豊かな感性や表現する力を養い，創造性を豊かにする。

　歩いたり言葉を話したりと０歳児に比べればできることが増える１，２歳児です。「これをしたい」「こう見られたい」という自我が生まれ自己主張をするようになっていきます。少しずつ行動の主導権を保育者から子どもへ移していき，自分で行動を選べる場面を増やしていきましょう。五領域のそれぞれに関わる経験ができているかを意識して，保育の計画を考えていきます。

　保育所での教育は，学校のように「何時から何時までが国語の時間」と区切

られてはいません。あそびの中でそれぞれの領域の学びを経験していくのです。たとえばどろんこ遊びをすれば泥や水という**環境**を知り，指先の使い方を身に付け，どろだんごを何かにたとえれば**表現**力も伸びていきます。一つの活動が五領域の中のどれか一つというわけではなく，複数の領域にまたがった学びになることが多いのです。3歳以上になると，あそびもより複雑になってきます。1，2歳の段階で豊かな経験ができていることが，その後の成長の土台となります。

図1-2　3つの視点と五領域の関係

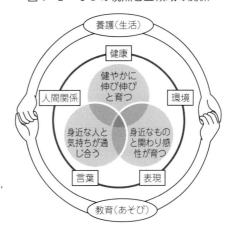

出所：鬼頭弥生「0歳から1歳児の理解と援助」大浦賢治編著『実践につながる 新しい子どもの理解と援助』ミネルヴァ書房，2021年，47頁より引用

　ここまで乳児保育の背景と課題について全体像をみてきました。今の社会において保育のニーズの拡大とともに，より重要な役割が求められていることがわかったと思います。社会の変化の中で子育て家庭は手探りの中で育児を行っており，保育制度もそれに応えて変化をしています。その中で子どもと保護者に寄り添った丁寧な関わりが保育士には求められています。このテキストを通して乳児保育について理解し，豊かな保育実践を行ってください。

（演習課題）

①　少子化が社会の課題となっています。少子化を解決するにはどのような政策が必要でしょうか。一方で少子化の解決を国として進めることを懸念する考えもありますが，それはなぜでしょうか，考えてみてください。

②　保育所保育指針をみて1歳以上3歳未満児と3歳以上児の五領域の記述を見比べて，どのような違いがあるか調べてみてください。

【引用・参考文献】

保育士養成課程等検討会「保育士養成課程等の見直しについて――より実践力のある保育士の養成に向けて（検討の整理）」2017年

https://www.huffingtonpost.jp/2016/03/02/nursery-schools_n_9364642.html（ハフポスト【#保育園落ちたの私だ】「保育園落ちた日本死ね」ブログへの国会ヤジに悲痛な声，続々　2022年3月10日閲覧）

厚生労働省編『保育所保育指針解説 平成30年3月』フレーベル館，2018年

松山寛「幼稚園が認定こども園へ移行する際の乳児保育の内容及び環境の形成過程の研究――認定こども園への半構造化面接を通して」『足利短期大学紀要』第39巻，2019年，57-66頁

内閣府『少子化社会対策白書（令和3年度版）』2021年

大浦賢治編著『実践につながる 新しい子どもの理解と援助――いま、ここに生きる子どもの育ちをみつめて』ミネルヴァ書房，2021年

汐見稔幸監修『保育所保育指針ハンドブック――イラストたっぷり　やさしく読み解く2017年告示版』学研プラス，2017年

第 2 章　乳幼児保育の歴史

学習のポイント

●世界や日本の保育の歴史を学びましょう。
●保育に関わる条例や法令，保育の現状や課題を理解しましょう。

第1節　保育の歴史

1　世界の保育の歴史

　子どもに対する観念，いわゆる「子ども観」は時代とともに変化しています。ヨーロッパでは，伝統的に教会や修道院が困窮家庭を助けたり遺棄された子どもを養育したりしていました。

　なぜなら，1800年代初頭，階級社会であったイギリスでは，ごく一部の貴族社会に属する子ども以外は教育を受ける機会がなく放置されていたからです。1800年代前半あたりから工場併設の学校が創設され始め，徐々に「子どもは守られるべき存在である」という価値観が広がっていったのです。それでは子どもを取り巻く環境変化をくわしくみていきましょう。

　世界初の保育所は，1779年にできたフランスの幼児保護所で，**オーベルラン**牧師が設立しました。当時の農村の子どもたちは大人と同様の労働力とされ，子どもらしく育つ環境はありませんでした。そこでオーベルランは子どもたちに知識技術を身に付けさせようと「編み物学校」をつくりました。その中でも5歳までの幼児を対象とした施設が「幼児保護所」です。

　産業革命さなかの1816年，イギリスでは工場経営者のロバート・オーウェンが「幼児学校」を設立しました。この頃の子どもたちは労働力として期待されており，オーウェン自身も10歳から働き始めています。オーウェンは自分が経営する工場の労働環境を改善し，同時に利益も上昇させ評価を受けました。彼は労働者だけでなく，その子どもたちの環境の改善に取り組みます。幼児学校をつくり子どもたちを危険な作業から保護し，よい環境を与えようとしたのです。

　イタリアではイタリア初の女性医師であったモンテッソーリが，障害のある子どもに教育を授け成果を上げました。モンテッソーリは先人である**フレーベル**を含めこれまでの教育者や教育方法について熱心に研究し，独自のモンテッソーリ教育法を構築しました。そして1907年に保育施設「子

人　物

オーベルラン
Oberlin, J. F.
(1740-1826)
ドイツ系フランス人牧師として当時未開発であったヴァルダースバッハの農業指導や町づくりなどを行い発展に寄与し，また子どもたちのための幼児保護所をつくった。

オーウェン
Owen, R.
(1771-1858)
イギリスの実業家。工場経営者でありながら，労働者の生活改善やその子弟の教育に尽力する。環境の改善によって人は優良な性格形成を促せると考え幼児学校を設立。

モンテッソーリ
Montessori, M.
(1870-1952)
イタリアの医学博士，モンテッソーリ教育法の開発者。独自の教育方法により知的な障害のある子どもの成長を促すことに成功し，その方法を一般の幼児教育に応用した。ここでも成果を上げたため，世界各国から支持を集め，モンテッソーリ教育法が世界に普及した。

フレーベル
Fröbel, F. W. A.
(1782-1852)
ドイツの教育者。幼児教育の祖。世界で初めて幼稚園を創った人物として知られる。

どもの家」において，その教育法を貧困層の子どもたちに応用し高い評価を得ました。

　1911年，イギリスの**マクミラン姉妹**は，幼児がのびのびと育つ場を用意しようと「保育学校」を設立しました。彼女らは学童診療所で子どもたちの診療にあたっていましたが，子どもたちの衛生状態が悪くてすぐに病気が再発してしまうことから，保育学校をつくり昼寝・沐浴・手洗いなどの健康管理に加え，戸外での遊びなど身体を健康に保つ指導を始めたのです。このアプローチが認められイギリスの保育政策の基礎となりました。このようにヨーロッパの保育施設は，児童労働や貧困の問題を発端に，先人の知恵を生かしながら発展していきました。

2　日本の保育の歴史

　日本の福祉事業の始まりがいつだったかについては諸説あります。奈良・平安時代の悲田院（ひでんいん）が始まりともいわれています。農村地帯では農繁期に各所で子どもを預かり合うような互助は昔から存在していました。そういった互助とは一線を画す子どもたちの施設として初めて確認できるのは，文明開花期の1871年に横浜につくられた亜米利加夫人教授所です。これはアメリカ人宣教師たちが日本人と外国人とのあいだに生まれた子どもたちの救済のために創設したものです。

　日本人の手による保育施設としては，1883年に**渡辺嘉重**（わたなべかじゅう）が茨城県で開設した子守学校があります。**学制**が敷かれる中，子守として仕事をしている子どもや弟妹の面倒をみる子どもが授業を受けやすくするために開設されたものです。次に1890年，**赤沢鐘美**（あかざわあつとみ）が開設した私塾新潟静修学校の附設託児所が挙げられます。やはり子守をしながら学校にくる生徒のためにつくられた託児所です。

　1887年，キリスト教徒であった**石井十次**（いしいじゅうじ）は孤児救済のために**岡山孤児院**をつくり，その後1909年に大阪に愛染橋保育所を開設しました。彼は児童福祉界で先駆的な役割を果たし児童福祉の父と呼ばれるまでになりました。一方企業内保育所の先駆けといえるのは，1894年に東京の紡績会社の経営者がつくった深川工場の託児所です。子どもをもつ母親の労働力を確保するためにつくられました。

　その後1900年に開設された**二葉幼稚園**（1916年に二葉保育園と改称）は，貧困家庭の幼児を対象としたもので，キリスト教徒であった**野口幽香**（のぐちゆか）らが3歳未満児の保育を行っていました。

　公立保育園が初めてつくられたのは大阪で，それは1919年でした。その後，京都，東京と続いて開設されました。第一次世界大戦後の貧民問題が大きくなってきたため，その対策を始めたわけです。このように日本における保育所の開設は，明治時代以降であり篤志家によるものなどの民間の動きが先にあり，公的な施設が追随したことがわかります。

　一方，幼稚園の動きですが，当時の文部省は1891年に文部省令第18号で幼稚

人物

マクミラン
Mcmillan, M.
(1860-1931)
イギリスの保育園の創設者であり，妹のレイチェルとともに児童福祉制度の整備に貢献した社会実業家。

ことば

悲田院
723年，聖徳太子が大阪の四天王寺に孤児や貧しい老人を救護するために建てた施設の名前で，社会福祉事業の始まりとされる。

学制
1872年に太政官より発された日本最初の近代的学校制度を定めた教育法令。大・中・小学校の設置を計画し，身分・性別の区別なく国民皆学を目指した。

人物

渡辺嘉重
(1858-1937)
日本の教育者。1883年に茨城県に日本で初めての子守り学校を開設。弟妹の面倒をみなければならない子どもたちに教育を授け，幼児たちには遊戯室で託児を行った。1884年に『子守教育法』を著した。

赤沢鐘美
(1864-1937)
明治から昭和前期の教育者。新潟市の小学校で教鞭をとるかたわら，私塾「静修学校」を設立。併設された保育所では，弟妹や奉公先の赤ん坊を背負って受講する子どもが多くいたため，鐘美の妻ナカなどがその幼児たちをまとめて面倒をみていた。

石井十次
(1865-1914)
明治期の慈善事業家，キリスト者。1887年にキリスト教信仰に根ざした岡山孤児院を創設し，「児童福祉の父」といわれる。

11

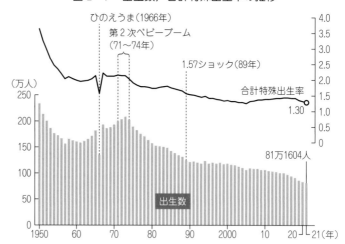

図2-1　出生数，合計特殊出生率の推移

出所：「少子化，想定以上に加速　総人口1億人割れ前倒しも　政府対策乏しく」『毎日新聞』2022年6月3日付
https://mainichi.jp/articles/20220603/k00/00m/040/121000c（2022年9月21日閲覧）

園保姆資格（現在の幼稚園教諭免許）について規定し，続いて1899年に「幼稚園保育及設備規定」を公布しました。しかし保育所は，このような法的位置づけや保育内容等の規定について半世紀も遅れをとりました。1937年に困窮母子のための「母子保護法」が，続いて1938年に「社会事業法」が制定され，社会福祉の法律が整備され始めたものの，保育所の保育内容については規定されず「託児所」という扱いが継続されたためです。

3　戦後日本の法整備と保育環境の変化

　ここでは第二次世界大戦後の保育に関わる法令等や現在の状況を中心に考えていきましょう。

　第二次世界大戦後の1947年に児童福祉法が制定され，そこでようやく保育所は児童福祉施設として法的に位置づけられたのです。保育所で働くための資格についても，同法によって保母資格（現在の保育士資格）が設けられました。同時期に，幼稚園保姆については幼稚園教諭と名称が改まっています。

　保育所においては，当初から乳児保育を行うこととしていましたが，**3歳児神話**もあり乳児保育の利用率は低調でした。1965年に規定された保育所保育指針には「**保育に欠ける**その乳児又は幼児を保育することを目的とする」と明記されており，気軽に利用できる状況ではなかったのです。

　高度経済成長とともに女性の社会参画を目指し，1969年当時の厚生省は乳児保育特別対策を開始しました。さらに1970年には保母養成カリキュラムに「乳児保育」を組み込みました。そして1989年には，乳児保育を利用する世帯の所得制限が撤廃され低所得家庭に特化したサービスではなくなりました。このように乳児保育の間口は広がっていったのです。

　1990年に**1.57ショック**が起こり，それを契機に少子化が社会問題として認識されるようになりました。1994年には少子化対策として**エンゼルプラン**が策定

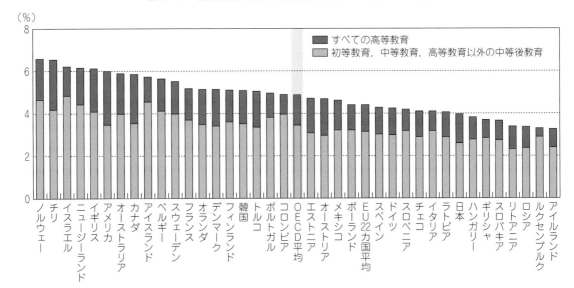

図 2-2　教育機関に対する総支出の対 GDP 比（2018年）

注：初等教育・中等教育・高等教育以外の中等後教育には就学前教育プログラムを含む。左から順に，教育機関に対する総支出の対 GDP 比が大きい国。
出所：OECD（2021）。表 C2.1。詳細並びに注は Source 及び Annex3 をそれぞれ参照のこと（https://www.oecd-ilibrary.org/sites/12d19441-ja/index.html?itemId=/content/component/12d19441-ja 2022年 8 月 8 日閲覧）

されました。

　1995年当時，乳児保育は 4 割程度しか実施されていませんでした。しかし乳児保育の需要は増す一方だったため1998年に乳児保育指定保育所制度が廃止され，すべての園で乳児保育が実施されるようになりました。

　それでも図 2-1 にあるように，少子化は進む一方です。

　少子化の要因の一つとされるのは，子育て世帯への経済的支援の少なさです。図 2-2 にあるように，他国と比較して日本の教育費等の次世代への投資ボリュームが，OECD 平均よりもはるかに小さいことがわかります。

　1999年，男女雇用機会均等法の改正がなされました。そこで「保母」という名称が保育士となりました。男性が保育に携われるようになったのは1977年ですが，ここでやっと名称が改まったわけです。保育の重要性が認識される中，2003年，保育士資格は国家資格となり，2006年に幼保一元化を目指し**認定こども園**が創設されました。

　さらに，子ども・子育てをめぐる様々な課題を解決するために2012年には**子ども・子育て関連三法**ができました。これらの法律に基づき，保育の質の向上を目指し，子ども・子育て支援制度が2015年からスタートしています。2023年 4 月に子ども家庭庁が創設され，それに伴い，日本政府は2024年以降に「子ども家庭センター」を全国の市区町村に設置する方針を固めました。このように少しずつですが，制度を整えようとしている動きがみられます。

4　グローバルスタンダードと日本の動き

　OECD（Organisation for Economic Co-operation and Development）は近年，経済分野だけでなく教育・保育についても研究を進めています。OECD 発行の

ことば

エンゼルプラン
1994年，（当時の）文部・厚生・労働・建設の 4 大臣合意によって策定された「今後の子育てのための施策の基本的方向について」と題する子育て支援10カ年計画案のことを指す。その後，新エンゼルプランも策定された。

認定こども園
2006年に創設された小学校就学前の子どもに対する保育・教育並びに保護者への子育て支援を行う施設を指す。

子ども・子育て関連三法
子ども・子育て支援法と，認定こども園法の一部改正法，関係法律の整備法（児童福祉法などの関係法律の改正）を指す。

OECD
1948年に発足した経済協力開発機構の略称。現在ではヨーロッパ諸国を中心に日・米を含め38カ国の先進国が加盟している。経済の分野に加え持続可能な開発など新たな分野についても加盟国間で分析・検討を行っている。

『OECD保育の質向上白書』には「乳幼児期の教育とケア（Early Childhood Education and Care）は子どもや親，社会全体に恩恵をもたらすことを明らかにした研究が増えている」と書かれています。

そういった研究結果から，乳幼児期の教育とケア（ECEC）の質こそが重要であるとし，OECD加盟国はその質の向上に注力しています。OECDでは2015年からOECD Education 2030と銘打って新しい教育の形を模索し，日本もその取り組みに当初から参加しています。

日本はOECD Education 2030を受けて，2017年に学習指導要領を改訂しています。そこには「主体的・対話的で深い学び」というキーワードがありますが，その根底に後述す

図2-3　OECD公式ロゴ

る「児童の権利に関する条約」第12条（巻末参照）の意見表明権があるのだと理解しましょう。

今回は学習指導要領の改訂と同時に，保育所保育指針改定・幼稚園教育要領改訂を行っています。両者の3歳児以上の記述に関して，同じ内容に統一しました。その目的は，保育所を卒園しても幼稚園を卒園しても皆同じ高い質の幼児教育を受けられることの保証であり，スムーズな**小学校への接続**です。2006年創設の認定こども園も同様に教育・保育要領を改訂しています。

第3項で当初の保育所保育指針には「保育に欠ける」という表現が使われていたと記述しましたが，2017年の保育所保育指針改定では，長年議論されてきた「保育に欠ける」という表現が「保育を必要とする」と改められました。前者は，誰が保育に欠けるのかというのを政府が認定して入所を許可するという**措置制度**を表しているため，それを改め「保育所は利用者にとっての保育サービスである」との方針転換を明確にしたのです。最近の保育施設の詳細については次章でさらに学んでいきます。本章では国際的な動きと日本の動きが連動しているという点を理解しましょう。

第2節　子育て先進国の保育と子どもの人権

1　子育て先進国の保育
①レッジョ・エミリアアプローチ

イタリアのレッジョ・エミリアアプローチは，1991年に『ニューズウィーク誌』で革新的な幼児教育と紹介されて以来，世界的に評価をうけ実践されてきました。このアプローチの理念は，子ども一人ひとりの個性を尊重しながら，想像力とコミュニケーション力を育むことです。アートを基軸に子ども自身が自分で感じて表現することが重視されています。

華やかな芸術性に優れた手法ですが，ファシズムが台頭した時代の反省をうけ，第二次世界大戦後に市民が街づくりをする中で生まれた教育方法なのです。園には保育者のほか，芸術担

ことば

小学校への接続
保幼小接続とは，子どもたちの発達や学びの連続性を保障するため，幼児期の教育と児童期の教育を円滑に接続し，体系的な教育を組織的に行うことを指す。

措置制度
福祉サービスを受ける要件を満たしているかを判断し，そのサービスの開始・廃止を法令に基づいた行政権限としての措置により提供する制度。これに対し契約制度は，利用者が福祉サービスの提供者（事業者）との契約に基づいてサービスを利用する制度である。

当者（アトリエスタ）がおり，子どもたちの創造性を支援する体制が整っています。園にはアトリエが用意されており，必要な素材が並べられています。いろいろな石や貝，枝や葉以外にネジや陶片など，好きなものを好きなだけ使うことができます。グループで行うプロジェクト活動にしたり，その経緯をドキュメント（記録）したりします。

②テ・ファリキによるニュージーランドの保育

ニュージーランドには，原住民族のマオリの人たちと後から移住してきたイギリスを中心としたヨーロッパの人たちとの軋轢の歴史があります。その中で1996年に両者が共生していくことを謳ったテ・ファリキという学習指導要領ができました。テ・ファリキとは，次の4つの原理と5つの要素を「編み込む」という意味です。2017年に改訂されていますが，基本原則は変わっていません。

写真2-1　マッシュポテトと肉の
グレービーソースがけ

出所：“TADPOLE EARLY CHILDHOOD CENTRE AUCKLAND”.NZ 2019　筆者論文より

4つの原理	5つの要素
・エンパワーメント	・ウェルビーイング
・ホリスティックな発達	・帰属感
・家族とコミュニティ	・貢献
・関係性	・コミュニケーション
	・探求

次にこのテ・ファリキを取り入れた保育施設の事例をみてみましょう。この園では，園児を権利の主体としてとらえ，園児自身が1日の様々な場面で自己決定（意見表明）できるよう保育が整えられています。保育室や園庭で遊ぶ内容や，何をどれだけ食べるか，すべて自分で決めます。この園が特別なのではなく，これはニュージーランドのテ・ファリキに沿った標準的な保育なのです。教師主導の**設定保育**もありますが，1日のうちで1時間以内と限られています。日本の保育と比較すると，子どもが自分で決定する場面が非常に多いといえるでしょう。

保育室には，いくつかのテーブルが置かれ，保育者が考えたアクティビティが用意されています。しかし，どのテーブルで遊ぶか，それともそこで遊ばずに園庭等で自由に過ごすか，そういったこともすべて自分で決めます。

写真2-1はランチの様子です。子どもが好きなものを好きなだけ取って食べるスタイルです。誰がどれだけ食べたか，あるいは食べなかったか等は記録したり保護者に伝えたりすることはありません。机に用意されているものは，グラスと器と一品料理のみで非常にシンプルであることが見て取れます。

2　人権を大切にした保育を行うには

第1項で紹介した2つの国の保育ですが，共通点は子どもの自由度が高いことと活動をドキュメンテーションにするところです。自由度が高いとは，すなわち子ども自身に選択権があり意見表明できる機会が多いということです。

ここで皆さんに覚えていただきたいのは，**児童の権利に関する条約**（巻末資料参照）です。この条約では世界中のすべての子どもたちがもっている「権

ことば

設定保育
保育士が指導案を立てて，そのねらいに沿って保育を進めていく保育方法。クラス全体や複数の子どもが一斉に同じ活動に取り組むことが特徴である。

ことば

児童の権利に関する条約
略称は，子どもの権利条約。子どもの基本的人権を国際的に保障するために定められた条約。1989年の国連総会において採択され，翌年発効。日本は1994年に批准した。

🍀ことば

児童権利宣言
1959年国連総会で採択された子どもの権利を守るための宣言。

子どもの最善の利益
児童の権利に関する条約第3条において基本原則とされている考え方。子どもの環境のいかなる変化も子どもの福祉の観点から決定されるべきだという考えが基にある。

意見表明権
児童の権利に関する条約第12条。「自分の見解をまとめる力のある子どもに対して，その子どもに影響を与えるすべての事柄について自由に自己の見解を表明する権利を保障する」というもの。

倫理綱領
専門家としての倫理的責任を明確にし，社会に表明するもの。専門家の行動規範であるとともに，これを社会に表明することによって独善を防ぐ役割も果たす。

利」について定めています。1989年に国連採択され，日本は1994年に批准しました。

　この条約よりも前に児童権利宣言（1959年）があり，たとえばその宣言の文中には「人類は，児童に対し，最善のものを与える義務を負う」という言葉がありますが，それは児童の権利に関する条約の「子どもの最善の利益」につながっています。この言葉は保育所保育指針総則にも採用されています。

　それでは児童の権利に関する条約の新規性はどこにあるのでしょう。筆者は第12条の「意見表明権」だと考えます。これまで子どもは大人に付属するもので，子ども一個人としての権利はあまり考慮されてきませんでした。第12条では，子どもを権利の「主体」としてとらえ，子どもは一個人として尊重されるべき存在であり，自分にまつわるいろいろなことについて主張する権利があるとしたのです。児童の権利に関する条約を知ることで，子育て先進国で何が大切にされているかに焦点を当てることができるでしょう。

　子どもを取り巻く環境，特に乳児を取り巻く環境は日々変化しています。現在課題となっているのは，少子化や保育士不足，核家族化からの孤独な育児や子育て不安，ひとり親の増加など挙げればキリがありません。保育という営みに関して，自己研鑽を怠らない倫理観の高い保育者が求められる時代となってきています。

　そこで全国保育士会は2003年に全国保育士会倫理綱領を策定しました（巻末資料参照）。綱領の文中には，「子どもの最善の利益」や「養護と教育が一体となった保育」や「利用者の代弁」と，これまで学習してきたキーワードが散りばめられています。ぜひ熟読して皆さん自身の倫理的指標をもち保育に携わってほしいと思います。

演習課題
① ECEC とは何か，英語表記と日本語訳を併記してください。
② 児童の権利に関する条約第12条にある意見表明権とは何か簡潔に答えてください。

【引用・参考文献】
森眞理『レッジョエミリアからのおくりもの』フレーベル館，2013年
森田浩章ほか編『光の中へ──レッジョ・エミリア市の幼年学校の子どもたちに魅せられて』つなん出版，2016年
七木田敦『子育て先進国ニュージーランドの保育』福村出版，2015年
OECD 編著，秋田喜代美ほか訳『OECD 保育の質向上白書』明石書店，2019年
汐見稔幸ほか『子どもの「じんけん」まるわかり』ぎょうせい，2021年
内田信子ほか編著『テ・ファーリキ』建帛社，2021年
山本陽子「多文化共生保育の現状と課題」『聖セシリア女子短期大学研究紀要』第45号，2019年，51頁

第3章　日本における乳児保育の現状

●0，1，2歳児における保育施設の役割について考えてみましょう。
●乳児保育（0，1，2歳児保育）の現状と子ども・子育て支援新制度の概要について理解しましょう。

第1節　子ども・子育て支援新制度の概要

1　新制度開始の経緯

　第1章でみてきた通り，子育てをめぐる現状や課題には急速な少子化，結婚・出産・子育ての希望がかなわない現状，子ども・子育て支援の質・量両面の不足などが挙げられます。そのために2012年8月に**子ども・子育て関連三法**（子ども・子育て支援法，認定こども園法の一部改正，子ども・子育て支援法及び認定こども園法の一部改正法の施行に伴う関係法律の整備等に関する法律）が成立しました。さらに2015年4月には子ども・子育て関連三法に基づく**子ども・子育て支援新制度**がスタートしました。

ことば

子ども・子育て支援新制度
2012年に施行された子ども・子育て支援法等に基づく制度。保育・幼児教育や子育て支援など子育てに関わる様々な施設事業に市町村を実施主体として総合的に推進する制度。

図3-1　子ども・子育て支援新制度の概要

出所：内閣府子ども・子育て本部「子ども・子育て支援新制度について」2022年

　　子ども・子育て支援新制度は，幼児教育や保育，地域の子育て支援の量の拡充や質の向上を，市町村が実施主体となり進めていく制度です（図3-1）。

2　新制度のポイント

　　子ども・子育て支援新制度は，次の内容がポイントとして挙げられます。

① 　認定こども園，幼稚園，保育所を通じた共通の給付（「施設給付」）及び小規模保育，家庭的保育，居宅訪問型保育，事業所内保育の給付（「地域型保育給付」）の実施を行います。

② 　認定こども園制度の改善（幼保連携型認定こども園について，認可・指導を一本化し，財源措置を「施設型給付」へ変更しました）。

③ 　地域の実情に応じた子ども・子育て支援として利用者支援や地域子育て支援拠点事業などの充実を図りました。

④ 　市町村が実施主体となり，地域ニーズに基づき計画の策定，給付・事業を実施し，国・都道府県は重層的に支援しました。

⑤ 　社会全体による費用負担として，消費税の引き上げによる財源の確保をします。

⑥ 　政府の推進体制として，制度ごとにバラバラな体制を整備し内閣府に子ども・子育て本部を設置しました。

⑦ 　子ども・子育て会議を設置し，子育て支援に関する事業に従事する者が子育て支援の政策プロセスに参画・関与することができるようにしました。

　このように，利用者が必要に応じて選択できる仕組みがつくられています。

　さらに保護者は，保育施設を利用するために保育の必要性の認定を市町村に申請します（表3-1）。乳児保育，1歳から3歳未満児保育は3号認定子どもに該当します。

　2017年に改定された保育所保育指針では，乳児・1歳以上3歳未満児の保育に関する記載の充実がなされました。さらに，乳児保育では3つの視点として，

表3-1　施設型給付費等の支給を受ける子どもの認定区分

認定区分	給付の内容	利用定員を設定し，給付を受けることとなる施設・事業
満3歳以上の小学校就学前の子どもであって，2号認定子ども以外のもの（1号認定子ども） （第19条第1項第1号）	教育標準時間（※）	幼稚園 認定こども園
満3歳以上の小学校就学前の子どもであって，保護者の労働又は疾病その他の内閣府令で定める事由により家庭において必要な保育を受けることが困難であるもの（2号認定子ども）　　（第19条第1項第2号）	保育短時間 保育標準時間	保育所 認定こども園
満3歳未満の小学校就学前の子どもであって，保護者の労働又は疾病その他の内閣府令で定める事由により家庭において必要な保育を受けることが困難であるもの（3号認定子ども）　　（第19条第1項第3号）	保育短時間 保育標準時間	保育所 認定こども園 小規模保育等

（※）教育標準時間外の利用については，一時預かり事業（幼稚園型）等の対象となる。
出所：図3-1と同じ

身体的発達に関する視点「健やかに伸び伸びと育つ」，社会的発達に関する視点「身近な人と気持ちが通じ合う」，精神的発達に関する視点「身近なものと関わり感性が育つ」と記載され，保育に取り組みやすいようになりました。

3　基本的な保育の形態

　基本的な保育の形態では，**児童福祉施設の設備及び運営に関する基準**に基づき，設備や職員の配置が定められています。これによると乳児保育はおおむね3人につき保育士1人以上，満1歳以上3歳未満の幼児はおおむね6人につき1人以上となっています。乳児クラスでは，複数担任でクラスを運営する場合もあれば，クラス内で担当制を行う場合もあります。長時間保育を利用する子どもがいるため，保育士間の情報共有や連携が重要となります。

　また，保育所，認定こども園では，生後57日の乳児から入所することができます。そのため，保育所・認定こども園では，保護者と面談を行い家庭での様子を聞き取り，**慣らし保育**を行うこともあります。

　1日の生活の流れは**デイリープログラム**を作成し，月齢や年齢に合わせた生活時間の指標とします。

　たとえば，保育所等では，登園時，利用する人数に応じて**異年齢保育**を行う園や各クラスに分かれ保育を行う園もあります。その後，異年齢保育が行われている園はクラスに分かれて保育を行います。3歳未満児は発達の個人差が大きいため，個々に応じた柔軟な対応が求められます。

　午前中は，おやつを食べ，室内・戸外遊びでは子どもの様子に合わせて活動を計画し，ときには**園外保育**に行きます。午後は給食を食べた後，**午睡**を取り，目覚めてから再びおやつを食べます。中には，生活リズムが家庭によって異なるため，給食時に寝てしまう子やなかなか寝付けない子など様々です。そのような場合は，個々に応じて対応し，無理なく生活ができるよう配慮します。さらに，保育所や認定こども園の子どもたちは，長時間を園で過ごすため，ゆったりと生活ができるよう心がけます。また，降園時に**延長保育**を利用する場合は，利用する人数が少ないため異年齢保育を行うときもあります。土曜日，夏期，冬期に保育を行う場合，**合同保育**を行うこともあります（第13章参照）。

　では，次節から児童福祉施設ごとに詳しくみていきましょう。

第2節　子ども・子育て支援新制度における様々な児童福祉施設

1　保育所における乳児保育

　保育所は，児童福祉法第39条で定義されている児童福祉施設です。

> **児童福祉法第39条**
> 　保育所は，保育を必要とする乳児・幼児を日々保護者の下から通わせて保育を行

ことば

児童福祉施設の設備及び運営に関する基準
「児童福祉施設最低基準」と呼ばれ，2012年に改称された。この基準では，入所児童の人権，人格の尊重，非常災害の備え，職員の一般的要因，設備及び職員の基準，権限の濫用禁止，衛生管理，食育，苦情対応，職員の健康診断などが定められている。

慣らし保育
子どもが初めての集団生活を送る施設に無理なく慣れていけるようにすることを目的としている。保育時間を短時間から始めて少しずつ伸ばしていくこと。
最近では「慣らし保育」という表現は大人側からの表現であるため，子ども主体の保育というのなら，子どもからの視点でとらえるべきではないかということで，現場では「慣れ保育」という表現（子どもが慣れていくための期間）がなされている。

デイリープログラム
乳幼児の登園から降園までの生活に関して時間を追って具体的に示したもの。

異年齢保育
年齢の異なる子どもでクラスや活動のグループを形成して保育を行う形態。

園外保育
園内で味わえない経験を園外の場で行う保育活動。

午睡
保育所での昼寝のこと。

延長保育
通常の保育時間を超えて実施される保育のこと。

合同保育
他園の子ども同士が集まり同じ場で一緒に保育を行う。土曜日や休日など利用者が少ない場合，ある特定の保育所に集まり一緒に保育をする。

> うことを目的とする施設（利用定員が20人以上であるものに限り，幼保連携型認定こども園を除く。）とする。

　保育所では，食事や睡眠などの「生活」が保育の中心となり，ゆったりとして安心して過ごせる場が求められます。

　施設養護，保育所保育指針，保育所の現状から愛着について整理をしました。その結果，後藤（2019）は，子どもとの間に少なくとも一つでも安定した愛着関係が存在すれば，その後の愛着関係や対人関係が安定したものになりえる可能性が示唆されていることを明らかにしました。そこでは，保育者は子どもにとって「安全基地」としての役割，子育て・支援者・カウンセラーとしての役割と多様な側面を必要とされているといった乳児保育での愛着形成の重要性が述べられています。このことは，保育の場において，保育者と子どもの基本的な関わり（愛着を育む，保育者の受容的・応答的な関わり，信頼関係を築く）が大切であることを意味します。

　特に長時間保育を行う保育所では，このような関わりが重要になります。

2　認定こども園における乳児保育

　認定こども園は，児童福祉法第39条の2で規定されている児童福祉施設です。

児童福祉法第39条の2

> 　幼保連携型認定こども園は，義務教育及びその後の教育の基礎を培うものとしての満3歳以上の幼児に対する教育（教育基本法（平成18年法律第120号）第6条第1項に規定する法律に定める学校において行われる教育をいう。）及び保育を必要とする乳児・幼児に対する保育を一体的に行い，これらの乳児又は幼児の健やかな成長が図られるよう適当な環境を与えて，その心身の発達を助長することを目的とする施設とする。

　2006年「就学前の子どもに関する教育，保育等の総合的な提供の推進に関する法律」が制定され，認定こども園がスタートしました。

　認定こども園は，「就学前の子どもに幼児教育・保育を提供する機能」として，「保護者が働いている，いないに関わらず受け入れて，教育・保育を一体的に実施」と明記し，保護者の状況にかかわらず子どもを受け入れます。また，「地域における子育て支援を行う機能」では，「すべての子育て家庭を対象に子育て不安に対応した相談活動や，親子の集いの場の提供などを実施」（内閣府ホームページ「認定こども園概要」http://www.8.cao.go.jp/shoushi/kodomoen/gaiyou.html 2022年9月20日閲覧）とし，子育て支援の提供が求められています。

　認定こども園には，「幼保連携型」「幼稚園型」「保育所型」「地方裁量型」の4つのタイプがあります。子ども・子育て支援新制度では「幼保連携型」の設置が求められ，多くの規定が追加されました。2017年に幼保連携型認定こども園教育・保育要領が改訂されました。ねらい及び内容は保育所保育指針と整合性が図られています。

　認定こども園での課題では，長時間保育を利用する子ども，短時間保育を利

ことば

就学前の子どもに関する教育，保育等の総合的な提供の推進に関する法律
小学校就学前の子どもに対する教育及び保育並びに保護者に対する子育て支援の総合的な提供を推進するための措置として，主に認定こども園の創設とそれに関わる学校教育法，児童福祉法の特例等が規定されている法律。

幼保連携型
幼稚園的機能と保育所的機能の両方を併せ持つ単一の施設で，認定こども園としての機能を果たすタイプ。

幼稚園型
認可幼稚園が，保育が必要な子どものための保育時間を確保するなど，保育所的な機能を備えて認定こども園としての機能を果たすタイプ。

保育所型
認可保育所が，保育が必要な子ども以外の子どもをも受け入れるなど，幼稚園的な機能を備えることで認定こども園としての機能を果たすタイプ。

地方裁量型
幼稚園・保育所いずれの認可もない地域の教育・保育施設が，認定こども園として必要な機能を果たすタイプ。

用する子どもがおり，保育時間が多様なことで子ども一人ひとりに合わせた生活リズムの配慮が必要になります。そのため，より丁寧な保育士間の連携が求められます。

3　乳児院における乳児保育

　児童福祉施設の中で，乳児が暮らす施設に**乳児院**があります。乳児院は，何らかの事情で保護者やそれに代わり養育をするものが乳児を育てられないとき，代わって養育をする施設で，児童福祉法第37条に記されています。

> **児童福祉法第37条**
> 　乳児院は，乳児（保健上，安定した生活環境の確保その他の理由により特に必要のある場合には，幼児を含む。）を入院させて，これを養育し，あわせて退院した者について相談その他の援助を行うことを目的とする施設とする。

　乳児院本来の役割は，新生児から乳児の養育，病虚弱児等の養育，被虐待児に対する援助などが挙げられます。主に生後まもない赤ちゃんから預けられており，被虐待児・病児・障害児等に対応できる高度な専門性が求められています。

　また，乳児院は地域における子育て支援も行っています。児童相談所で乳児を一時保護する場合，対応が困難なため，児童相談所から一時保護委託を受け，アセスメントを含めて行います。また，保護者・家庭への支援，地域（里親含む）への子育て支援を行い，地域子育て支援機能として育児相談やショートステイ等が行われています。

　乳児院の保育の特徴として，24時間365日施設で過ごすため，子どもたちの情緒が安定できるよう家庭的な環境で一人ひとりに応じた丁寧な対応が求められます。

　さらに１日の流れ（日課）では，一人ひとりの心身や発達の状況，入所直後か退所直前かなども配慮していきます。一律の生活をするのではなく，子どもの様子に合わせた柔軟な日課が望ましいのです。

第3節　地域型保育事業

　地域型保育事業とは，子ども・子育て支援新制度により始まった市町村による認可事業です。児童福祉法に位置付けられたうえで，**地域型保育給付**の対象とし多様な施設や事業を利用者が選択できる仕組みとなっています。その背景には，待機児童の解消，小規模保育等の拠点による地域子育て支援機能の維持・確保といった地域が抱える多様なニーズに対応できることが期待されており，次のものがあります。

○小規模保育事業

　小規模保育とは，市町村，民間事業者等が事業主体となり，保育者の居宅，

❀ことば

地域型保育給付
子どものための教育・保育給付費の一つで，小規模保育，家庭的保育，居宅訪問型保育，事業所内保育を運営するために行政からそれらの施設に支払われる財政措置。

ことば

職員配置
保育に必要な職員の人数。

認可保育所
児童福祉法第39条に規定されている児童福祉施設。「保育を必要とする乳児・幼児を日々保護者の下から通わせて保育を行うことを目的とする施設」である。

ことば

保育ママ・家庭福祉員
市町村長が行う研修を修了した保育士または保育士と同等以上の知識，経験を有する者。家庭的保育者の通称。

ことば

ひとり親家庭
離婚・死別により夫婦のいずれか一人が親として子を養育する家庭。

その他の場所で保育を行います。認可定員は 6 名から19名です。**職員配置**や資格により A 型（職員の資格が保育士であり，職員数が**認可保育所**の配置基準プラス 1 名），B 型（職員の資格について 2 分の 1 以上が保育士であり，2 分の 1 以下は研修を受けた者。職員の配置基準は A 型と同様に，認可保育所の配置基準プラス 1 名），C 型（職員配置は，0 歳児から 2 歳児について保育者 1 名につき子ども 3 名まで。補助を置く場合，保育者 2 名につき，子ども 5 名まで。職員の資格は，家庭的保育者と家庭的保育補助者）に分類されます。

　小規模保育は，年齢の異なる子どもがいるため，異年齢の関わりが日常的に行われます。そのため，保育者も個々の発達に応じた対応が求められます。

○ 家庭的保育事業

　家庭的保育事業は，市町村，民間事業者等が事業主体となり，保育者の居宅，その他の場所で保育を行います。家庭的保育者とは，市町村長が行う研修を修了した保育士または保育士と同等以上の知識・経験を有する市町村長が認める者を指します。保育者は「**保育ママ**」「**家庭福祉員**」などと呼ばれています。

　家庭的保育者 1 人が保育できる乳幼児は 3 人以下であり，家庭的保育補助者とともに 2 人で保育をする場合でも，利用定員は最大 5 人までです。そのため，保育をする子どもの人数が少なく，子ども同士の関わりも増えてきます。また，家庭的保育は，保育者の居宅が保育室となっていることが多く傷病に備えて安心・安全面での配慮が必要になります。

○ 居宅訪問型保育事業

　居宅訪問型保育事業は，市町村，民間事業者等が事業主体となり，保育を必要とする子どもの居宅で保育を行います。家庭的保育者が 1 対 1 で保育を行います。

　通所による保育が困難な乳幼児を想定した保育事業であり，対象となる乳幼児は以下の通りです。

① 障害・疾病等により集団保育が著しく困難な場合
② 保育所の閉鎖等により保育所等による保育を利用できなくなった場合
③ 入所勧奨などを行っても保育の利用が困難で，市町村による入所措置の対象となった場合
④ **ひとり親家庭**の保護者が夜間勤務に従事する等，家庭の状況を勘案して必要な場合
⑤ 離島その他の地域で居宅訪問保育以外の地域型保育事業の確保が困難な場合

　居宅訪問型保育は，子どもの自宅で保育が行われるため，子どもにとっては安心感が大きいといえます。また，保育者と子どもが 1 対 1 の保育となるので，十分に子どもと関わることが可能です。しかし，保育者の価値観が保育に影響するので，新しい情報や保育の知識を得るなど保育者の意識を高めることが必要です。

○ 事業所内保育事業

　事業主や事業主団体などが事業主体となり，その労働者や構成員の子どものほか，地域の保育を必要とする子どもを含めて保育を提供することを目的とし

て実施する保育事業です。保育対象は，保育を必要とする満 3 歳未満の子ども
ですが，保育体制の整備状況などの実情を勘案し，必要であると認められた場
合，満 3 歳以上の子どもを保育することができます。子どもの定員が19名以下
の場合，職員配置や資格は，小規模保育事業 A 型，B 型の基準と同様となり
ます。子どもの定員が20名以上の場合，職員配置や資格は，認可保育所の基準
と同様です。

　保護者は，勤務先の近くで子どもを預けられるという安心感があります。

第 4 節　企業主導型保育事業

　企業主導型保育事業は，企業が従業員の働き方に応じた柔軟な保育サービス
を提供するために設置する保育施設や地域の企業が共同で設置・利用する保育
施設であり，自治体が関与しない施設です。

　特色は以下の通りです。

① 　企業が自社の従業員の働き方に応じて，多様で柔軟な保育サービスを提
　　供することができます。夜間や土日，短時間や週 2 日のみ働く従業員への
　　対応なども可能です。

② 　複数の企業が共同で設置したり，共同で利用したりすることができます。

③ 　地域の子どもを受け入れることにより，施設運営の安定化を図り，地域
　　貢献を行うことができます。

④ 　**認可外保育施設**ですが，保育施設の整備費及び運営費について，認可施
　　設と同程度の助成を受けることができます。

　これまでみてきた児童福祉施設において，保育の必要性の事由とは以下のも
のが挙げられます。就労，妊娠・出産，保護者の疾病，傷害，同居または長期
入院等をしている親族の介護・看護，災害復旧，就労活動（起業準備等を含む），
就学（職業訓練校等における職業訓練を含む），虐待や DV の恐れがあること，育
児休業取得時に，すでに保育を利用している子どもがいて継続利用が必要であ
ること，その他上記に類する状態として市町村が認める場合です。保護者は，
これらの保育の必要性の認定を申請し，それに対して市町村が保育の必要性と
必要量を認定します。皆さんはこうした制度の仕組みをよく理解したうえで，
子どもの最善の利益が図られるように保護者を支援してくだ
さい。また，保育の場の拡大や多様化が進む中で，保育の質
にも目を向ける必要があります。子どもたちが安心・安全の
中で生活ができるよう，保育の計画・実践・評価・改善や子
どもとの応答的な関わりを実践することが，保育内容や保育
の質の向上につながります。保育者は，時代に即した情報や
知識を身に付け，保育に活かしていきたいですね。

🍀ことば

認可外保育施設
乳児や幼児を保育する施設の
うち，児童福祉法や認定こど
も園法による認可をうけてい
ない施設の総称。

演習課題

①　子ども・子育て支援新制度の概要について考えましょう。

②　地域型保育事業にはどのような事業がありますか。

【引用・参考文献】

後藤由美「乳児保育における愛着を育む保育者の役割」『瀬木学園紀要』第14号，2019年，37-44頁

厚生労働省雇用均等・児童家庭局家庭福祉課「乳児院運営ハンドブック」
　　https://www.mhlw.go.jp/seisakunitsuite/bunya/kodomo/kodomo_kosodate/syakaiteki_yougo/dl/yougo_book_ 3 _1.pdf（2022年 3 月20日閲覧）

松本博雄・常田美穂・川田学・赤木和重『０１２３　発達と保育——年齢から読み解く子どもの世界』ミネルヴァ書房，2012年

森上史朗・柏女霊峰編『保育用語辞典（第 8 版)』ミネルヴァ書房，2015年

内閣府子ども・子育て本部「企業主導型保育事業の制度と企業のメリット」
　　https://www8.cao.go.jp/shoushi/shinseido/ryouritsu/tachiage/ 1 _01.html（2022年 3 月14日閲覧）

内閣府子ども・子育て本部「子ども・子育て支援新制度について（令和 4 年 7 月)」
　　https://www8.cao.go.jp/shoushi/shinseido/outline/pdf/setsumei_1.pdf（2022年 9 月20日閲覧）

内閣府・文部科学省・厚生労働省「子ども・子育て支援新制度ハンドブック　施設・事業者向け　平成27年 7 月改訂版」
　　https://www8.cao.go.jp/shoushi/shinseido/faq/pdf/jigyousya/handbook.pdf（2022年 3 月12日閲覧）

中坪史典・山下文一・松井剛太・伊藤嘉余子・立花直樹編『保育・幼児教育・子ども家庭福祉辞典』ミネルヴァ書房，2021年

山縣文治監修，松崎有子『保育サービス便利辞典』朱鷺書房，1997年

第4章　発達の連続的理解

学習のポイント

●愛着形成と気質，手指と身体の育ち，こころと言葉の育ち，認知能力の育ち，非認知能力の育ちについて理解しましょう。
●上記の理解に基づき，発達を促す関わりについて考えてみましょう。

第1節　愛着と気質

1　愛着形成

　愛着（アタッチメント）は，生後6，7か月頃に形成されます。**ボウルビィ**は，愛着を**愛着行動**と**愛着関係**に区別しました。生後8か月〜2，3歳頃の子どもは，**分離不安**や**8か月不安**を示すことがあります。分離不安の対象は，乳児と頻繁に社会的なやりとりをしてくれる他者で，乳児同士も分離不安の対象になりえます。子どもは，特定の人物を**安全基地**として，世界を探索しながら（探索行動），不安を感じたらその人物の元に戻って愛着行動を示すこと（安全確認）を繰り返し，活動範囲を広げていきます。

　エインズワースは，ストレンジ・シチュエーション法を用いて，子どもが養育者に対してどのような行動をとるかを観察し，愛着のタイプを以下の3つに分類しました。**回避型**は，養育者と離れることにあまり混乱を示さず，再会時に養育者を避けようとする行動を示すタイプです。**安定型**は，養育者と離れることを嫌がり，泣いたりして混乱を示しますが，再会時には養育者に抱っこをせがむなどして積極的に身体接触を求め，スムーズに再会できるタイプです。**アンビバレント型**は，養育者と離れることを強く拒否し，大暴れをしたりして激しい混乱を示しますが，養育者との再会時には，抱っこなどの身体接触を求めつつも養育者に怒りを向けてなかなか立ち直らないようなタイプです。これに加えて，近年，**無秩序・無方向型**と呼ばれるタイプも確認されています。これは，顔をそむけながら養育者に近づくなど，養育者との再会時に接近と回避が同時にみられるタイプです。このタイプは，虐待環境下の子どもなどにみられる場合があります。

2　気質

　個人の性格の基礎となる遺伝的，生物学的な性質を，**気質**といいます。トーマスらは，ニューヨークの子どもを対象とした研究（Thomas, Chess, Birch, Hertzig, & Korn, 1963）から**9つの特性**を挙げ，それぞれの特性について5段階評定を

ことば

愛着（アタッチメント）
特定の人物に対して形成される強くて親密で特別な情緒的絆。

ボウルビィ
Bowlby, J.
(1907-1990)
イギリスの児童精神科医。アタッチメント理論の提唱者。

ことば

愛着行動
泣いたり，ほほえんだり，接近したり，抱きついたりする行動。

愛着関係
愛情や信頼感などの感情をもった関係。

分離不安
愛着関係を形成している他者がいなくなると，泣いたり，不安な表情を浮かべたり，後追いをしたりといった形で示す。

8か月不安
生後8か月頃からみられる人見知り。

安全基地
子どもの不安や恐怖をいつでも受け止めてくれる安心できる他者。

エインズワース
Ainsworth, M.D.S.
(1913-1999)
アメリカの心理学者。愛着タイプを3つに分類した。

✿ことば

ストレンジ・シチュエーション法
子どもを実験室に入れ，見知らぬ人物（ストレンジャー）に対面させたり，養育者と分離させたり，再会させたりして，子どもの行動を観察する。

プラスα

9つの特性
①活動性，②睡眠・空腹などの規則性，③新しい刺激への接近／回避，④順応性，⑤反応の強さ，⑥反応をおこすのに必要な刺激の程度，⑦機嫌，⑧気の散りやすさ，⑨注意の持続時間と執着度。

行ってそれらの評定値の組み合わせから，子どもの気質タイプを「手がかからない子」（40％），「扱いが難しい子」（10％），「出だしが遅い子」（15％）に分類しました（残り35％は「平均的な子」）。そして彼らが青年期になるまでに，精神医学的援助が必要となるような問題行動がどの程度出現したかを調べたところ，「手がかからない子」では18％に，「扱いが難しい子」では70％に，「出だしが遅い子」では40％に問題行動がみられることがわかりました（江尻，2008，pp.72-73）。これをみると，幼い頃の気質タイプがその後の問題行動の出現を予見しているようにみえます。ただし，「手がかからない子」であっても問題行動が全く出現しなかったわけではなく，「扱いが難しい子」であっても30％は問題行動が出現していなかったことに注意する必要があります（江尻，2008）。つまり，問題行動の出現は，幼少期の気質タイプのみに起因するのではなく，養育者を含む周囲の環境によっても変動しうる後天的な側面をももっているのです。「手がかからない子」の大半は，その気質タイプのみのおかげで将来的に問題行動を起こさないというわけではなく，そうした子どもに対しては周囲もポジティブな反応をしやすく，それによってその子の「手のかからなさ」がより一層強化されていくということが考えられます。「扱いが難しい子」の場合は，その子に対する周囲の反応がネガティブなものになりやすく，それによってその子の「扱いの難しさ」がより一層強化されて将来の問題行動につながる可能性があります。したがって，周囲の大人は子どもの気質タイプに引きずられすぎずに安定的な反応を心がけることが大切です。

第2節　手指と身体の育ち

1　スキャモンの発達曲線と運動発達の方向性

　幼児期運動指針（文部科学省，2012）によると，幼児期は，生涯にわたって必要な多くの運動のもととなる多様な動きを幅広く獲得する非常に大切な時期です。幼児期に獲得しておきたい基本的な動きとして，体のバランスをとる動き（立つ，座るなど），体を移動する動き（歩く，走るなど），用具などを操作する動き（持つ，蹴るなど）が挙げられます。子どもは，体を動かすあそびや生活経験などを通して，やさしい動きから難しい動きへ，一つの動きから類似した動きへと，多様な動きを獲得していきます。幼児期初期（3〜4歳頃）には，動きに力みやぎこちなさがみられますが，適切な運動経験を積むことによって，年齢とともに無駄な動きや過剰な動きが減少して動きが滑らかになり，目的に合った合理的な動きができるようになります。図4-1は，人体の各器官の発達過程を4つの型に分類した**スキャモンの発達曲線**です。これは，出生直後と思春期に著しく発達する**一般型**（内臓器官，

図4-1　スキャモンの発達曲線

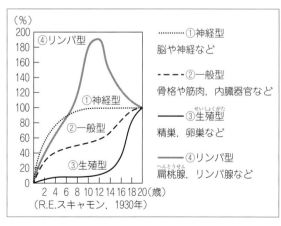

（R.E.スキャモン，1930年）

出所：山下富美代編著『発達心理学（図解雑学）』ナツメ社，2002年

筋，骨，血液など），成人の発達を100％と
したときに6歳頃までに90％に到達する**神
経型**（脳，神経など），思春期を中心に急速
に発達する**生殖型**（精巣，卵巣など），思
春期前に最大値に到達し，その後成人する
まで減少していく**リンパ型**（胸腺，リンパ
節など）に分けられます。身体の発達に伴
い，様々な運動が可能になります。運動発
達には，頭部から尾部へ（まずは頭部，次に
身体下部へ），中心から周辺へ（まずは体幹
（胴体），次に肩，手指などの周辺部へ），粗大
運動から微細運動へ（まずは全身的な運動，
しだいにごく細かい運動へ）という3つの方
向性があります（渋谷，2019，p.102）。

図4-2　粗大運動の発達

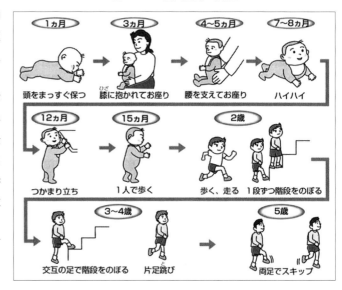

出所：図4-1と同じ

2　粗大運動と微細運動の発達

座ったり歩いたり走ったりといった全身的
な運動を，**粗大運動**といいます。図4-2に
示すように，粗大運動の発達は徐々に進みま
す。ボタンをはめたり，箸を使ったりといっ
た手先，指先の運動を，**微細運動**といいます。
前項で述べた運動発達の方向性が示すように，
まず粗大運動が発達し，それに続いて微細運
動が発達します。微細運動は，最初は**反射**に
基づく動きが主だったのが，しだいに**随意運
動**が可能となり，多様な動きがみられるよう

図4-3　手の動きの発達

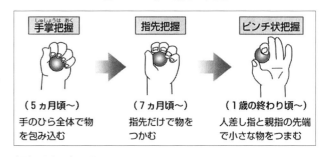

出所：図4-1と同じ

になります。図4-3に，微細運動の一つである手の動きの発達を示します。
なお，赤ちゃんといえば，指しゃぶりをしているイメージが浮かぶ方も多いか
もしれません。筆者の子どもは，指しゃぶりを始めた当初は，親指を唇の周り
に沿わせてゆっくりと動かし，運がよければ指が口の中に入るという状態でし
た。その動きは，まるでUFOキャッチャーのアームの動きであるかのように
大変ぎこちないものでした。

第3節　こころと言葉の育ち

1　母語の育ち

本節では，こころと言葉の育ちをみていきます。生後0～28日を**新生児期**と
いいます。新生児は，口の中などの形が十分発達していないため，**叫喚発声**
といって泣くことしかできません。生後1，2か月頃からお腹がいっぱいで気
分がいいときなどに**クーイング**（非叫喚。喉音。「クー」「アー」など）をするよう

ことば

随意運動
自分の意思や意図によって行う運動。

ことば

叫喚
機嫌が悪いときの泣き声。

ターン・テイキング
両者が交替で声を出し合って，会話をしているかのような相互コミュニケーションを行うこと。話者交替。音声による相互コミュニケーションだけでなく，赤ちゃんがおっぱいを飲む→母親が声をかける→赤ちゃんがおっぱいを飲む→母親が声をかける，といった一連の流れも含まれる。

になり,養育者との間で相互的なやりとり(**ターン・テイキング**)を行うようになります。その後,生後約3か月頃から子どもは,様々な強さ,長さ,高さの音声を発するようになります(「ババ」「バブ」「バババ」など)。これを**喃語**といいます。1歳前後になると,意味のある単語を初めて発し,同じ内容のことに対して一貫して同じ言葉を発するようになります。これを**初語**の出現とみなします。皆さんの初語は何でしたか。わが子の場合は「ま」(車)でした。その後,子どもは,1～1歳半頃になると,文の機能をもっているかのように一語を用いるようになります。**一語文**の成立です。1歳半頃を過ぎ,50語くらいを定着して用いるようになると,**語彙爆発**といって,用いる語の数が急激に増大します。また,「コレ　リンゴ」のように二語をつないだ発話を行うようになります。これを,**二語文**といいます。さらに2歳前後から3歳頃に三語以上の語をつないだ発話も可能になります。**多語文**の出現です。「コレ　ハ　リンゴ」のように,二語文のときには省かれていた助詞も加わるようになります。

2　第二言語の習得

　学習指導要領の改訂に伴い,近年,**英語教育**への関心が高まっています。果たして,英語教育は早期に始めた方が効果的なのでしょうか。この問いに対しては,肯定的立場,否定的立場,双方の見解があります。本項では,針生(2008,p.97),内田(2008,pp.188-189)に基づき,第二言語(英語)の習得に関する研究をみていきましょう。ジョンソンとニューポートは,アメリカへの移住年齢が様々な(3～39歳),第二言語として英語を学んだ人たち(母語は中国語や韓国語)を対象に,文法的な誤りを含む文(冠詞や複数形が正しく使えていない,過去形にすべきところで動詞を過去形にできていない文など)を聞かせて,それらを正しく指摘できるかどうかを調べました。アメリカへの到着年齢が7歳までの場合,成績はネイティブとほぼ変わりませんでしたが,その後は,到着年齢が遅くなるにつれて正答率がやや下がりました。語順に関しては,到着年齢が早い場合も到着年齢が遅い場合も同程度によくできていましたが,冠詞,複数形,過去形などに関しては,到着年齢が早い場合ほど明らかに成績が良いという結果が得られました。こうした結果は,**Less is More 仮説**で説明されています。また,3～4歳でアメリカに行き,現地校に通っている小学生の発音,聞き取り能力は母語話者並みであるのに対し,統語規則(冠詞,複数形,過去形など)の習得は不完全であることを示す研究もあります(内田,1999)。これらの研究をみると,英語教育は早期に始めた方が有利であるように思われます。

　一方,カミンズによる**二言語相互依存説(氷山説)**という説があります。これによると,水面上には2つの氷山があるようにみえますが(母語をL1,第二言語をL2とする),2つの言語(L1,L2)の土台は水面下で共通しているとされます。こうした共有面を中央基底言語能力といいます。この説では,母語(L1)の土台がしっかりとしていれば,第二言語(L2)の習得も容易である,母語(L1)が読み書き能力(学習言語)に達した段階であれば第二言語(L2)の学習も容易になると考えます。つまり,英語教育は,母語の読み書きを習得してからの方がよいということになります。一つの言語を十分に習得していない

うちにもう一つの言語が入ってくると，いずれも年齢相応に習得できない**リミテッド・バイリンガル**（セミリンガル，ダブルリミテッド）になる可能性があります（佐藤・片岡，2008）。このような状態になると，思考の手段としての年齢相応の言語をもたないことになり，大人になってからも困難を抱える可能性があります。さらに，2つの言語で育つことにより，自分は何人であるのか，という**アイデンティティ**が揺らぐ可能性もあります。近年，早期英語教育のポジティブな側面が強調されがちですが，早期英語教育を行う際には発達に対するネガティブな影響も念頭に置く必要がありそうです。

第4節　認知能力の育ち

　認知とは，知覚・記憶・推論・問題解決などの知的活動の総称です。たとえばチョウは，幼虫，さなぎ，成虫（いわゆるチョウ）の順に形態が変わりますが，もし私たちがこのことを知らなければ，幼虫やさなぎを見ただけではそれがやがてはチョウになるということはわからないでしょう。これらは，質的に異なる段階です。発達段階説とは，このように発達過程を一定の時期で区分する考え方です。**ピアジェの認知発達段階**は，以下に記す4つに大きく分けられます。年齢は目安ですが，出現順序は一定です。前操作期の後に感覚運動期が出現するといったことはありません。本節では，4つの段階のうち，保育に関連が深い最初の2つの段階を中心に扱います。

1　感覚運動期（0～2歳）

　感覚運動期は，感覚と運動を組み合わせることによって，身近な外界と関わろうとする段階です。たとえばハイハイができるようになった赤ちゃんは，何か興味をひくものが視界の中にあったとき，それに向かってハイハイをし（運動），手で触ったり口に入れてなめたりして（感覚），モノと関わります。自分の感覚が及ぶ範囲，運動の及ぶ範囲が，この時期の子どもにとっての全世界です。彼・彼女らの世界は「今，ここ」です。これに対して私たち大人は，過去や未来，行ったことのない場所にも思いをはせることができ，時空間的広がりをもった世界に生きています。なお，感覚運動期にみられる特徴の一つに，同じ行動を繰り返し行う**循環反応**があります。たとえば，手を開いたり閉じたり，ガラガラを繰り返し振ったりするなどの反応です。筆者の子どもは，車の中でおもちゃを落としたときにそれを筆者が拾って渡したところ，落としては筆者が渡し，落としては筆者が渡し，という一連の流れを繰り返しました。また，感覚運動期にみられる代表的な特徴には，**対象の永続性**の概念の獲得もあります。これは，たとえある物体が覆いをかけられたりして視界から消えたとしても，その物体はその場に存在し続けているという概念です。たとえば赤ちゃんの目の前におもちゃを出して，赤ちゃんが手を伸ばしてきたらおもちゃに布をかけます。永続性概念獲得前の赤ちゃんは布を取り除くのではなく，伸ばしかけた手を引っ込めて，見えないものは存在しないかのようにふるまいます。

プラスα

バイリンガル
バイリンガルには，3種類ある。プロフィシエント・バイリンガルは，どちらの言葉も年齢に応じてよくできるもの，パーシャル・バイリンガルは，どちらか一方の言葉のみが年齢に応じた水準か，それ以上によくできるが，もう一方の言葉はその水準に達していないもの，リミテッド・バイリンガルは，どちらの言葉もある程度理解できるが年齢に応じた発達をしていないものである（片岡・越山・柴田，2008，p.118）。

ことば

アイデンティティ
個人が時を越えて同一性を保っているという感覚。

人　物

ピアジェ
Piaget, J.
(1896-1980)
スイスの心理学者。子どもの認知発達について研究した。

ことば

象徴遊び
ままごと遊びなどの見立て遊び。

三つ山課題
3つの山があり，子どもの側からは山に家があるのが見えるが，反対側にいる他者からはその家は見えない。それにもかかわらず，子どもは反対側にいる他者からも家が見えると考える。

プラスα

仮説演繹的思考
演繹とは，前提を認めるならば結論もまた必然的に認めざるを得ないものをいう。具体的操作段階の子どもでも，たとえば，同形同大の3種類の金属A，B，Cに対し，B＞A，A＞Cを実際に確認すれば，BとCを直接比較しなくても推移律（既知の順序関係を未知の場合にも適用して推論を行うこと。たとえば，a＞b，b＞cならばa＞cであるという法則）を使ってB＞Cを推論できる。しかし，「仮にBはAより重く，AはCより重いとしたら，BとCはどちらの方が重いか」というように，推論の前提となる関係を仮説として与えると，その関係に対して推移律を働かせることが困難となる（仮説演繹的思考の困難）。同様に，具体的操作期の子どもは，たとえば以下の2つの前提「リスはライオンより大きい」「ライオンはゾウより大きい」を与えられると，現実にどうであるかに引きずられ，ゾウが一番大きい（ゾウ＞ライオン＞リス）と考える。形式的操作期になると，仮説としての2つの前提を認め，リスが一番大きい（リス＞ライオン＞ゾウ）という結論を導けるようになる。

2　前操作期（2〜7歳）

　前操作期は，表象を使った思考が可能になる段階です。この時期の子どもが頭に描くイメージやシンボルは，子どもが独自につくりあげたもので，普遍化されたものではありません。たとえば**象徴遊び**では，肉の代わりにボール，野菜の代わりに草を使って食事の真似をしたりしますが，何を

子ども

肉に，何を野菜に見立てるかは子どもによって異なります。また，この段階の特徴として，**三つ山課題**における反応にみられるように，思考や言語の**自己中心性**が挙げられます。この段階の子どもは，自他が未分化で，他者には他者の視点があることを理解しておらず，自分の視点からでしか物事を理解することができません。自己中心性は，あらゆるものに生命やこころがあると考える**アニミズム**，考えたことや夢でみたことは実在すると考える**リアリズム**（筆者の上の子どもは4歳のときに，「どんな夢？　みてみよう」と言って，寝室で寝ている弟に近づき，弟の夢を確認しようとしました），あらゆるものは人間がつくったと考える**人工論**という形でも現れます。

3　具体的操作期（7〜11歳）と形式的操作期（11〜15歳以降）

　具体的操作期は，具体的な事象においては論理的な思考が可能になる段階です。小学校の学習指導要領には，「具体的」という言葉が多数出てきます。皆さんも算数セットを使って算数を学んだり，生活科（理科）で朝顔を育てたりしたことでしょう。この段階になると，2つの事柄を同時に考えられ他者の視点に立てるようになります。これを，自己中心性を脱するということから**脱中心化**といいます。**形式的操作期**は，抽象的状況でも論理的な思考が可能になる段階です。食塩水，文字式，関数の問題などが理解できるようになり（布施，2019，p.46），**仮説演繹的思考**が可能になります。以下では上述の認知発達段階と関連させながら，子どもが確率（起こりやすさ）をどのように判断するのかをみていきます。

【事例4−1　確率に関する問題に対する子どもの反応】
　幼稚園年長児3名，小学2年生4名，小学3年生1名，小学6年生1名，中学1年生1名それぞれに対して，太郎くん人形，花子さん人形，サイコロを提示しながら，以下の質問をした。
・問1（根元事象比較課題）　太郎くんは1〜6が書かれたサイコロで，花子さんは1〜8が書かれたサイコロで1が出たら当たりのとき，どちらの方が当たりやすいか（正判断は「太郎くん」）。これに対して，幼稚園年長児は，「形は違うけど，サイコロは全部回りやすいから，同じ」と答えた。
・問2（根元事象・和事象比較課題）　太郎くんは赤のサイコロで，花子さんは赤か青のどちらか片方のサイコロで1が出たら当たりのとき，どちらの方が当たりやすいか（正判断は「花子さん」）。これに対して，「サイコロの形も同じだから，同じ」（幼稚園年長児）という反応がみられた。
・問3（根元事象・積事象比較課題）　太郎くんは赤のサイコロで，花子さんは赤

と青の両方のサイコロで 1 が出たら当たりのとき，どちらの方が当たりやすいか（正判断は「太郎くん」）。これに対して，「太郎くんより花子さんの方が（※サイコロが）つるつるで回りやすいから，花子さん」（幼稚園年長児）（※は筆者による注。問 4 の※も同様）という反応がみられた。
・問 4 （和事象・積事象比較課題）　太郎くんは赤か青のどちらか片方のサイコロで，花子さんは赤と青の両方のサイコロで 1 が出たら当たりのとき，どちらの方が当たりやすいか（正判断は「太郎くん」）。これに対して，「花子さんより太郎くんの方が（※サイコロの）背が高いから，太郎くん」（幼稚園年長児）という反応がみられた。幼稚園年長児で正判断をした子どもはおらず，小学 2 年生は，問 1，4 で 4 名中 3 名，問 2，3 で 4 名中 2 名が正判断をしていた。小学 3 年生以降は全員が，すべての問で正判断をしていた。

（出所：伊藤朋子「根元事象・和事象・積事象の起こりやすさの比較判断に対する発達的分析」より要約）

　幼稚園年長児は，起こりやすさに関係のある属性とそうでない属性とを区別していないこと，サイコロの 1 〜 6 の目の出やすさは同様に確からしいという対称性を理解していないこと，起こりやすさの比較判断が困難なことがうかがえます。上述の結果は，Piaget & Inhelder（1951/1975）による**偶然・確率観念の発達過程**と整合性があるように思われます。

第 5 節　非認知能力の育ち

1　非認知能力

　非認知能力は，「社会情動的スキル」とも呼ばれ，「目標に向かって頑張る力」「気持ちをコントロールする力」「他者と関わる力」などから構成されています（大阪府教育委員会，2020）。「目標に向かって頑張る力」は忍耐力，自制心，意欲などからなり，「気持ちをコントロールする力」は自尊心，自信，ルールを守ることなどからなり，「他者と関わる力」は他者の気持ちを感じる力，共感，思いやりなどからなります。非認知能力は，乳幼児期から育むことのできる力です。この能力は，「未来に向かう力」であるとされ，子どもの将来にとって重要であることが明らかになってきています。乳幼児期に非認知能力が育まれると，大人になったときの社会を生き抜く力につながります。

2　発達を促す関わり

　非認知能力を育むには，どのような関わりをすればよいのでしょうか。非認知能力は，ドリルなどによってではなく，日常の関わりの中で育まれます。その土台となるのは，「安全基地」です（第 1 節）。子どもにとっての精神的なよりどころとなる安全基地が，非認知能力を育むための土台となります。大阪府教育委員会（2020）のリーフレットによると，乳幼児期（0 〜 2 歳頃）は，「未来に向かう力」の芽を育む時期です。周囲の大人が子どもの表情や動きに合わせて反応したり，語りかけたりすることによって，子どもは，反応してもらえたという喜びを感じます。幼児期（3 〜 5 歳頃）は，「目標に向かって頑張る

プラスα

偶然・確率観念の発達過程
Piaget & Inhelder（1951/1975）によると偶然・確率観念の発達過程は，偶然・確率観念のない第Ⅰ段階（〜 7，8 歳。前操作期に相当），偶然・確率観念が現れ始める第Ⅱ段階（7，8 〜 11，12 歳。具体的操作期に相当），偶然・確率観念がシステムとして構造化されるようになる第Ⅲ段階（11，12 歳〜。形式的操作期に相当）に分けられる。

非認知能力
発達心理学者の森口佑介は，非認知能力に過度に注目が集まる現状に対して，①非認知能力が何を指しているのかがわからない，②非認知能力の重要性を指摘しても，それを支持するデータが非常に少ない，③仮にデータがあっても，なぜ，ある教育方法や子育てが非認知能力を高めるのかを説明することができない，という大きく分けて 3 つの問題点を指摘している（森口，2021，pp.105-107）。このように，心理学の領域では非認知能力という用語の使用に否定的な見解があるが，幼児教育などの現場ではこの用語が頻繁に使われていることから，本節では非認知能力という用語を用いて説明を行っている。

力」「気持ちをコントロールする力」を育む時期であり，「他者と関わる力」を
育むことが大切です。「未来に向かう力」は，家庭，地域，幼稚園，保育所，
認定こども園などにおける安全基地となる他者の存在やそこでのあそびを通し
て育まれていきます。

演習課題

① 　愛着タイプには，どのようなタイプがあるでしょうか。
② 　ピアジェによる認知発達段階についてまとめましょう。

【引用・参考文献】

江尻桂子「幼い頃の気質はその後の行動傾向にどう影響するのか」内田伸子編『よくわ
　　かる乳幼児心理学』ミネルヴァ書房，2008年，72-73頁

布施光代「認知・思考の発達」杉本明子・西本絹子・布施光代編『理論と実践をつなぐ
　　教育心理学』みらい，2019年，146頁

「反射」『世界大百科事典（第2版）』平凡社，1998年

針生悦子「幼いうちほどよくことばを覚えられるというのは本当か」内田伸子編『よく
　　わかる乳幼児心理学』ミネルヴァ書房，2008年，96-97頁

本郷一夫『保育の心理学Ⅰ・Ⅱ（シードブック）』建帛社，2011年

本郷一夫・飯島典子『保育の心理学（シードブック）』建帛社，2019年

伊藤朋子「根元事象・和事象・積事象の起こりやすさの比較判断に対する発達的分析
　　──幼児から中学生までを対象とした予備的検討」『早稲田大学大学院教育学研究科
　　紀要　別冊』第20巻第1号，2012年，25-36頁

片岡裕子・越山泰子・柴田節枝「アメリカの補習授業校で学ぶ子どもたちの英語と日本
　　語の力」佐藤郡衛・片岡裕子編著『アメリカで育つ日本の子どもたち──バイリンガ
　　ルの光と影』明石書店，2008年，117-142頁

「気質」「言語獲得の臨界期仮説」『最新心理学事典』平凡社，2013年

文部科学省「幼児期運動指針」2012年

森口佑介『子どもの発達格差──将来を左右する要因は何か』PHP研究所，2021年

大阪府教育委員会「乳幼児期に育みたい！未来に向かう力──非認知能力（社会情動的
　　スキル）を育むリーフレット」2020年
　　https://www.pref.osaka.lg.jp/attach/17339/00355268/hinintitanpe-ji.pdf（2022年4月14
　　日閲覧）

Piaget, J., & Inhelder, B. *The origin of the idea of chance in children.* (Trans. by Leake,
　　L. Jr., Burrell, P., & Fishbein, H. D.). New York: W. W. Norton & Company, Inc., 1975
　　(Piaget, J., & Inhelder, B. *La genèse de l'idée de hasard chez l'enfant.* Paris: Presses
　　Universitaires de France, 1951)

「スキャモンの発育型」『ブリタニカ国際大百科事典 小項目事典』ブリタニカジャパン，
　　2010年

渋谷郁子「身体づくりは心も育てる？──活動の基盤となる身体・運動の発達」藤崎亜
　　由子・羽野ゆつ子・渋谷郁子・網谷綾香編『あなたと生きる発達心理学──子どもの
　　世界を発見する保育のおもしろさを求めて』ナカニシヤ出版，2019年，98-109頁

Thomas, A., Chess, S., Birch, H., Hertzig, M., & Korn, S. *Behavioral individuality in ear-
　　ly childhood*, New York: New York University Press, 1963

内田伸子「第2言語学習における成熟的制約──子どもの英語習得の過程」桐谷滋編
　　『ことばの獲得』ミネルヴァ書房，1999年，195-228頁

内田伸子編『よくわかる乳幼児心理学』ミネルヴァ書房，2008年

山下富美代編著，井上隆二・井田政則・髙橋一公・山村豊『発達心理学（図解雑学）』
　　ナツメ社，2002年

第5章 乳児保育の基本

●子どもの主体性を尊重する保育について考えましょう。
●子どもの個々の育ちを大切にする保育のあり方について考えましょう。

第1節 子どもの主体性を尊重する保育

1 子どもを主体とした乳児保育

　近年，保育・教育において「生きる力の基礎」を育むために "主体的・対話的な学び" が重要視されています。保育者がどのように教えるかといった「保育者主導の保育」ではなく，学びの主体は子どもにあり，子ども自らがどのように学ぶかが大切です。生涯にわたる人格形成の基盤を育むために重要である乳幼児期においても，子ども一人ひとりの主体性を尊重する保育が求められています。保育の場は，「子どもたち一人ひとりが主体として受け止められ，主体として育っていく場」（鯨岡，2010）です。保育所保育指針1「保育所保育に関する基本原則」(3)保育の方法には，以下のような内容が示されています。

> ・子どもが安心感と信頼感をもって活動できるよう，子どもの主体としての思いや願いを受け止めること
> ・自己を十分に発揮できる環境を整えること
> （保育所保育指針より一部抜粋　下線は筆者）

　次に示す子どもの姿は，主体である子どもの思いが受け止められ自己を発揮できている姿といえます。

【事例5-1　私の主張】

　クラス全体で読み聞かせをしていた2歳児クラスでの出来事です。絵本の読み聞かせと並行して，保育者が順番に子どもに排泄を呼びかけていきます。そこで，一人の子どもが「絵本を最後まで聞きたいから，まだトイレにはいかない」と保育者に自己主張をしました。保育者は，その子どもの思いを受け止め笑顔で応答していました。

（出所：筆者が関わった研修会における公開保育の子どもの様子）

　事例5-1は，これまでの保育の中で自分の思いを安心して表現できる環境が保障されてきた子どもの姿といえます。子どもの思いが尊重されることによって，主体性が育まれると感じた保育の一場面でした。

ことば

生きる力
生きる力とは，「知識・技能の基礎」「思考力・判断力・表現力等の基礎」「学びに向かう力・人間性等」の3つの要素からなる。

> 【事例 5 - 2　子どもが主役】
> 　1 歳児クラスでの実践です。発表会の題材を保育者が決めるのではなく，子どもたちに決めてもらうことにしました。そこで朝のお集まりで読んでいた好きな絵本 3 冊の中から子どもたちに選んでもらい，それを発表会ですることにしました。子どもたちは主体的かつ意欲的に練習に取り組み，当日も大きなステージで堂々と自信をもって表現できました。
> （出所：筆者が関わった研修会に参加した保育士の実践報告）

プラスα

自己選択・自己決定
2 つまたは 3 つの中から選ぶなど，子どもが自分で選び決める体験の積み重ねを大切にしたい。

　事例 5 - 2 は，子どもが主体となり行事を考えています。子どもが**自己選択，自己決定**することで，自発的な活動となり，意欲や自信につながっていることがわかります。

　子どもの主体性が強調されている今日，あらためて子どもを権利の主体として，子どもを主体とした保育のあり方を再考することの意義を感じます。保育所等における保育の質の確保・向上にむけた取り組みの一つに，子どもを中心とした視点から保育を振り返り，保育実践のとらえ直しがなされています。子どもを中心とした視点とは，「子どもにとってどうなのか」ということです。その取り組みの中で，子どもの主体性を尊重するということは，「乳幼児期の発達の特性や過程と，個々の子どもの状況や興味・関心を踏まえ，子ども自ら関わりたくなるような環境を構成し，活動が豊かに展開していく中で子どもの学びや育ちを保障すること」（厚生労働省，2019）と示されています。また，その保育の実現には，「子どもの育ちや内面を理解すること」の必要性が指摘されています。そこで，子どもの自己や主体性について理解を深め，子どもの主体性を尊重する保育について考えていきましょう。

2　子どもの自己の育ちと主体性

　自己や自我が芽生えた子どもとは，どのような姿をイメージしますか。「自分でなんでもしたがる」「いやいやと拒否する」などといった子どもの姿を思い描くのではないでしょうか。では，子どもにとって自己が育つ，自我が芽生えるとはどのようなことなのでしょうか。

　赤ちゃんには，自分の手や玩具を口で確かめるような仕草がみられます。このように感覚機能を通して，自分と外界の世界を認知していきます。この体験の積み重ねにより，自他が未分化の状態から自分の身体を認識する「**身体的自己**」を獲得します。そして，より内面的に自分を認識していきます。これを「**認知的自己**」（柏木，2015）といいます。自己は生まれながらに備わっているのではなく，獲得していくものだということです。

　他方，1 歳頃から自分で「やってみたい」という子どもの姿から自我の芽生えがみえてきます。1 歳半頃には「わたしの」といった所有意識を示したり，「いや」と自己主張をしたりする様子がみられ，子どもの言葉からも自我の育ちをとらえることができるようになります。2 歳後半になると一方的に自己主張しているだけではなく，保育者の働きかけによって徐々に他者の思いに気づくようになります。自己主張が十分に受け止められることで，自己の感情を調

ことば

自己／自我
意識と無意識の両面を含む心の中心／意識の主体（中心），意識的な側面（参照：中島義明『心理学辞典』有斐閣，1999年）。

身体的自己
最初の"自己"は，自分という身体部分が，外界から区分した存在だということを知る（柏木，2015）。

認知的自己
単なる物理的境界の知覚以上に，どんな自分かという内容的判断も含む（柏木，2015）。

整し，他者との折り合いをつけることもできるようになります。

　このような自己や自我の育ちの過程においては，子どもをとりまく外界のモノやヒトとの出会い，大人からの働きかけが大切だといえます。

　次に，子どもの主体性についてみていきます。

図5-1　「私は私」の心と「私は私たち」の心で主体はつくられる

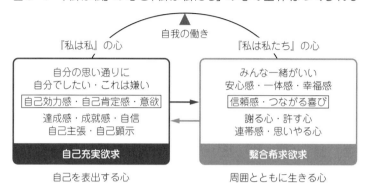

出所：booklet_22_p02-15.pdf（benesse.jp）（2022年5月1日閲覧）ベネッセ教育総合研究所，2014年

　鯨岡（2014）は図5-1に示しているように，子どもの主体性を，私は「私」として生きる**「自己充実欲求」**と，「私たち」として周囲とともに生きる「**繋**<ruby>けい</ruby>**合希求欲求**<ruby>ごうききゅうよっきゅう</ruby>」の2つの欲求から説明しています。子どもが主体的に育つためには，この2つの欲求のバランスをとれるようになることが大切です。自我の育ちには，自己主張するだけでなく，他者を思う気持ちが育まれていく姿がみえます。これが，「私」として生きるだけではなく，周囲とともに生きることにつながっていく過程といえます。つまり，個々を尊重するとともに，他者との関係性の中で生きる喜びを感じることが，子どもの主体性を尊重する保育といえるのではないでしょうか。

　「私」と「私たち」の2つの視点から考えると，自己を肯定し尊重するだけではなく，他者も肯定し尊重する「自他尊重」は，社会の中で生きるうえで重要なことです。

3　子どもと保育者の関係性

　子どもの主体性を尊重する保育を実践するためには，保育者は，子どもの存在を認め，思いを受け止め，子どもが主体として自ら考え行動できることを保障することが大切です。では，保育者としてどのような関わりが求められるのか，子どもの姿から具体的に考えていきましょう。

写真5-1　9か月の乳児

　写真5-1は，9か月の赤ちゃんです。お散歩にでかけ，公園にある木のベンチの上であそんでいます。園に帰る時間となり，保育者は子どもの名前を呼び，「おいで」と手を広げます。子どもは保育者のところに喜んで寄ってくるかもしれませんし，ときには，まだ遊びたいという気持ちから背をむけて

あそびを継続するかもしれません。0歳児においても子どもがその行為の主体であることを意識し，子どもから保育者のところにくることを大切にした関わりです。

次の事例は同じような場面の1歳半の子どもの姿です。

【事例5-3　私のタイミング】

　活動が終了し，片づけの場面における子どもの姿です。子ども（1歳半）は，まだあそびたかったと泣いています。母親が玩具を片づけるように優しく声をかけ続けますが，子どもは床に顔を伏せて泣き続けていました。そこで，保育者が「まだ，あそびたかったね」と子どものまだあそびたい気持ちを代弁しました。すると，子どもはぱっと顔をあげました。子どもの表情からは，「なぜ，私の気持ちがわかるの？」と言わんばかりです。そして，泣き止み，気持ちを切り替え，自ら帰る準備をしていました。

（出所：筆者が関わった子育て支援の場における親子の様子）

　事例5-3の子どもの姿からは，子どもの気持ちを受け止め代弁することの大切さをあらためて感じました。1日の保育の中で，子どもの活動を切り替える場面が多くあります。次の活動に導くことや保育の流れが優先されるのではなく，子どもの応答（タイミング）を待つことを意識していきましょう。

　主体性が育まれていくと，子どもは自ら考えて活動していきます。その活動を支えるのが，保育者への信頼感や安心感です。安心感を育むためには，子どものありのままを受け止めていきます。しかし，子どものやりたいことをやりたいようにさせることと混同しないことも大切です。ときに，子どもの行動を制止することが必要な場面もあります。一方的に叱らず，まずは子どもの思いを受け止めます。そして，保育者としての思いを伝え，指示ではなく**提案や助言**をするという働きかけをしていきましょう。

4　学びの芽生えを保障する乳児保育

　「学びの芽生え」とは，乳児から2歳までの時期の子どもが生活やあそびの様々な場面で主体的に周囲のヒトやモノに興味をもち直接関わっていこうとする姿であり，一生続く学びの出発点（汐見・無藤，2018）です。

　この「学びの芽生え」は3歳以上児の学び，小学校低学年での「自覚的な学び」へとつながっていきます。保育者として，学びの連続性や子どもの育ちを長期的な視点でみることを意識していきましょう。

　3歳未満児の「学びの芽生え」とは，子どもの興味，関心，自発性をとらえたあそびの「教育的側面」（今井・矢島，2019）です。では，「学びの芽生え」となる子どものあそびを，乳児保育ではどのように保障していけばよいのでしょうか。3歳未

図5-2　学びのドーナツ論

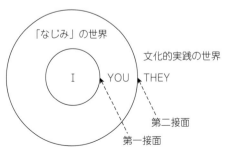

出所：佐伯胖編著『『子どもがケアする世界』をケアする』ミネルヴァ書房，2017年，30頁

満児の生活は，「すべてが遊びであり，一見，遊びとは思えない生活行動のなかにも遊びの要素が存在」（今井・矢島，2019）しています。着脱や食事などの生活習慣の確立には，手指の操作，身体機能など運動機能の発達が密接に関係します。あそびの中で発達（運動機能・認知・言語）を引き出していきましょう。

　次に，子どものあそびを豊かに展開していく保育者の関わりを図5-2の「学びのドーナツ論」を参考にして考えていきましょう。

　子ども（I）が文化的実践の世界（THEY）に関わるためには，共感的な他者（YOU）との出会い（第一接面）が不可欠です。その YOU 的他者の媒介を通して，人は文化的実践の世界（THEY）と出会い（第二接面），関わりを広げていきます（佐伯，2017）。

　つまり，子どもがモノやヒトとの関わりを豊かに広げていくためには，保育者との共感的な関係が大切となります。そこで，保育者を介して外界との関わりを深めていく子どもの姿（慣らし保育中）を一例としてみていきます。特定の保育者との関係が安定し信頼感を基盤に，子ども自ら環境に関わっていく過程です。

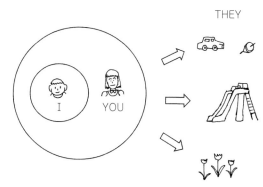

出所：筆者作成

○ 子どもの興味・関心を広げる

　他児のあそんでいる様子や他の保育者が見えるように抱っこの向きを工夫し，外界（THEY）への興味・関心を引き出します。子どもの視界を広げ，モノやヒトとの出会いのきっかけづくりをします。

○ 自らの意思で，外界の世界に働きかける

　子どもの視界に入るように玩具であそび，あそんでみたいという子どもの思いを育んでいきます。子どもはあそびを見ているだけではなく，自ら玩具に手を伸ばします。

○ 知的好奇心を原動力とし，自発的にあそぶ

　徐々に子どもは保育者から物理的な距離をとって探索活動を豊かに広げ，自ら興味をもったあそびに没頭します。

　このような自発的な活動が展開していくには，子どもにとって魅力的な環境を構成することが大切です。子どもの心身の発達が著しい時期だからこそ，保育者が意図的に環境を変化させましょう。

　また，運動機能が著しく発達する中で，よじ登ったり，投げたりと，ハラハラする場面もでてきます。保育者は安全面の確保からその行動を抑制すること

プラスα

自発的

自発性は，0歳児から3・4歳児までが著しく育つ時期である。

もありますが，可能な限り，子どもの欲求を満たす方法を見出します。たとえば，椅子によじ登る子どもの傍で見守る，ブロックを投げている行為はお手玉に変えるなどが考えられます。危険と感じ，子どもの行動を制限したり抑制したりすることが多くなったときには，環境そのものを改善することが必要です。

第2節　個々の育ちを大切にする乳児保育の実際

1　個々の子ども理解を基盤とした保育

　子どもの心身の発達に関する側面と子どもの気質や心情の内面的な側面から，子ども理解について考えます。

　まず，心身の発達理解です。3歳未満児は心身の発育・発達が著しく，個人差が大きい時期です。その特性を踏まえ，画一的な視点ではなく，何がどのようにできているかという視点でみます。たとえば，ハイハイの獲得は，歩行の時期を迎えるための基礎となります。前を向いてハイハイをしているか，手を開いて身体を支えているか，足の指で床を蹴っているかなど，子どもの発達のプロセスを丁寧に観察します。そのように観察した子どもの姿を基盤に，保育の計画へとつなげます。

　次に，子どもの気質や心情の理解です。たとえば，小麦粉粘土やボディペインティングなどのあそびを初めて経験する子どもの姿を想像してみてください。物怖じせずにすぐに素材に手を伸ばせる子ども，保育者の背中につかまり保育者や他児の様子を見て触るまでに時間がかかる子ども，触ってみたい気持ちはありながらも指一本で慎重に触ろうとする子ども，様々な子どもの姿が思い浮かびます。未知の世界との出会いに限らず，これまで経験したことでも，個々の気質やその日の気分によって反応は異なります。保育者は，子どもの心情を尊重した多様な関わりが必要となります。

　保育の中で保育者が困った・気になる子どもの行動には必ず理由があります。特に，3歳未満児は自分の思いを言葉で表現することが難しいため，子どもがなぜそのような行動をとったのか，保育者が子どもの内面に目を向けていきましょう。この時期の子どもは，喃語や単語だけでなく非言語コミュニケーション（体の動き，表情）を活用し，自分の思いを表現します。子どもの行動をよく観察し行動を言語化することやふれあい遊びなどを通して，子どもとの情動交流を深めていきましょう。

2　担当制保育の実際

　保育所保育指針解説には「緩やかな担当制のなかで，特定の保育士等が子どもとゆったりとした関わりをもち，情緒的な絆を深められるように指導計画を作成する」と明記されています。担当制保育とは，どのような保育方法なのでしょうか。担当制保育の一つである「**育児担当制**」とは，特定の保育士が特定の子どもの生活行為（食事，排泄，着脱など）を継続的に援助する保育手法（西村，2019）です。まずは，担当制保育の目的や意義を理解しましょう。

❁ことば

ボディペインティング
絵の具と水のりを合わせてつくった材料を使用し，手足などにつけて全身で絵を描くことを楽しめるダイナミックな表現遊び。

　2012年より足立区の保育園では，意欲の基盤になる特定の大人との愛着形成のために「生活中心型担当制保育」が導入されています。たとえば，子どもが自分のペースで食事ができるように，少人数で時間差をつけて食べるようにしています。この実践を通して，保育者は，「子ども一人ひとりをじっくり見られるようになった」「これまで以上に丁寧に子どもの発達に合わせた関わりができるようになった」ことを変化として挙げています。

　3歳未満児にとって集団で一斉に同じ行動をする保育では，個々に合わせた丁寧な援助をすることの困難さ，子どもが主体ではなく受動的な立場になってしまうことが指摘されています（西村, 2019）。そのため，担当制保育では，少人数での活動，1対1での関わりを基盤として，子どもの主体性や個々のペースが尊重されていることがわかります。このような保育方法の中で，①特定の大人との安定した信頼関係を築くことで子どもが安心して過ごせる（情緒の安定），②いつも同じ保育者が同じ手順で援助を行うことで，子どもが見通しをもてるようになり，自発的・主体的な活動を支えることができる，③個々の生活リズムを大切にできることが意義として考えられます。また，担当制保育では子どもの興味・関心に応じたあそびを保障するために，あそびの場面では保育者は固定ではなく柔軟に対応していきます。

　そして，個々の生活リズムを尊重するため，「あそび」「食事」「睡眠」などが並行して進んでいきます。そのため，保育者同士の連携・協働が必要です。しかしながら，乳児保育に携わる保育士を対象とした「連携の中で大変だと思うこと」の中に，「共通理解が図れない」「意思疎通がとれない」「言葉の取り違え」（石川, 2019）が挙げられています。「育児担当制」の実践は，その目的や意義について，保育者間の共通理解も大切です。

3　応答的および受容的な関わり

　保育の基盤には養護があらゆる場面で貫かれる原理とされ，養護的な関わり（受容，応答，共感など）が大切となってきます。

　事例5-4を通して，保育者の養護的な関わりを考えましょう。事例は，0，1，2歳児の子どもとその保護者を対象とした絵本の読み聞かせの講座に参加した親子の姿です。

【事例5-4　家庭では絵本に全く興味を示さない幼児（1歳半）】

　講座の中で，絵本を自由に読める時間を設けます。絵本は表紙が見えるように床に並べ，子どもたちが自分で選べる環境を構成します。幼児は自ら興味をもった絵本『たべたのだあれ』を手に取り，保育者に「読んで」と手渡してきました。保育者は子どもの横に座り，読み聞かせをします。絵本の中の「たべたの，だあれ」という問いかけを繰り返します。その問いに対し，幼児は絵本の中にある絵を選んで指をさします。保育者は「そうだね」と言葉をかけ応答します。問いかけと違う絵を指さしても否定せずに，同じ応答を続けます。幼児は，一度，読み終えると「もう1回」と要求します。

（出所：砥上あゆみ・菅原亜紀「言語表現の基礎を培う0-2歳児の絵本の読み聞かせ」より要約）

生活中心型担当制保育
育児担当制と内容は同じである。

　この実践のポイントをみていきます。まず，保護者の見守りと保育者の温か
い雰囲気づくりによって，子どもが安心して興味をもった絵本を選ぶという自
発的な活動を支えています。また，保育者は，幼児の発言を一度も否定するこ
となく受け止めています。これは，子どもの相手に伝えたい思いを尊重し，表
現できることや相手に伝わる喜びが体感できるようにしているのです。このよ
うな応答的かつ共感的な読み聞かせの体験の積み重ねは，コミュニケーション
の基盤や言語の獲得の基礎にもつながり，子どもの育ちは広がっていきます。
　乳児保育では，基礎や基盤および土台という言葉が頻繁に使われます。子ど
もへの愛情豊かな関わり，ありのままの子どもの姿を受け入れることが，生き
る力の基盤となります。この時期の保育で何を大切にする必要があるのかを保
育者として常に問い続けていきましょう。

演習課題

① 　子どもの主体性を損なう保育とはどのようなことかを考えてみましょう。

② 　集団の中での個々の育ちを大切にするために，保育者として心がけたいこ
とを考えてみましょう。

【引用・参考文献】

足立区教育委員会就学前教育推進担当監修，伊瀬玲奈編『「あたりまえ」を見直したら
　保育はもっとよくなる！』学研，2018年

今井和子・近藤幹生監修，今井和子・矢島敬子編著『MINERVA保育士等キャリアアッ
　プ研修テキスト1　乳児保育』ミネルヴァ書房，2019年

石川恵美「乳児保育における現状と課題——保育者のアンケートを手がかりに」兵庫大
　学短期大学部研究集録編集委員会編『兵庫大学短期大学部研究集録』第54号，2019年，
　1-8頁

柏木惠子『新装版　子どもの「自己」の発達』東京大学出版会，2015年

鯨岡峻『保育・主体として育てる営み』ミネルヴァ書房，2010年

鯨岡峻『子どもを「主体」としてとらえ，今を認めながら未来を示す保育』ベネッセ教
　育総合研究所，2014年

厚生労働省『子どもを中心に保育の実践を考える——保育所保育指針に基づく保育の質
　の向上に向けた実践事例集』2019年

西村真美『育児担当制による乳児保育——子どもの育ちを支える保育実践』中央法規出
　版，2019年

佐伯胖編著『「子どもがケアする世界」をケアする——保育における「二人称的アプ
　ローチ」入門』ミネルヴァ書房，2017年

汐見稔幸・無藤隆監修，ミネルヴァ書房編集部編『〈平成30年施行〉保育所保育指針
　幼稚園教育要領　幼保連携型認定こども園教育・保育要領　解説とポイント』ミネル
　ヴァ書房，2018年

砥上あゆみ・菅原亜紀「言語表現の基礎を培う0-2歳児の絵本の読み聞かせ——講座
　における親子への支援をとおして」『純真短期大学紀要』第57号，2017年，77-88頁

第6章　0歳児保育前半

生活とあそびの環境および保育者の援助・関わり，配慮

学習のポイント

●誕生してから生後6か月頃までの乳児への関わり方を学びます。
●生後6か月頃までの乳児の生活とあそびのとらえ方を学びます。

第1節　基本的生活リズムの芽生え

1　ヒトとの関わりを育む授乳

　0歳児前半は，授乳を通してヒト（人間）らしく育っていく最も重要な時期です。なぜなら，乳児期の食事は，単に生命維持，エネルギーや栄養素の補給のみではなく，こころの育ちにも重要な役割を果たしているからです。

　授乳には時間になったら与える**時間制授乳**と赤ちゃんが泣いて空腹を訴えたときに与える**自立制授乳**があります。個人差はあるものの，生後3か月頃まではほぼ3時間ごとの授乳になりますので，結果的には同じようになります。このリズムの仕組みについては第3項を参照してください。

　では，時間制授乳と自立制授乳にはどのような違いがあると思いますか。初めて母親になる人は，一人で気負いすぎる人ほど育児書通りに頑張って子育てをしようと思うのではないでしょうか。たとえば，おおむね3時間ごとに授乳を行う，とインプットした母親が，3時間の間隔を守ろうとし，30分前に泣いて欲しがる赤ちゃんを一生懸命なだめるということが少なからずあります。これが1日に何回もあり，さらに毎日続けばどちらにとってもストレスが溜まる一方となり虐待の引き金にもなりかねません。このように，タイムスケジュールに合わせる方法が時間制授乳です。

　一方，自立制授乳とは，時間に縛られることなく，赤ちゃんが泣いて欲しがったときに授乳することです。時間ではなく訴えたときに応えることで赤ちゃん自身が生理的充足感と安心感を得ることが重要です。赤ちゃんの情緒が安定していれば微笑みが増え，母親も穏やかな気持ちでわが子に接することができます。

　さて，乳汁栄養には母乳栄養，**人工栄養**（育児用調整粉乳），**混合栄養**（母乳＋育児用調整粉乳）があります。できれば母乳で育てたいと願っている母親がほとんどですが，難しい場合もあります。母乳の代替えとなる育児用調整粉乳は母乳に近い組成になるよう工夫されていますので，大事なことは授乳の仕方に

プラスα

母乳育児に関する妊娠中の考え
厚生労働省は2005年と2016年に母乳育児に関する妊娠中の考えについて調査を行っている。妊娠中に「ぜひ母乳で育てたいと思った」と回答した者の割合は43.0％，「母乳が出れば母乳で育てたいと思った」と回答した者の割合は50.4％であり，合計すると母乳で育てたいと思った者の割合は9割を超えており，2005年度と比べて大きな変化はなかったと報告されている。このことから，母乳で育てたいと思っている母親が無理せず自然に母乳育児に取り組めるよう支援することは重要である。ただし，母乳をインターネット上で販売している実態も踏まえて，衛生面等のリスクについて注意喚起をしているところである。授乳の支援に当たっては母乳だけにこだわらず，必要に応じて育児用ミルクを使う等，適切な支援を行うことが必要である（「授乳・離乳の支援ガイド」（2019）より抜粋）。

人工栄養の飲ませ方と種類
授乳後は，摂取量を確認して残乳は雑菌が繁殖しやすいため，捨てることが鉄則である。赤ちゃんが飲み終わったら，自分の肩に赤ちゃんの顎を載せるようにもたれかけさせて抱き，赤ちゃんの背中をゆっくり下から上に擦り，必ず排気（げっぷ）させることも必須である。なぜなら，飲み終わってすぐに寝かせると，胃の中に入った空気が出にくく，嘔吐や吐いたミルクで窒息する事故につながるおそれがあるからである。

• 育児用粉ミルク
母乳に近い栄養を赤ちゃんに与えることを目的としており，栄養成分は厚生労働省が定めた「母乳及び乳児用調製粉乳の成分組成と表示の許可基準」で基準値が設定されている。

• アレルギー用粉ミルク（ペプチドミルク）
ミルクアレルギーのある赤ちゃんのために開発された粉ミルク。乳清タンパク質を分解してアレルゲンを低減してある。

• フォローアップミルク
離乳食や幼児食だけでは栄養が十分行き届いていない場合に栄養を補うための粉ミルク。そのため，母乳の代替えミルクではない。牛乳よりタンパク質が消化しやすく脂肪酸を調整してあるため生後9か月以降を対象とし，牛乳の代替え品として用いられている。

ことば

紙おむつと布おむつ
• 紙おむつの特徴
紙おむつの開発が進み，月齢はもとより性別，使用時間帯などに応じて多様な工夫がなされている高分子吸収体を用いた紙おむつが急速に普及している。使い捨てのため後始末や持ち運びが楽である。しかし，使用後のごみ処理問題や布おむつに比べて経済的な負担は大きい。逆戻りせず，数回の尿を吸収できるというCMの波及と経済的負担面から，1回の排尿でおむつ交換をしない家庭がある。これによりおむつかぶれを起こしたり，親が楽なためにトイレトレーニングの開始年齢が高くなったりする傾向がある。

写真6-1　飲みながらママの顔をちゃんと見ている赤ちゃん

あります。母乳はお母さんに密着しているので抱きかかえれば安心して飲んでくれます。でも，お母さんがテレビに夢中になりながら与えていたらどうでしょうか。赤ちゃんはお母さんの意識が自分に向いていないことをしっかりと感じ取ります。一方で，哺乳瓶を使用する人工乳では，必然的に赤ちゃんが吸いやすいように傾き加減を調整しながら与えるので，赤ちゃんに養育者の意識が向きやすいです（鬼頭，2021）。

　授乳の仕方が大事となる理由にはもう1点あります。これは，見る能力と関係しています。新生児の視力は0.03～0.05程度であることがわかっています。ちょうど乳児がお母さんや養育者に抱っこされたときに顔が見える（30cm先の対象にピントを合わせる）距離（写真6-1）です。その後，視力は生後半年で0.2，1歳で0.4くらいになっていきます（高橋，2019）。五感の中で最も発達がゆっくりといわれている視力ですが，このように授乳の行為で赤ちゃんは対面する人の顔を認識していくのです。せっかくわが子に自分の顔を認識してもらえるチャンスですから，授乳の時間は愛着形成を育む行為として大事なひとときにしたいですね。

2　排泄と清潔の習慣の基礎をつくる関わり

　生後3か月頃までの排尿は反射的で，排便も5～6か月頃までは排便反射です。4か月前後から無意識的な排尿抑制や，排尿の前に泣くという形で尿意を周囲に知らせる行動がみられ始めます。排便行為の発達も神経系統の発達と関係があり，6か月過ぎからは腹圧をかける，いきむなどの反射的協調運動が起こってきます（荒賀・伊藤，2019）。

　このようなメカニズム（図6-1）ですから，おむつ交換のタイミングは基本的には授乳が終わったらそのたびに行います。このとき，言葉を発しない赤ちゃんであっても聴力は発達していますので，無言で行ってはいけません。赤

図6-1　排泄の神経メカニズムと排便の神経メカニズム

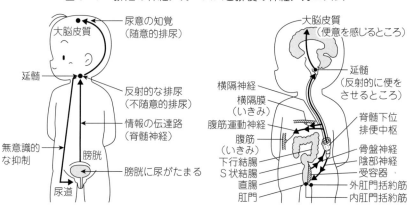

出所：荒賀直子・伊藤輝子「排泄する」松本園子編著『乳児の生活と保育　第3版』ななみ書房，2019年

ちゃんは，周囲の音をキャッチするだけではなく，ヒトが話す声にも敏感で声色や言葉のトーンを聴き分けることもできます。ですから，おむつ交換の際には必ず「○○ちゃん」と呼びかけ，「お尻をきれいにしましょうね」「いっぱい出たねー」などと声をかけながら交換しましょう。

　特に集団保育の場でのおむつ交換タイムは，保育者と子どもにとって 1 対 1 の関わりとなる特別な時間でもあります。保育者との穏やかな関わりの中で，清潔にしてもらう心地よさを赤ちゃんが感じられることが重要です。おむつ交換時は単におむつ替えの行為ではなく，皮膚の状態や便の状態等を確認し，赤ちゃんの健康状態も把握します。おむつの種類には紙おむつと布おむつがありますが，赤ちゃんの皮膚の状態や家庭の状況に合わせて使い分けられています。近年は紙おむつを使用する家庭が主流のようです。

　また，授乳後に顔を拭いたり，鼻水が出ていたら拭いたり，汗をかいたら適宜着替えをするなど，清潔でいる状態を保つことで清潔の心地よさを知ることにつながります。この際も，決していきなり鼻や顔を拭くのではなく，たとえば「鼻水が出てるね。お鼻，拭いてもいいかな？」などと，声をかけてから拭きましょう。私たち大人同士は，相手の顔に何かついていたとしても，いきなり相手の顔を触ったりはしません。大抵は相手の了解を得てから行為に移すはずです。一人の人間として子どもの気持ちを尊重するとは，このような関わりから始まります。

3　育ちを促す睡眠

　生後 1 か月未満ではウルトラジアンリズムの短い覚醒と睡眠の繰り返しがみられますが，2 か月目になると，覚醒・睡眠のそれぞれの時間帯は昼と夜に集中するようになり，3 〜 4 か月頃には昼夜の区別に同調した睡眠・覚醒の安定したサーカディアンリズムが形成され，夜の入眠時刻がほぼ一定となります（太田，2019）。赤ちゃんは，お母さんのお腹の中にいるときからサーカディアンリズムをもつことが知られており，サーカディアンリズムがみられない生後 3 〜 4 か月の間は，赤ちゃんにとって外の新しい環境に適応するための移行期といえます（太田，2019）。この移行期では，3 〜 4 時間周期のウルトラジアンリズムによって赤ちゃんはお腹がすいたと泣くので，夜も 3 〜 4 時間間隔で授乳を行うことになります。

　新生児・乳児期の睡眠の重要性については謎の部分が多いものの以下のようなことがわかっています。ラットの新生児を対象にレム睡眠だけを薬物で妨害した研究では，このような飼育を受けたラットは脳の発達を促すような教育効果が高い環境で育てても脳（特に大脳皮質）の重量が有効に増えず，さらに新しい環境にうまく適応できませんでした。別の研究では，レム睡眠に入ろうとする子猫を手で揺さぶって繰り返し覚醒させると視覚情報を処理する脳の「外側膝状体」のサイズがレム睡眠を経験した子猫より小さかったことがわかりました（太田，2014）。それゆえ，サーカディアンリズムを整える環境が大事であり，夜間睡眠を促す環境が重要です。

・布おむつの特徴

一般的に白い木綿地であり，吸湿性，通気性がよい。もちろん，布おむつは 1 回の排尿でしっかり濡れてしまうのでそのつど交換しなければならない。洗濯して繰り返し使えるので経済的であり，赤ちゃん自身も濡れて気持ちが悪いことを実感できるため，不快を泣いて訴え，交換してもらうことで清潔の心地よさを知り，関わりも増え，排泄の自立が紙おむつの使用よりも早い傾向にある。ただし，携帯には不便であり，洗濯が頻繁になるため親にとってはこの労力が負担となる。形状には昔ながらの長方形のものだけではなく，パッドタイプがある。

🍀**ことば**

ウルトラジアンリズム
睡眠と覚醒が約 3 〜 4 時間周期のリズムで繰り返される。24 時間より短い周期をもつリズム。

サーカディアンリズム
胎動や心拍数は約 24 時間のリズムをもち，このリズムによって健康な生活リズムは支えられるといわれている。

レム睡眠
レム睡眠中には夢をよくみる。睡眠脳波で判別されるノンレム睡眠以外のもう一つの睡眠段階で，急速眼球運動（rapid eye movements: REMs）と骨格筋（抗重力筋）の筋活動の低下を特徴とする。急速眼球運動の英語の頭文字をとってレム睡眠と呼ぶ。ノンレム睡眠はレムでない睡眠を意味し，睡眠中の脳波から眠りの深さは 4 段階に区別されている（厚生労働省，e-ヘルスネット参照）。

第2節　**0歳児前半のあそび**

1　手指の発達を促すあそびの重要性

　手や指は「第2の脳」といわれていることから，手指を使ったあそびをたくさんするとよいことは，すでに皆さんご存じだと思います。これは，カナダの脳神経外科医であるペンフィールドが考案した「ホムンクルスの図」が広まったことによります。この図は，ヒトの大脳皮質と体の部位の感覚の関係を大きさで示しています。

　脳には，動作を指令する「運動野」と感覚を感じ取る「感覚野」があり，それぞれが体の部分と密接につながっていて，彼の図によれば，5本の指と手のひらは，運動野では約3分の1，感覚野では約4分の1を占めています。そして，手のひらに触れると感覚受容器が働いて神経活動が発生します。さらに大脳皮質の手の体性感覚野へ伝達され，手の運動野のニューロンが神経活動を起こし，握る，つかむ，落とす，といった手の運動，あるいは道具として使うなど，手の運動が起こります（久保田，2002）。しかし，赤ちゃんが自分の手を自分の体の一部だと認識するには生後数か月間かかります（写真6-2）。

　図6-2で示されているように，ヒトの脳には大脳と小脳と脳幹があり，脊髄に続いていて，大脳の表面が**大脳皮質**です。手の感覚神経系と手の運動神経系が働くだけでは手は使い物にはなりません。感覚と運動をつなぎ，外の世界へ働きかけることを可能にする系統（手の統合系）が必要であり，それは大脳皮質の連合野にあり，感覚系と運動系とを相互連絡しています（久保田，2002）。

　また，眼で見たモノを手でとらえようとすることは，運動連合野が視覚と手の運動を連合する働きをしているだけでなく，触覚，他の皮膚感覚，そして聴覚も，視覚と同様に連合します（久保田，2002）。このように，大脳における手の占める領域が大きく，手の運動が運動連合野と運動野にできるニューロン間の継ぎ目である**シナプス**に大きく影響します。つまり，手をたくさん使うことでシナプスはどんどんつくられていきますから，脳が活性するということです。

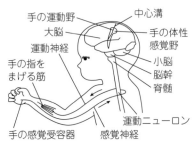

図6-2　手と脳の関係（手の感覚系と運動系）

中心溝
手の運動野
大脳
手の体性感覚野
運動神経
小脳
脳幹
手の指をまげる筋
脊髄
運動ニューロン
手の感覚受容器　感覚神経

出所：久保田競・久保田カヨ子「手と脳の関係」『すぐれた脳に育てる』BL出版，2002年，8頁

写真6-2　自分の手を見つめる赤ちゃん（ハンドリガード）

人　物

ペンフィールド
Penfield, W.G.
(1891-1976)
アメリカ，カナダの脳神経外科医。脳外科手術時に様々な脳領域の刺激により，大脳一次運動野と一次体性感覚野のホムンクルスとして知られる体性地図の存在を明らかにするなど，ヒトの脳の大脳皮質に機能局在があることを明らかにした。同様の方法を用いて，補足運動野の存在や，側頭皮質が視覚記憶に関与することを明らかにした（『脳科学事典』より）。

ことば

ニューロン
生物の脳を構成する神経細胞のこと。

シナプス
神経細胞の情報を出力する軸索終末と情報を受け取る樹状突起や細胞体との間に形成される接触構造。神経活動によりシナプス前部の軸索終末から放出される神経伝達物質は，シナプス後部の樹状突起や細胞体にある受容体を活性化させることでシグナルを伝える（国立研究開発法人日本医療研究開発機構より）。

ハンドリガード
赤ちゃんが自分の手を顔の前にかざして，じっと見つめる行為のこと。「これなんだろう」と手が自分の体の一部であることに気づき，しだいに自分の意思で手を動かせることを発見していく。

これは，ちょうどTwitterで呟いた一人の言葉に誰かがコメントをすることでつながっていき，さらに誰かにシェアされていくことで一気に拡散されていく光景と似ています。手を使えば使うほど神経回路がどんどんつながっていき，ニューロンがつながってできている回路は，脳のどこでも使うと働くようになり，様々な能力を高めていくことができるということです。これが，乳児期から手指を使ったあそびをたくさん行うことは脳の刺激によいといわれるゆえんです。

2　身体機能の発達を促すあそび

　ここでは自分の意思で身体を動かし始める発達過程に沿って，発達とあそびの関連をみていきましょう。

　乳児は，2か月頃までは**原始反射**というメカニズムにより身体の動きを制約されていますが，周りの世界をちゃんと感じ取っています。乳児が自分の意思で自由に身体の向きを変えることができず，仰向けで寝ている時期は，乳児がとらえることができる位置にオルゴールメリーのような音が出て，発色のよい動くおもちゃを吊るすとよいでしょう。気持ちが惹かれても，まだ手を伸ばすことはできませんが，**追視**といって，目でモノを追うようになります。

　3か月頃になると，首が座ります。**首が座る**とは，自力で頭を支えることができるということです。これにより縦抱きができるようになり，乳児の視界が拡大されます。それまでは仰向けの状態でいつも同じ視界ばかりだった世界から，縦抱きをして大人が移動すれば，色彩豊かな世界が飛び込んでくるようになるので外界への働きかけのエネルギーの源となります。それゆえ，新しい世界を知った赤ちゃんは生理的欲求ばかりではなく，抱っこして欲しくて泣くのは当然です。縦抱きをして，モノとの出会いをたくさんつくってあげましょう。

　その後，5か月を過ぎる頃から寝返り（写真6-3）をするようになります。仰向けからくるりと回転して，自由にうつぶせになることができるようになると，頭をもち上げて遠くまで見通せるようになります。これは，抱っこしてもらうのを待つしかなかった赤ちゃんが，自力で視界を変えることができるようになったということです。

　赤ちゃんの目線でとらえやすい位置にカラフルなボールやぬいぐるみなど，赤ちゃんが触ってみたいと思うようなモノを置くと，赤ちゃんは写真6-4のように手を伸ばします。

写真6-3　寝返りから振り　写真6-4　ボールをつかむ赤ちゃん
　　　　　向く赤ちゃん

> **【事例6-1　赤ちゃんの発達を促す関わり】**
>
> 　赤ちゃんがぬいぐるみのある方に一生懸命手を伸ばしています。赤ちゃんの目線はぬいぐるみをとらえているようです。でも，ハイハイで移動できない赤ちゃんはターゲットにたどり着くことができません。あなたならどうしますか？　下記の3つの中から選んでください。
>
> 　①　ぬいぐるみを赤ちゃんの手でつかめる位置に置いてあげる。
> 　②　一生懸命手を伸ばして近づこうと思っているのだから，もしかしたら進めるようになるかもしれないので，声をかけ応援しながら見守る。
> 　③　赤ちゃんが手を伸ばして，届きそうですぐにはつかめない位置にぬいぐるみを置いて様子をみる。
>
> （出所：筆者の観察ノートより抜粋）

　赤ちゃんは，もっている能力をうまく使いこなせないだけで，すでに様々な能力を秘めています。この秘めている能力を引き出し自分で使いこなせるように援助していくことが大人の役割です。事例6-1の場合，①のように「はい，どうぞ」と渡してあげることが赤ちゃんの発達にとってよいことでしょうか。人間は，簡単に手に入れば，努力することを止めてしまうでしょう。また，②のように，明らかに無理なことを応援されても頑張る意欲は失せ，諦めてしまうのではないでしょうか。手を一生懸命伸ばしたら届きそうかどうか，赤ちゃんはモノと関わっているうちに学んでいきます。したがって，赤ちゃんの自らつかもうとする気持ちを尊重し，伸ばそうとする手とモノとの距離間を大人は測ることが重要です。

　つまり，発達を促す関わりとは，触ってみたい，もっとやりたい，という意欲を育てることです。赤ちゃんは何もできないからやってあげる，という関わりではなく，赤ちゃんが自ら行動を起こしたくなる環境を整え，働きかけることが大人の役目となります。

　③のような働きかけをすることで，ぬいぐるみをつかんだときは達成感を味わいます。達成感，満足感を繰り返すことでモノと関わりたくなる意欲が増します。さらには目でとらえたモノに近づきたいという意欲が湧き，お腹を軸にして両手・両足を上下に動かし，**グライダーポーズ**が出現します。

　このように，子どもの育ちは各々の時期が訪れれば自然に**発達**していくのではなく，子どもの育ちを見通した大人の働きかけがなければ，その後のハイハイ，つかまり立ち，一人歩きも突然出現するわけではないことを認識しておく必要があります。そのため，保育者は子どもの発達過程を理解し，一人ひとりの子どもの発達に適した関わり方を学ぶ必要があります。

　さて，5〜7か月頃には自力でお座りもするようになります。自力でお座りするようになっていく過程は，〈両手を前について背を丸くして座る〉→〈手をつかずに背を伸ばして座る〉です。自力で座れるということは，手で自分の体を支える必要がありませんので，両手を自由に使うことができます。安定して座ることができれば目の前のモノに手を伸ばし，つかんで，たとえば音の出るおもちゃを振って楽しむこともできます。この時期は，わしづかみ（手全体）でモノをつかみますので，赤ちゃんがつかみやすいモノ，持続してもてる重さ

グライダーポーズ

🍀**ことば**

発達
保育の営み（保育所保育指針）では，発達とは何かができるようになることではなく，新たな能力を獲得していく過程のこととしてとらえる。

のモノなど赤ちゃんの手指の機能の発達に応じたおもちゃ選びが重要です（鬼頭，2021）。おもちゃ選びでは，心地よい感触や手触り，握りやすさを重視するだけでなく，なんでも口に入れてなめてモノを確かめるので，使われている素材，塗料，大きさにも注意が必要です。

3　「ヒト」「モノ」に気づく頃のあそび

　保育所保育指針には，保育所の特性として養護と教育を一体的に行うことが明記されています。第1章でみた通り，**養護**とは，子どもの「生命の保持及び情緒の安定」を図るための働きかけで，**教育**とは「発達の援助」を指します。したがって，乳児にとって養護は日常生活を，教育はあそび（あそびから様々なことを学び取っている）を意味します。このようにとらえれば，乳児期は，どこからどこまでが生活でここからがあそびというような区別はありませんので，生活そのものがあそびとなります。それゆえ，乳児のあそびは生活に根ざしていることが不可欠です。

　乳児は授乳やおむつ替えを通して「ヒト」に気づき，自分を受け入れてもらっていることを感じ取っていきます。写真6-5のように，生活の中で，あやし遊び・ふれあい遊びを一緒に楽しむことで，ヒトと関わる楽しさを味わいます。この過程で特定の大人との愛着関係が育まれていきます。

写真6-5　おむつ替えのときにあやし遊びを楽しむ親子

　また，乳児にとってみるモノ，触れるモノ，すべてが初めて尽くしですから，モノとの出会いを乳児の育ちに合わせて意図的に働きかけていくことが大切です。乳児が「これ，なんだろう」とモノに興味をもち，触ってみたくなるモノは，おもちゃとは限りません。写真6-6のように，TVのリモコンをなめて離さなかったり，写真6-7のように，洗濯物を散らかして楽しんだり，ときにはお母さんの指をつかみ取ってずっと弄（いじ）っていることもあります。大人がみれば，これがあそびなの？　と疑問に思うことも赤ちゃんにとっては，夢中で弄っている行為そのものがあそびなのです。初めて出会うモノに興味をもち，五感を総動員させ，飽きるまで没頭できる行為が探索行動の芽となり，生きる意欲の基礎につながります。だからこそ生活＝あそびでなければなりません。

写真6-6　TVのリモコンをなめる赤ちゃん

写真6-7　洗濯物を散らかす赤ちゃん

第3節　0歳児前半の言葉とヒトとの関わり

1　ヒトと関わる心地よさが伝わるコミュニケーション

　0歳児前半の乳児は，**愛着形成**を育む時期であることから，園においても特定の保育者との愛着形成を育んでいく関わりが重要です。そのため，乳児クラスを担当する保育者は，子どもに対してできるだけ同じ保育者が関わるように担当制となっています。特定の愛着形成者となる保育者の存在により，園に預けられている赤ちゃんの情緒の安定を図ることで，養育者も安心して園に預けることができます。

写真6-8　抱っこして授乳

　赤ちゃんは，お腹がすいたり，不快だったり，思うように眠れなかったりすると泣いて訴えます。生理的欲求の一つである授乳は，栄養を摂取することのみではなく，保育者と乳児をつなげ愛着形成を育む大切な営みでもあります（写真6-8）。赤ちゃんの訴えに必ず応えることで，自分の思いを受け止めてくれる大人の存在に気づき，相互のやりとりの積み重ねにより，情動交流が生まれ，愛着形成が育まれていきます。このような受容的・**応答的な関わり**が赤ちゃんの育ちには不可欠であり，応答的な関わりが他者と関わる力の基礎に大きな影響を与えます。

2　言葉の発達を支える関わり

　いわゆる言葉を話すことができない赤ちゃんですが，日常生活の中で周囲のヒトが話すのを聞いているうちに自然に必要な音の聞き分けができるようになり，生活の中で使われている母語（生活で使用する言語）を獲得していきます。このとき，ヒトとやりとりのある音に耳を傾け一生懸命音の聞き方を学んでいる（針生，2019）といわれています。それに対して，一方的に聞こえてくるオーディオやビデオの音にはやりとりの必要性やリアリティを感じられないので音として取り込まないようです。

　これは，赤ちゃんはもともとリズム的な活動を潜在させており，リズムをもつ環境刺激に対しては同期的に反応しようとする傾向をもち，ヒトの語りは他の音刺激に比してはるかに赤ちゃんが同期しやすい刺激としての性質を兼ねているからです（岡本，1982）。つまり，生まれたばかりの新生児でもヒトに話しかけられれば，その語りのリズムや調子に合わせて手足を動かしたり全身を揺らしたりするのです。さらに，双方の意思が疎通し，通じ合っているときほど双方の動きがぴったりと同調し合って，ダンスをしているような動きを**相互同期性**（岡本，1982）と呼びます。養育者が赤ちゃんの動きに合わせてあやしたり話しかけることで，双方の動きがダンスのリズムのようにぴったりと同調し合ってまるで会話をしているかのようなやりとりが生まれます。このやりとりを基盤にクーイング，喃語が出現していきます。言い換えれば，応答的な関わ

りなくして，言葉は育まれないということになります。赤ちゃんがもっている能力は，赤ちゃん一人では発揮できないため，養育者や保育者との共同体的情動の基盤（岡本，1982）が不可欠です。

演習課題

① 生後6か月頃までの赤ちゃんにはどのようなおもちゃを用意するとよいでしょうか。どのようなおもちゃがあるのか調べてみましょう。

② おむつ交換は単に清潔感を味わうためだけではなく，大事なスキンシップタイムであることは本文で記載しました。保育園ではこのほかに，大事な役割も兼ねています。どのようなことか話し合ってみてください。

【引用・参考文献】

荒賀直子・伊藤輝子「排泄する」松本園子編著『乳児の生活と保育 第3版』ななみ書房，2019年，142-145頁

針生悦子『赤ちゃんはことばをどう学ぶのか』中公新書，2019年

鬼頭弥生「0歳から1歳児の理解と援助」大浦賢治編著『実践につながる 新しい子どもの理解と援助——いま、ここに生きる子どもの育ちをみつめて』ミネルヴァ書房，2021年，27-57頁

厚生労働省「授乳・離乳の支援ガイド」改定に関する研究会「授乳・離乳の支援ガイド」2019年

https://www.mhlw.go.jp/content/11908000/000496257.pdf（2022年3月12日閲覧）

久保田競・久保田カヨ子『すぐれた脳に育てる』BL出版，2002年

岡本夏木『子どもとことば』岩波新書，1982年

太田英伸『おなかのなかの赤ちゃんは光を感じるか——生物時計とメラノプシン』岩波新書，2014年

太田英伸「睡眠と環境」秋田喜代美監修，遠藤利彦・渡辺はま・多賀厳太郎編著『乳幼児の発達と保育——食べる・眠る・遊ぶ・繋がる』朝倉書店，2019年，66-79頁

高橋翠「見る」秋田喜代美監修，遠藤利彦・渡辺はま・多賀厳太郎編著『乳幼児の発達と保育——食べる・眠る・遊ぶ・繋がる』朝倉書店，2019年，104-113頁

第 7 章　0歳児保育後半

生活とあそびの環境および保育者の援助・関わり，配慮

ことば

離乳食
乳汁から幼児食へと移行するための食事である。成長とともに乳汁だけでは不足する栄養を補うことと，乳汁以外の味に慣れること，固形物を嚙んで食べることができるようにしていくなどが目的である。

手づかみ食べ
手づかみ食べは，目と手と口の協調運動である。目でとらえたものを認知し，手でつかむことによって，大きさ，形，硬さ，熱い，冷たいなどを確かめながら感覚の体験を積み重ねることができる重要な役割となる。また，つかむ過程で把握の力加減（たとえば豆腐をぎゅっとつかめばつぶれて口に運ぶことができないなどの体験）も学んでいく。摂食機能の発達過程においても，この協調運動によって道具が上手に使えるようになっていく。

写真 7-1　手づかみで一生懸命食べる赤ちゃん

写真 7-2　器にかじりつき底に残っているごはんをのぞき込む赤ちゃん

学習のポイント

● 6 か月過ぎから 1 歳を迎える乳児への関わり方を学びます。
● 6 か月過ぎから 1 歳を迎える乳児の生活とあそびを理解しましょう。

第 1 節　基本的生活リズムの芽生え

1　生きる力を育む食事

　0歳児クラスといっても，月齢によって発達の姿が大きく異なります。個人差だけでなく，月齢差も大きいため，保育者は発達段階に沿った関わりが求められます。早ければ5～6か月頃から歯が生え始めます。唾液の分泌が多くなってくる5～6か月頃から**離乳食**を開始し，1歳から1歳半頃には幼児食へ移行できるように進めていきます。保育所保育指針において離乳食を進めていく中で，様々な食品に少しずつ慣れ，食べることを楽しむと明記されているように，開始初期は食べる量よりも初めての食べ物を口に入れることの体験，初めての味や触感に慣れることが目的です。離乳食の進め方については，多くの書籍が出回っているものの，子どもの個性やそのときどきの食欲によって反応が異なるゆえ，多くの不安や悩みを抱える養育者は少なくなく，園では養育者の離乳の実践を支える役目も担っています。離乳食は，できれば手づくりが好ましいですが，養育者にとって大きな負担になる場合は，市販のベビーフードを上手に活用することも一つの方法です。表7-1は，離乳食の進め方の目安として厚生労働省が提示しているものです。

　さて，食べる意欲が増していくと，10か月頃には手でつかんで食べようとする姿が現れます。手づかみ食べをされると，机も床も汚れ，あちこちがベタベタになるので大人にとっては有難い行為ではありません。しかし，赤ちゃんにとっての**手づかみ食べ**の行為は，自分の欲しいモノをみつけ，自ら手を伸ばし自分に取り込もうとしている姿（写真7-1，7-2）です。それは，手指の機能が少しずつ発達してきたのと同時に自分で触りたい，つかみたいという意欲の現れです。このときに大人の都合で禁止させると当然，意欲はしぼんでしまいます。欲しいという思いは子どもの生きたいという意欲であり，手づかみ食べはその表現です（鬼頭，2021）。大人が食べさせている行為であっても，「食べる」主役はあくまでも子どもであることを念頭に置いて関わることが大事です。

表7-1　離乳食の進め方の目安

	離乳の開始　　　　　　　　　　　　　　　　　　　離乳の完了			
	以下に示す事項は，あくまでも目安であり，子どもの食欲や成長・発達の状況に応じて調整する。			
	離乳初期 生後5〜6か月頃	離乳中期 生後7〜8か月頃	離乳後期 生後9〜11か月頃	離乳完了期 生後12〜18か月頃
食べ方の目安	○子どもの様子をみながら1日1回1さじずつ始める。 ○母乳や育児用ミルクは飲みたいだけ与える。	○1日2回食で食事のリズムをつけていく。 ○いろいろな味や舌ざわりを楽しめるように食品の種類を増やしていく。	○食事リズムを大切に，1日3回食に進めていく。 ○共食を通じて食の楽しい体験を積み重ねる。	○1日3回の食事リズムを大切に，生活リズムを整える。 ○手づかみ食べにより，自分で食べる楽しみを増やす。
調理形態	なめらかにすりつぶした状態	舌でつぶせる固さ	歯ぐきでつぶせる固さ	歯ぐきで噛める固さ
1回当たりの目安量				
Ⅰ　穀類（g）	（つぶしがゆから）始める。 すりつぶした野菜等も試してみる。 慣れてきたら，つぶした豆腐・白身魚・卵黄等を試してみる。	全がゆ 50〜80	全がゆ 90〜軟飯80	軟飯90〜 ご飯80
Ⅱ　野菜・果物（g）		20〜30	30〜40	40〜50
Ⅲ　魚（g）		10〜15	15	15〜20
又は　肉（g）		10〜15	15	15〜20
又は　豆腐（g）		30〜40	45	50〜55
又は　卵（個）		卵黄1〜全卵1/3	全卵1/2	全卵1/2〜2/3
又は　乳製品（g）		50〜70	80	100
歯の萌出の目安		乳歯が生え始める。	1歳前後で前歯が8本生えそろう。	離乳完了期の後半頃に奥歯（第一乳臼歯）が生え始める。
摂食機能の目安	口を閉じて取り込みや飲み込みが出来るようになる。	舌と上あごで潰していくことが出来るようになる。	歯ぐきで潰すことが出来るようになる。	歯を使うようになる。

※　衛生面に十分に配慮して食べやすく調理したものを与える。
出所：厚生労働省「授乳・離乳の支援ガイド」2019年，34頁

　「食べる」行為は単に栄養を取り込むことではなく，子どもが自らモノやヒトに関わろうとする力を育てる場なのです。食べることを通して，園では他児の食べている姿を見て真似してみたくなるなど，他者と交わる役割も果たします。それゆえ，食事に関しては他の基本的生活習慣（睡眠，排泄，着脱，衛生は一人ひとりのリズムで行う）と異なり，食べさせる必要がなくなっても一人で営むものではないことを大人は忘れずにいたいものです。

2　基本的生活リズムの基礎をつくる関わりと環境

　成長するにしたがって，午前・午後の2回の午睡から午前中の午睡がなくなり，午後のみになっていきます。個人差がありますので，何か月になったらと明確にいえる期日はありません。個人差が大きいゆえ，園では一人ひとりの生活リズムに沿った関わりはもとより環境づくりが求められます。そのため，午前中に午睡をする乳児には安心して眠れる環境の保障，午前は午睡をしなくなった乳児には活動の場を保証することがとても重要です。活動の場では，まだあそびの継続性はありませんので，あそびやすいように，乳児の目線の高さに合わせておもちゃや絵本などを配置し取り出しやすくするとともに，他児のあそんでいる姿が見える環境を整える必要があります。保育者や他児が常に見える環境は，子どもに安心感を与え，意欲的な探索行動の芽生えとなります。

　保育所保育指針には，乳児が健やかに伸び伸びと育つには「一人一人の生活リズムに応じて，安全な環境の下で十分に午睡をする」ことの重要性が記載されています。生理的なリズムが尊重され，午睡の時間がしっかり確保されることで，情緒が安定し活発に活動できます。「活発な探索活動は意識をより覚醒させ，目覚めている時間を長くする」（汐見・無藤，2018）ため，意欲的な探索活動とともに食べる意欲も高まり，しだいに子どもたちの生活リズムが揃っていき，徐々にお昼ご飯を食べたらお昼寝をする，というスタイルになっていきます。

　また，おむつ交換のタイミングは，おやつ，食事，午睡，あそびの前後で行います。決して何かに夢中になっているときにおむつ交換はしません。おむつ交換に誘うことは，その子どもがまさに行っている作業を中断させることであり，子どもの気持ちをプツンと断ち切ることになります。これは，私たちがちょうど映画の世界に入り込んで夢中で観ているときに映画館から引っ張り出されるようなものです。

　大人は1日の生活を計画的に予測しながら過ごしていますが，子どもにとって1日の時間は水道の蛇口をひねったら流れ続ける水のように流れています。したがって，1日の時間を大人の都合で区切ってはいけません。興味の湧いたモノ・コトに取り組んでいる意欲や思いがおむつ交換のために途切れてしまっては，意欲が萎み，無理やりおむつ交換をされては清潔感を味わうどころではなく，排泄の自立にもつながりません。これが繰り返されると集中力が育たないばかりか，自分で考えて実行しようとする能力も育ちません。おむつ交換の主役は子どもです。それゆえ，子どもがおむつ交換に誘われたときに同意できる環境，タイミングがとても重要です。

3　育ちを促す探索行動

ここでは，子どもが発達していくうえでどのような経験が必要なのか一緒に考えてみましょう。

> **【事例7-1　モノと関わる姿（二項関係）】**
> 　保育者は10か月のミクちゃんを砂場に座らせました。すぐそばでは1歳3か月のシュンくんが右手に持ったスコップで砂をトントンしたり，左手で砂をつかんでは手をパッと広げて落ちる砂を眺めたりと，砂弄りを楽しんでいます。ミクちゃんは身動きもせず，しばらくシュンくんのあそぶ姿をじっと見ていました。やがて，ミクちゃんは砂に手を置き，指を動かすと砂の感触を不思議に感じたのか，手を上げ，広げた手のひらに残っている砂をじっと見つめています。その後，何度も砂に触れているうちに身を乗り出し両手で砂を弄り感触を味わい出しました。
> （出所：筆者の観察ノートより抜粋）

写真7-4　砂遊び②

事例7-1からミクちゃんの内面を読み取ってみましょう。

まず，ミクちゃんは黙々と一人で夢中になって砂弄りをしているシュンくんの姿が気になりました。「何してるんだろう」と惹かれて見ているうちに身体がシュンくんの方に傾き出し，シュンくんの触っている砂の側に手を置いたのです。砂場の砂は柔らかいので指が砂に入り込み，その感触に驚きます。「何だろう，これ」と思いながら何度も触れているうちに，初めての砂の感触をミクちゃんなりに受け止め（解釈），自分に取り込んで（獲得）いきました。これは，自らモノに関わって確かめようとすることで自分で世界を広げている姿です。

では，今度はミクちゃんを砂場に座らせた保育者の関わり（意図）について考えてみましょう。保育者がミクちゃんを砂場に座らせたときに，「ミクちゃん，お砂だよ，触ってみて〜」と，ミクちゃんの手に砂を載せてあげていたらどうでしょう。しかし，事例の保育者はミクちゃんにすぐに声かけをせず，座らせただけでミクちゃんの様子をうかがっていました。

もちろん，保育者が砂に触るように積極的に働きかけることが間違いということではありません。しかし，この保育者は，ミクちゃんが自らモノに興味を示し，〈触ってみたい→確かめたい→実行する→発見する〉という行為を引き出そうという意図があったことが読み取れます。写真7-3，7-4のように，乳児がモノと出会い，モノとの二項関係をじっくり堪能できることが探索行動を活発にします。安心して探索行動ができ，乳児が向き合おうとするモノとの関わりに没頭できる環境を整えることで，心身ともに健やかな成長・発達を促します。与えられてモノに関わるよりも，乳児が自ら心を動かすことが大事であるゆえ，保育者には乳児の心が動くような働きかけが求められます。

写真7-5　おもちゃ
　　　　であそぶ

第**2**節　０歳児後半のあそび

1　手指の発達とあそび

　7か月頃になると手に持ったモノを右手から左手へと持ち換えることもできるようになり，8か月頃には両手に持ったモノを，たとえば積み木を打ち合わせて音を楽しむ姿がみられます。自らモノに関わろうとする意欲が育ってくる（写真7-5）と，今度は自分で確かめてみたくなります。つまり，手につかんだモノをなめたり，嚙んでみたり，振ったり，転がしたりする行為は，不思議だと感じたり，何だろうと確かめている姿といえます（鬼頭，2021）。

　乳児は，同じおもちゃでも発達が進むにつれてあそび方が変わっていきます。たとえば，積み木の扱いは以下のように変化していきます。

> 手を伸ばしわしづかみにして口にもっていきなめる→持ち換えたりしながら床などに打ちつける→両方の手に1個ずつ積み木を持つ→両手に持った積み木を打ち鳴らす→持った積み木を放したり，落とすことを楽しむ→大人が積み上げた積み木を崩すことを楽しむ→積み木を1個積む

　上記のようにあそび方が変容していくので，手指の発達に沿ったおもちゃ選び（素材・大きさ・重さの選択を含む），働きかけがとても重要です。たとえば，ボールを選ぶ際，わしづかみの段階ではタオル地のような柔らかい素材でできた大きめのボールを用意します。なぜなら，ぎゅっとつかんだときに柔らかい素材のモノは形が柔軟に変わるため，乳児がつかみやすいからです。固いボールではわしづかみにしようとすると，弾いて転がっていってしまいます。

　この時期は，引っ張ると次から次へと出てくるティッシュに出会うと夢中になって引っ張り出します。つまんで引っ張り出す作業は指先の力加減や手首を返すなどの発達を促しますので，引っ張ることを楽しめるおもちゃを用意しましょう。たとえば，ハンカチの角と角を結んだものを長くつくり，これを空き箱などの入れ物に入れておき，ティッシュのように穴から引っ張り出すとどんどん出てくるようなモノを用意するとよいでしょう。指先でつまむ，力加減をする機能の発達を促します。

　また，モノを叩いて音を楽しむ時期でもあります。スプーンやコップなどで机を叩き，音を立てて喜ぶ姿がみられます。太鼓のおもちゃもありますが，この時期は様々な音を楽しむことが大事ですので，様々な大きさ・形の空き缶，容器などを用意し，一緒に叩いて音を楽しむあそびもしてみましょう。どんなモノも大人が楽しむことで乳児にとっても楽しいあそびとなり，手指の発達のみではなく五感を働かせるあそびにつながります。

2　身体機能の発達とあそび

　6，7か月頃になるとお目当てのモノに少しでも近づきたいという気持ちから手の力と足の親指で床を蹴り，ずりばい（腹ばいのハイハイ）で前進するよう

になります。さらに，8か月を過ぎると写真7-6のようにお腹をもち上げ，両手のひらと膝を使って移動するハイハイ（四つばい）ができるようになります。さらにハイハイにはもう一つ高ばいと呼ばれるものがあります。11，12か月頃になると膝を床につけずにピンと伸ばします（写真7-7）。これは，お尻を高くもち上げて斜面を登るとき，急いで移動するときにみられます（鬼頭，2021）。ハイハイで移動する時期は，移動しやすいようにできるだけ広い空間をつくりましょう。乳児にとって床にあるモノは何でも気になる存在です。つかみ取って口に入れて確かめるので，誤飲となるようなサイズ（第19章参照）のものが落ちていないように注意が必要です。

　また，糸くずや小さなごみを拾って大人に「はい，どうぞ」というような感じで手渡しする姿もみられるようになります。大人が「ありがとう」と言って受け取ると，そのやりとりが嬉しくて，なんでも拾って渡そうとします。これも，乳児にとっては大切なあそびであり，コミュニケーションの基礎を培うことにつながります。

　10か月過ぎになるとつかまり立ち，11か月頃には伝い歩き，早ければお誕生日を迎えると一人歩きを始めます。つかまり立ち（写真7-8）をするようになったら，今度は手を伸ばせば届く位置につかまることができるモノを配置する工夫も必要です。これは，足を一歩前に出す行為を促し，伝い歩きの力につながります。

　つかまり立ちができると，当然見える高さが変わります。机の上にあるモノが見えるようになったり，部屋を見渡せるようになったりするので，床を這っているよりも嬉しくて何にでもつかまって立とうとします。立っている保育者の足につかまったり，座っている友だちにつかまったり，おもちゃ箱やごみ箱にもつかまりますので，不安定なモノは置かないようにしましょう。

3　ヒトとの関わりを育むあそびの重要性

　第4章でも学びましたが，生後8か月を過ぎると**モノの永続性**の理解が成立してきます。これは，転がしていた小さなボールにハンカチを被せて見えなくしても，ハンカチの中にボールがあるはずだと，頭の中に映像を残すことができる能力を意味します。それゆえ，自分でハンカチを外してボールを取ることができます。その後，10か月頃に**表象機能**が発達してくると「いないいないばあ」遊びが楽しめるようになります。もちろん，このあそびは愛着関係のある大人と行うのが前提です。なぜなら，大好きな大人でなければ，顔が隠れても関心は向かず，出てくるのを待ってはいないからです。興味がなければ他のあそびをみつけようとします。

　「いないいないばあ」遊びでは，一瞬顔が見えなくなり再び現れるまでの間，乳児は大好きな先生がこの中に隠れているはず，大好きな先生はどんな顔をして現れるのだろうと，どきどき，わくわくしながら待ちます。保育者も，どのくらいのタイミングで顔を出すとよいのか考えます。ここに「間」が生じます。保育者はこの「間」を乳児の気持ちに合わせます。つまり，2人が心を向かい合わせることで「間」を共有しているのです。この「間」の部分に「いないい

写真7-6　ハイハイ

写真7-7　高ばい

写真7-8　つかまり立ち

ことば

表象機能
目の前にないものを頭の中でイメージする力のこと。

ないばあ」遊びの魅力と重要性が凝縮されています。この「間」は，相手の発信を待つ間ですから，繰り返しあそぶことで，一方的に発信しているだけでは伝え合えず楽しむことができない事柄を体感していくことになります。このように，互いの心を向き合わせて楽しむ「いないいないばあ」は，他者と向き合い伝え合うという構造を体得していく重要なあそびだといえます（鬼頭，2021）。

　ふれあい遊びだけでなく，ボールなどのおもちゃを介してのあそびにおいても，1対1で心を向き合わせながらヒトと関わることが楽しいと乳児が実感できることが重要です。

　また，この時期は，目の前の大人が痛そうな表情をしていたり，喜んだりしている場合，伝染したかのように大人と一体化していたような状態から脱し，相手と自分が分離し始める頃（心理科学研究会，2004）でもあります。周囲のことが少しずつわかるようになってくると，不安な気持ちが湧き起こります。このようなときにこそ，愛着関係のある大人の存在が重要となります。乳児にとっての愛着形成者は**安全基地**です。大人でも新しいことにチャレンジするときには不安が生じます。周囲が見えるようになった乳児も同様で，新しいモノ・コトに触れてみたい，けれども不安，と気持ちが揺れ動きます。このときに，安全基地があることで乳児自身が不安感よりも護られている実感を得ることができると，安心して自ら新しい世界を広げていくことができます。

　このような不安は，7，8か月頃に他者に対しても起こります。愛着が形成されている大人と，それ以外の大人との区別ができるようになり，さらに特定の大人との情緒の結びつきが強くなると，見知らぬヒトが自分に関わろうとすると恐怖や不安を抱き，そのヒトを避けようとして大泣きしたり，抵抗したりします。この姿を**人見知り**といいます。

第**3**節 # 0歳児後半の言葉とヒトとの関わり

1　ヒトと関わる力の基礎を育むコミュニケーション

　ヒトとの関わりの基礎を育むコミュニケーションは，乳児がこの世界に生まれ出た瞬間からスタートします。産声はまさに「僕／私はここにいるよ」と自己アピールして，周囲の大人に発信している姿ではないでしょうか。

　コミュニケーションとは，双方が一体となり通じ合うことであり，そこに共通の経験や共同のコード（規約）を分かちもつことが中心となります（岡本，1982）。乳児は，泣いたり笑ったり発声することでアピールし，周囲のヒトの反応から学び取っていきます。つまり，反応してもらえることを実感できるようになると，自分の思いや目的を達成するために意図的に音声を発信するようになります。共同のコードを分かちもつには，共有関係であることが基盤となります。

　第6章で述べた共同体的情動が成立すると，視線や音声は自分の意思の伝達や他者との交渉の道具の一つとして使うようになっていきます。

【事例7-2　「お母さん，いい？」】

　ハルくん（10か月）はお気に入りの車のおもちゃを持ってあそんでいましたが，ふっと顔を上げると目の前に座っていたお母さんがいません。周囲を見回すとお母さんはキッチンの方に行きかけていました。ハルくんはお母さんに向かって「あー」と発声し，気を引きました。お母さんが振り向いて「にこっ」と笑うと，ハルくんは「にっ」と笑い，車のおもちゃを放り投げて勢いよくハイハイでお母さんの元へ移動しました。

（出所：筆者の観察ノートより抜粋）

　皆さん，ハルくんの交渉が読み取れたでしょうか。まず，ハルくんの「あー」は「僕を置いていかないでよー」という発信です。これに反応を示したお母さんの笑顔は「来てもいいよ」の合図です。ハルくんの笑いは「やったー」（交渉成立）という気持ちの現れです。言葉を使って他者とやりとりできるに至るまでには，言葉の前段階としてこのような他者とのコミュニケーションの積み重ねが不可欠です。

2　言葉の発達を支える応答的な関わり

　生後9，10か月頃は，赤ちゃんにとって大革命が起こる時期（やまだ，1987）といわれています。どんなことが起こるのでしょうか。

【事例7-3　ユウくんの革命（三項関係）】

　10か月になったユウくんはベビーカーに乗ってお母さんとお散歩するのが日課です。毎日犬の散歩で同じ人に会うたびに，お母さんは「わんわんよ，かわいいね」「わんわんに今日も会えたね」などとユウくんに犬の存在を伝えています。今日もいつもの犬が飼い主と一緒に向こうからやってきました。すると，お母さんより先にユウくんが犬を指さして「あー，あー」（喃語）と大きな声で訴えました。お母さんはびっくり。「ユウくん，わんわんだね」「今日はユウくんがママに教えてくれたね，ありがとう」とお母さんが言うと，ユウくんは両足をゆらゆらさせながら満足気な表情をしました。

図7-1　指さしと三項関係の図

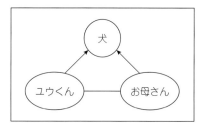

（出所：鬼頭弥生「0歳から1歳児の理解と援助」より抜粋）

　ユウくんはお母さんとの繰り返しのやりとりを通して「わんわん」が何かを認識していきました。ユウくんが「あー」と訴えながら指さしした行為は，「僕，わかったよ，一緒に見ようよ」という思いの現れです。指さしによって2人が同じモノに注目（共同注意）した姿は，モノを介して他者と世界を共有

やまだようこ
（1948- ）
日本で最初に三項関係という概念を使用した。専門は，生涯発達心理学，ナラティヴ心理学，質的心理学，言語発達研究，文化心理学など。2012年定年退任，京都大学名誉教授および立命館大学 OIC 総合研究機構上席研究員。

共同注意
相手の視線や指さす方向を追って，相手の注目しているモノに自分も視線を向けること。乳児は手段として指さしと発声で意思表示をする。このとき，「わんわんね」などと言葉を添えながら共有することで，言葉の獲得にもつながる。

❋ことば

三項関係
〈自己―対象物―他者〉という三角形の構造でコミュニケーションが行われる事態を意味する。ヒトにおけるシンボルや言語機能の認知的基盤であると考えられている。

する三項関係が成立したことを意味します。モノと言葉を一致させることができただけでなく、犬を見つけることができた喜びを共感してほしいという気持ちの現れでもあります。つまり、一緒に同じモノを見て、お母さんと世界を共有したいという気持ちが芽生えた瞬間です。

　赤ちゃんの指さしは、他者と世界を共有するための大事な行為（写真7-9、7-10）です。

写真7-9　指さし①

写真7-10　指さし②

　生後9、10か月頃に成立する三項関係は、言葉の出現と大きく関わっています。愛着関係のある大人の存在があってこそ、自分の思いを伝えたいという気持ちが湧くものです。したがって、言葉は共感から生まれてくるといえます。

コラム　乳児クラスのスタートは？

　日本の保育園は4月からスタートしますが、乳児クラスに入園する子どもは、4月に一斉に入ってくるわけではありません。特に0歳児クラスでは、生後3、4か月頃から入園する子は、随時受け入れることになります。そのため、一人ひとりの園生活の始まりが春の穏やかな気候とは限りません。

　初めての集団生活で健やかに過ごしていくには、個人差だけではなく、入園する季節によっても配慮することは異なります。

　たとえば、夏、猛暑の中での移動は大人でも疲れますので、いつも以上に赤ちゃんがむずかっても不思議ではありません。不快な感情をもったままでは保護者と初めて離れて過ごすのを一層拒むことが推測されます。冬は風邪が流行する時期なので、保護者は子どもが熱を出して仕事に影響しないよう、とても神経を使います。この場合、赤ちゃんにそれが伝わり、園生活に馴染むまでに一層時間がかかる場合もあります。

　0歳児クラスでは、一人ひとりの生活リズムは、季節によっても変わりますので、入園当初の子どもへの関わりは一様にはなりません。特に乳児の場合、Aちゃんに通用したからBちゃんもこれでOK、というようなことは稀です。ゆえに、保育者は、その日の気温や湿度、風の強弱、風の温度（生ぬるい風、そよ風など）、におい、空気感等、四季を感じ取ることを大切にしましょう。子どもが1年を通して健やかに園で過ごしていくには、その子の家庭の文化、園の文化のみではなく、季節も考慮した働きかけが求められます。

（演習課題）

①　事例7-3「ユウくんの革命」で，三項関係が成立するまでのユウくんは，
　毎日お母さんが犬を指さして「ユウくん，みてごらん。わんわんが来たよ」
　と知らせても，犬を見ることができませんでした。どうしてでしょうか。

②　保育園では，おむつ替えや食事はいつも同じ保育者が担当するようになっ
　ていますが，場合によってはそれが難しいこともあります。7か月頃になる
　と，いつもと違う保育者が食べさせようとすると，いつも食べているモノで
　も口を開けようとせず，食べることを拒みます。これはどのような発達の姿
　だと考えられますか。

【引用・参考文献】

鬼頭弥生「0歳から1歳児の理解と援助」大浦賢治編著『実践につながる　新しい子ど
　もの理解と援助──いま、ここに生きる子どもの育ちをみつめて』ミネルヴァ書房，
　2021年，27-57頁

厚生労働省「保育所保育指針解説」汐見稔幸・無藤隆監修，ミネルヴァ書房編集部編
　『〈平成30年施行〉保育所保育指針　幼稚園教育要領　幼保連携型認定こども園教育・
　保育要領　解説とポイント』ミネルヴァ書房，2018年

厚生労働省「授乳・離乳の支援ガイド」改定に関する研究会「授乳・離乳の支援ガイ
　ド」2019年
　https://www.mhlw.go.jp/content/11908000/000496257.pdf（2022年3月12日閲覧）

岡本夏木『子どもとことば』岩波新書，1982年

心理科学研究会編『育ちあう乳幼児心理学』有斐閣，2004年

やまだようこ『ことばの前のことば』新曜社，1987年

第8章　1歳児保育

生活とあそびの環境および保育者の援助・関わり，配慮

学習のポイント

● 1歳児の生活の様子を学びましょう。
● 1歳児が好むあそびの傾向を理解しましょう。

第1節　1歳児の基本的生活習慣

1　食事の特徴と援助

　1歳から1歳半頃は，離乳食の完了期になります。そして，幼児食に移行していきます。子ども個々の咀嚼機能に応じて，調理形態や摂取する食品の種類が増えていきます。

　大人に食べさせてもらった時期を経て，この時期には，7，8か月頃よりみられる手づかみ食べから，スプーン（道具）を使用して食べようとする意欲が芽生えてきます。1歳半を過ぎる頃になると，肩や腕，肘，手首などの発達に伴い，徐々にスプーンやフォークを使って食べる動作を獲得していきます。スプーンを握っての手の返しが可能になり始め，上唇で食べ物をスプーンから口の中に入れることができるようになってきます。また，口に入れる量の見極めがつかず，口に入れすぎたり，食べこぼしをしたりする姿がうかがえます。いずれも，子どもが"自分で食べよう"とする意欲であり，主体的活動ととらえることができます。これらの経験を通して，一口量を覚えていきます。この時期は，乳歯が生え揃っていませんから，咀嚼回数が不十分です。食べ物を丸のみしてしまう可能性も十分あります。さらに，むら食い，**遊び食い**，**好き嫌い**（偏食）等，食習慣の問題が生じてくる時期でもあります。

　1歳児の食事の援助をする場合の配慮について考えていきましょう。この時期は，初めて出会う食べ物が多くあります。見た目で食べたくないと感じる子どももいるかもしれません。「誰かと一緒に食べると楽しい・美味しい」と感じられる**食事の雰囲気づくり**，体験ができるよう心がけましょう。そのためには，子どもと関わる大人は，気長に繰り返し関わり，子どもを急かさない配慮が必要です。「前を向いて食べるのよ」などのような保育者の日々の配慮の積み重ねで，1歳後半頃になると食事の姿勢も安定してきます。子どもの発達に応じた高さの椅子に座り，足を床につけ，片手にはスプーンを持ち，反対の手で器を支えることもできるようになってきます。「いただきます」「ごちそうさ

写真8-1　手づかみ食べ　写真8-2　スプーンを
　　　　　　　　　　　　　　　　　使っての食事

ま」などのあいさつも，子どもが食事の時間を認識できる一つの機会となるでしょう。

2　排泄の特徴と援助

　特に1歳前半の頃は，まだおむつをしている子どもが多くいます。大脳の発達が進むと，これまでの無意識的（反射的）な排泄から意識的な排泄へと変化します。1歳後半頃になると，膀胱の容量も大きくなり，排尿回数が減り，1回の排尿量が多くなります。膀胱が尿でいっぱいになったことを感じると，子どもは様々な態度や表情で尿意を**排尿のサイン**としてみせるようになります。言葉の発達が進み，大人からの「おしっこ出るかな？」「チー出る？」などが理解できるようになると，うなずいたり，首を振ったりなどの意思表示もできるようになります。

写真8-3　ジブンデ！
　　　　　（ズボンをはく）

　この時期の排泄の援助について考えましょう。昼食を終え，午睡前にたいていはおむつを交換し，午睡に入ります。目覚めたときにおむつが濡れていないようならば，トイレで排泄がしやすいタイミングでしょう。個々の子どもの排泄のタイミングをとらえてトイレに誘ったり，おまるに座ったりするとうまく排尿できることがあります。大人は「おしっこ出たね」「チー出たね」などの言葉を添えながら排泄ができたことを一緒に喜ぶと，子どもは排泄への自信をつけていくでしょう。たとえ失敗しても子どもを責めることは，決してしないように心がけます。子どもに排泄のサインがみられるようになってきたら，タイミングをみてトイレに誘ってみましょう。もし，子どもが嫌がる場合は無理強いすることは控えます。

3　睡眠の特徴と援助

　1歳頃になると，夜はある程度まとまって眠ることができるようになります。日中は1時間半から2時間程度の午睡を行うことが多いです。このように，徐々に生活リズムが整ってきます。歩行，言語獲得等に向けた学習をしている時期でもあり，脳の発達が活発なため，十分な睡眠が必要になります。生活リズムが整うとともに，十分な睡眠がとれると，午睡から自然に目覚め，機嫌よくおやつ（補食）に移行できるでしょう。1歳半から2歳頃までには，**体内時計**（第6章第1節第3項「サーカディアンリズム」参照）が形成されます。この時

プラスα

食事の雰囲気づくり
つい監視のようになりがちだが，椅子に座る，道具を使って食べる，様々な食材にふれるなど，食事の時間も子どもにとっては学びの連続である。まずは，食事の時間にみんなと一緒に食べることを楽しいと思える雰囲気づくりを心がけたい。子どもが安心して食事を進められるようになるためにも必要である（保育所保育指針第2章「保育の内容」2「1歳以上3歳未満児の保育に関わるねらい及び内容」(2)ねらい及び内容，ア「健康」(イ)「内容」④，(ウ)「内容の取扱い」②）。

「いただきます」「ごちそうさま」
日本特有の文化である。生きものの命をいただくこと，料理をつくってくれた人への感謝の意味も込められている。この時期には食事の始まり・終わりのサイン（けじめ）にもなるであろう。子どもに言わせるのではなく，大人が日々実践し，姿として子どもに示す。

ことば

排尿のサイン
急にそわそわする，もじもじする，機嫌が悪くなる，悲しそうにする，服をおさえる，ズボンを脱ごうとする等の様子がみられる。

期に形成された体内時計は，生涯にわたりその子の健康や能力等に影響してい
くともいわれています。

　この時期の睡眠の援助について考えていきましょう。近年，大人の生活スタ
イルの影響を受け，寝不足であったり，夜型の生活の子どもも増えてきました。
家庭とも連携を図り，家庭での睡眠の状況（入眠や目覚めの様子）を把握し，保
育所での午睡の時間や回数，あそびなど，その日の活動内容を考えていくこと
がその子どもの育ちの援助にもつながります。睡眠にも個人差があります。な
かなか寝付けない，ぐずるなどの子どもの姿に合わせ，気長に関わり子どもが
安心できる睡眠の環境に配慮しましょう。午睡の場合は，部屋は暗くしすぎず，
子どもの顔色がわかるよう，**自然な光の中で眠る**とよいでしょう。

4　清潔と援助

　手を洗う，うがいをするなどの清潔の習慣は，機会をとらえて大人が子ども
に徐々に伝えていくことで身に付けていきます。手づかみ食べをしたり，戸外
遊びが増えるとともに，身体が汚れる機会も増えていきます。感染症や肌のト
ラブルにもつながります。1歳前半は，保育者をまねて手を洗おうとしたり，
うがいをしようとしますが，途中から水遊びになってしまうこともあるでしょ
う。1歳後半頃になると，自分から手を出して手を洗おうとしたり，食事の時
間には自分から口を拭こうとするようになってきます。

　この時期の清潔の援助について考えてみましょう。うがいは，大人と同じよ
うにはできませんが，簡単なものならばできるようになります。水を口に含み，
下を向いて吐き出すことから始めるとよいでしょう。乳歯が生え，歯に関心を
もち始めると，大人の仕上げ磨きにも慣れてきます。この時期は，清潔に関わ
る経験を積み重ね始める時期です。イラストやあそびを通して「きれい」「汚
い」を視覚的に理解し感じる感覚と，それに加えて，生理的な快・不快の感覚
とを，大人の「きれいになったね」「さっぱりしたね」「気持ちいいね」などの
言葉かけによって刺激し，身のまわりを清潔に保つ心地よさを意識づけていく
配慮が必要です。

写真8-4①　ジブンデ！　　写真8-4②　ジブンデ！　　写真8-4③　ジブンデ！
　　　　　　（手洗い）　　　　　　　　　（拭く）　　　　　　　　　（捨てる）

第2節　1歳児のあそびと援助

1　1歳児のあそびの特徴

　この時期は，**探索行動**（第7章第1節第3項参照）が盛んになります。子どもの「あれは何かな」「面白そう」「触ってみたいな」という興味・関心，意欲から，ハイハイによって対象に向かっていったり，立って手を伸ばしたり，歩いて近づいてみようとする活動が生まれます。戸外遊びならば，園庭を走ったり歩いたりすることに加え，滑り台などの遊具遊び，手押し車やボール，水遊び，散歩などは，子どもが取り組みやすいあそびです。室内遊びならば，体操やリズム遊び，トンネル遊び，スロープや段差を歩くなども，この時期の子どもには楽しく感じられるあそびです。保育者とのふれあい遊びは，スキンシップをはかることができ，子どもがとても喜びます。子どもと手をつないで一緒にジャンプをしたり，ボート漕ぎ（子どもが保育者の膝に乗って動きます）などは喜ばれるあそびの一つです。この時期は，食事やあそびを通して**協応動作**ができるようになります。手指を使ってモノを操作できるようにもなります。クレヨンを使ったなぐり書き，積み木やブロック，マグネット遊び，大きめのシール遊び，つかむ，転がす，投げる動作を含むあそび（たとえば，ボール，お手玉，大きめのビーズなど），型合わせ，紐通し，粘土遊び，スコップで砂をすくう，すくった砂をバケツに入れる，容器に入った水を移し替えるなどのあそびは，子どもが興味，関心をもてるでしょう。

2　1歳児のあそびへの援助

　保育者は，子どもの成長・発達の見通しをもち，一人ひとりの発達にふさわしい活動ができるような環境を構成することが必要です。子どもの興味・関心に応じて保育室などの環境を設定し，様子に応じて再構築しながら子どもが主体的に活動できるようにします。たとえば，子どもが一人遊びをじっくりと楽しめ，落ち着ける環境（たとえば，仕切りを設置）を整え，その中で子どもがつまむ，引っ張る，拾う，重ねる，並べるなどのあそびがじっくりできるように遊具を用意することを心がけます。これらの遊具は，子どもがいつでも自分で手を伸ばして取れるように配置することも心がけましょう。子どもの**主体性**を育むことにもつながります。乳児保育においては，保育者の関わり方や援助に

🍀ことば

協応動作
見て手を動かす，見て足を動かす，聞いて口を動かす，手から手へ持ち替える等，刺激に応じて，身体の異なる機能が相互に連携して起こる動作のこと。

🍀ことば

主体性
子ども自身の意思や判断で行動しようとすること。

写真8-5　高く積めるかな（ブロック）　写真8-6　シャベルを使って（砂遊び）　写真8-7　そーっとつまんでポトン

写真8-8　足を洗ってい
たのが…水遊びへ

写真8-9　ジブンデ！
おもちゃを取りに行く

よって，子どもの興味・関心や活動に対する意欲にも影響を与えるため，子どもへの言葉かけや働きかけにも十分な配慮が必要でしょう。

第3節　1歳児の言葉の育ち・ヒトとの関わりにおける援助

1　言葉の育ちの特徴

　この頃は，子どもが喃語から言葉を獲得していく時期です。そして，言葉を通したコミュニケーションをはかるようになり始めます。

　0歳後半頃よりみられる指さしに加え，1歳を過ぎると**一語文**（初語，状況依存語），**二語文**へと発達していきます。さらに，自分の気持ちを「**イヤ**」と言葉で伝えられるようになります。2歳前後になると「**コレ？　ナニ？**」と質問する時期でもあります。詳しくは，第4章第3節第1項を確認しましょう。

　実際の保育では，事例8-1のような子どもの様子がうかがえます。

> 【事例8-1　「ママ！」1歳児クラス6月，3月生まれZくん】
> 　保育園の玄関にあるインターフォンが鳴ると，Zくんは玄関を指さして「ママ！」と言いました。保育者はそのときのZくんの姿と，普段の登園時のZくんの様子から，「お母さんが来たのかな？　いつもお母さんとピンポン押すものね」と代弁しました。Zくんは保育者の言葉に「うん！」とうなずきながら返事をし，玄関をのぞいていました。
> （出所：筆者作成）

　保育者は，「ママ」というZくんの言葉にどのような意味が込められているかを理解し代弁しています。「ママ」という一語でも，状況によって異なる意味をもちます（状況依存語）。

2　言葉の育ちへの援助

　指さしが盛んになるということは，周囲のモノやヒトにも興味や関心を示すようになったと考えられます。子どもが興味・関心をもてる環境を整える配慮が必要です。特に，共感できる大人の存在が子どもの言葉の育ちにもつながります。「きれいね」「みつけたね」など，子どもの気持ちに寄り添い，子どもが伝えたい事柄を大人が言葉で代弁していくことで，子どもは大人から言葉を学ぶことができますし，話したいという意欲を育むことにもなるでしょう。

ことば

状況依存語
「ママ」という一語文であっても，「ママが来た」「ママに会いたい」など状況によって「ママ」という言葉の意味が異なる。

二語文
一語文の時期が過ぎると，二語文の時期になる。「単語＋単語」で構成されているが，「パパ＋カイシャ」「あっち＋いく」など，実は，文法に則っている。

「イヤ」・自己主張
イヤイヤ期は第一反抗期ともいわれている。子どもが自己主張をする，という成長段階の一つ。自立心が芽生えてきている証拠である。

「コレ？　ナニ？」（第一質問期）
モノの名前を知りたくて行う質問である。モノには名前があることを認識し始めているしるし。

写真8-10　せんせい，よ　　　写真8-11　いっしょにみ
　　　　　んで（絵本）　　　　　　　　　ると，たのしいね（絵本）

出所：写真はすべて，社会福祉法人ふたば会，双葉保育園，社会福祉
法人誠志の谷戸，北鎌倉保育園さとの森より提供

　一語文の時期は，言葉の言い間違いも多くみられます。言い間違いを訂正す
るのではなく，大人が子どもとのやりとりの中で正しい言葉を使用しましょう。
子どもは大人から正しい言葉を学んでいきます。また，様々な絵本に触れ，絵
本を通して言葉を獲得していく機会もつくりたいものです。この時期の言葉の
育ちを支えるためには，子どもが話したくなる環境を保障することが必要です。

3　ヒトとの関わりの特徴

　愛着は，その後の人生における人間関係や情緒，社会性の発達に重要な概念
といわれています。1歳頃になると，歩行機能の発達に伴い子どもの興味や関
心に沿って探索行動が増加し，乳児の世界が広がります。詳しくは，第4章第
1節第1項を確認しましょう。実際の保育では，事例8-2のような様子がう
かがえます。

> 【事例8-2　「とにかく確認！」1歳児クラス4月，12月生まれMちゃん】
> 　保育者との1対1の関わりを好んでいたMちゃんは，園生活に慣れると，友だち
> の近くであそぶようになりました。Mちゃんは友だちの近くであそんでいるとき，
> たびたび周りを見渡し，保育者を探します。優しく見守っている保育者と目が合う
> と安心し，再びあそびに戻ります。
> （出所：筆者作成）

　この愛着を拠り所とし，その中で「自己」を認識し，「他者」の存在に気づ
くようになります。この時期になると，自分の名前がわかり，呼ばれると
「はーい」と返事ができるようになります。また，自分の意思が明確になり始
め，「自分で」「自分が」という**自己主張**もみられます。一方，他者に対して思
いやる行動を示す姿もみられます。泣いている子どもをみると慰める行動をし
たり，機嫌が悪い子どもにぬいぐるみを持って行ったりすることもあります。

4　ヒトとの関わりにおける援助

　この時期の子どもは，自分が困ったり怖かったり，不安になれば慰めてくれ
る存在を常に必要とします。子どもの特性を理解し，丁寧に関わることが大切
です。また，自己の発達に伴い，自分の意思を認識するようになります。しか
し，まだ言葉での表現が難しい時期でもあります。1歳を過ぎると，モノを介
した関わりが増えてきます。そのために，モノの取り合いなどのいざこざも生

🍀**ことば**

いざこざ
喜怒哀楽など，感情をコント
ロールする経験の一つ。いざ
こざを通して，人との関わり
方を学ぶ。

じやすくなります。保育者が仲立ちとなり，子どもの気持ちを代弁し，友だちとの関わり方を繰り返し伝えていきましょう。決して怒ったり，子どもを責めたりしないように心がけましょう。

　本章では，1歳児の育ち，基本的生活習慣やあそびについて紹介をしました。1歳児の生活は，0歳児の生活の積み重ねによるものです。1歳児だからという年齢だけを切り取ったとらえ方ではなく，発達の連続性に配慮し，見通しをもち，一人ひとりの育ちに合わせた関わりをすることで，子どもはよりよく育つでしょう。

　1歳児は，0歳児よりもできることが増えますが，まだ，思わず大人がなんでも「してあげたく」なってしまう様子がみられる年齢です。子どもが「自分で」やろうとしているときには，子どもの育つ力を信じ「待つ」ことも，子どもの育ちを支える援助の一つです。子どもの様子は育ちとともに変化し続けます。子どものそのような姿を成長の一つととらえ，温かなまなざしで見守れるといいですね。大人が楽しく幸せそうにしていると，子どもも安心し，その子らしさを表現して生活できるのだと思います。

演習課題

① 　1歳児の食事の援助と理解について考えましょう。もし，子どもが「これ，きらい」「食べたくない」と言った場合の対応について考えましょう。
② 　1歳児クラスを担任すると，子どもの「イヤ」という場面に出会います。このような発達段階の子どもに対する望ましい関わり方について考えましょう。

【引用・参考文献】

ボウルビィ，J. 著，黒田実郎・大羽蓁・岡田洋子訳『母子関係の理論①　愛着行動』岩崎学術出版社，1976年

遠藤俊彦『赤ちゃんの発達とアタッチメント——乳児保育で大切にしたいこと』ひとなる書房，2017年

羽室俊子・荒木暁子編著『実践乳児保育——子どもたちの健やかな未来のために』同文書院，2004年

林万リ監修『やさしく学ぶからだの発達』全障研出版部，2011年

林洋一監修『史上最強図解よくわかる発達心理学』ナツメ社，2010年

寳川雅子編著『子どもの最善の利益から考える保育実践例——子どもの幸せってどんなこと？ちょっと気になるとなりの保育』一藝社，2018年

一般社団法人日本赤ちゃん学協会編，三池輝久・上野有理・小西行郎『赤ちゃん学で理解する乳児の発達と保育第1巻　睡眠・食事・生活の基本』中央法規出版，2016年

入江慶太編著『乳児保育——子ども・家庭・保育者が紡ぐ営み』教育情報出版，2019年

金子龍太郎・吾田富士子監修『保育に役立つ！子どもの発達がわかる本』ナツメ社，2011年

柏木惠子・古澤頼雄・宮下孝広『発達心理学への招待——こころの世界を開く30の扉』ミネルヴァ書房，1996年

川原佐公『発達がわかれば保育ができる！』ひかりのくに，2015年

川原佐公ほか監修『0〜5歳児の発達と援助がわかる生活習慣百科』ひかりのくに，2014年

岸井勇雄・無藤隆・柴崎正行監修，無藤隆編著『発達の理解と保育の課題』同文書院，
　　2010年

近藤幹夫・寶川雅子・源証香・小谷宜路・瀧口優『改訂 2 版 実践につなぐ　ことばと
　　保育』ひとなる書房，2019年

厚生労働省「平成17年度乳幼児栄養調査」2006年

厚生労働省『保育所保育指針〈平成29年告示〉』フレーベル館，2017年

丸山美和子『保育者が基礎から学ぶ乳児の発達』かもがわ出版，2011年

松岡利広監修，横山真貴子編著『子どもの育ちと「ことば」』教育情報出版，2020年

三宅和夫『子どもの個性』東京大学出版会，1990年

内閣府・文部科学省・厚生労働省「幼保連携型認定こども園教育・保育要領」2017年

大橋喜美子編『乳児保育（第 2 版）』みらい，2016年

大久保愛『幼児のことばとおとな 新版』三省堂，1977年

大久保愛『子育ての言語学』三省堂，1981年

榊原洋一・今井和子編著『今求められる質の高い乳児保育の実践と子育て支援』ミネル
　　ヴァ書房，2006年

汐見稔幸監修，汐見稔幸ほか『0・1・2 歳児からのていねいな保育 第 1 巻　ここま
　　で見えてきた赤ちゃんの心の世界』フレーベル館，2018年

汐見稔幸・小西行郎・榊原洋一編著『乳児保育の基本』フレーベル館，2007年

白石正久『発達の扉　上　子どもの発達の道すじ』かもがわ出版，1994年

高橋惠子『人間関係の心理学——愛情のネットワークの生涯発達』東京大学出版会，
　　2010年

田中真介監修，乳幼児保育研究会編著『発達がわかれば子どもが見える——0 歳から就
　　学までの目からウロコの保育実践』ぎょうせい，2009年

谷田貝公昭監修，中野由美子編著，高橋弥生編『乳児保育 I　保育士を育てる⑤』一藝
　　社，2020年

寺田清美・大方美香・塩谷香編著『乳児保育』中央法規出版，2005年

戸田雅美『演習 保育内容言葉』建帛社，2009年

横山正子「乳児期の生活と保育」大橋喜美子編『新時代の保育双書 乳児保育 第 2 版』
　　みらい，2016年

第 9 章　2歳児保育

生活とあそびの環境および保育者の援助・関わり，配慮

学習のポイント

● 2歳児のこころと体の発達を学びましょう。
● 2歳児の発達に合わせた援助を理解しましょう。

第 1 節　2歳児の基本的生活習慣

1　給食の特徴と援助

　2歳児クラスの子どもたちは，歩行が安定し運動量が増え，粗大運動に加え微細運動も発達していきます。また言葉の発達も著しく，ごっこ遊びなどのあそびにおいて日常生活の模倣も盛んに行うようになります。

写真9-1　イヤイヤ期の2歳児

　自分でできることが増え，なんでも挑戦しようという意欲が湧く一方，気持ちを言葉に言い表せずトラブルに発展することもしばしばです。写真9-1のように床につっぷしてしまうこともあります。

　保育者は子どもが主体的に過ごせるよう援助しつつ，仲間との仲介をする必要もあります。そうした子どもたちの特別な時期への対応について学んでいきましょう。

　保育所保育指針の総則には，養護に関する基本的事項が挙げられています。保育者は子どもの発育・発達状況の確認や事故防止を行い，清潔で安全な環境を整える必要があります。また適切な援助や応答的関わりをもつことを心がけ，乳幼児の基本的生活習慣の確立を促していくことが求められています。本章では，2歳児に対してどのように援助していくのか，保育者の援助のポイントをみていきましょう。

①給　食

　調理師が給食をつくり終わって子どもに提供するまでの時間は，衛生管理マニュアルで決められています。このため給食開始の時間を考慮に入れつつ，午前中の活動を行いましょう。

　2歳になると身長が85〜95cm 程度となり，体重は12〜14kg 前後で，乳歯が

生えそろい大人の半分ほどの分量を食べるようになります。味は薄味とし，生卵や生魚を避け，食材によっては窒息対策も必要です。野菜などもあまり固いと咀嚼できないため，ある程度の歯ごたえを残した形で火を通すとよいでしょう。

写真9-2　牛乳を飲む
2歳児

　食事内容は，旬のものを取り入れ季節感を伝え，また日本の伝統食を折に触れ体験できるようにします。提供された食事を食べ切ることを目標とするのではなく，生涯を通して食べることが楽しいと感じられるよう援助していくことが大切です。保護者との連携がとれるよう，園の献立や調理方法を保護者と共有している園も多くあります。

　食事の際は，以下のことに注意をしましょう。

・プチトマトやブドウをカットして提供する
・食材は火を通し咀嚼できる固さにする
・アレルギー対策をする
・食事後の口腔内チェックをする
・歯磨きをする

②おやつ（補食）

　保育園で出されるおやつは補食と表現します。朝のおやつと午睡後のおやつ，また夕方のおやつがあり，それぞれ役割が違います。

○朝おやつ

　一口で食べられる柔らかいお煎餅や，ラムネなど軽い内容であることが多いです。保育園で楽しく過ごせるよう気分を盛り上げるような意味合いがあります。ラムネなど手が汚れないおやつであ

れば，午前中に公園に行った際に，外で食べることもあり，子どもたちはことのほか喜びます。

○午後おやつ

　午睡後のおやつは，朝おやつより栄養のとれるしっかりした内容であることが多いです。小さなおにぎり2つとか蒸したお芋などです。18時頃降園する子どもにとって，ここでしっかりと栄養をとらないとエネルギー不足になってしまうからです。

○夕おやつ

　延長保育の際は，さらに夕方のおやつがあります。こちらは延長保育を申し込んだ子どもへの提供になるので，別料金であることがほとんどです。

③特別な対応（給食・補食）

　現在では，外国籍の子どもたちも増えており，アレルギー対策に加えて，ハラール食のような宗教食としての決まり事に対応している園もあります。アレルギー対応と同じく提供するときの取り違えがないよう，トレーの色を変えたりトレーに名札をつけたりして対策をしている園が多いです。

2　排泄の特徴と援助

　排泄のタイミングですが，子どもが行きたいと言ったとき以外に，設定保育やお散歩の前後，また午睡の前後など定期的に行います。２歳児は膀胱の筋肉が制御できるようになり，徐々に排泄の予告や我慢ができるようになります。排泄の自立の時期です。

　一般的におむつから布のパンツへの切り替えは，夏が最適だといわれています。身体の水分が汗に出て尿量が減るためです。実際には月齢の差や発達の差もあり，個々のペースに合わせて行っていきます。また発達というのは成長する方向への一方通行ではなく，実際には行きつ戻りつで，冬場にまたおむつに戻ってしまうこともあります。以下の排泄介助のポイントを参考にしてみてください。

〈排泄介助のポイント〉

　・指導を焦らないこと，個人差を認めること

　・おもらしをしたときに叱らず寄り添う言葉をかけること

　・うまくいったら褒めるのを忘れないこと

　・家庭との連携をとりながら進めること

　・おむつかぶれやアザなどがないかチェックすること

　いつもできていたことができなくなるという状況が確認できたとき，精神的なものであることも考慮し，家庭で何か変化がなかったかを確認しましょう。一例を挙げると，弟妹ができて在園児が赤ちゃんがえりをしているというような状況が考えられます。心理的な面にも十分注意をしましょう。

3　睡眠の特徴と援助

　長時間保育が社会問題となっている今，保育園は保育所保育指針総則にあるように，「十分に養護の行き届いた環境の下に，くつろいだ雰囲気の中で子どもの様々な欲求を満た」す必要があります。その基本原則に忠実に１日の流れを考えるなら，子どもたちにとって保育園にいる時間が，いつも忙しく頑張る場であってはいけません。

写真９-３　寝ている妹を見ている２歳児

　外で元気よく駆け回って遊ぶときと，室内でゆっくり自由に過ごすときがバランスよく配置されていること，いわゆる「動」と「静」のメリハリをつけることが大事なのです。

　特に０〜２歳児はまだ体力が十分でなく，朝早くの登園や長時間保育が疲労となって蓄積するため，休息の時間を十分に確保することが大切です。その意味で午睡はとても重要です。

　午睡の場所は，顔色の変化や嘔吐物に気づける明るさで，静かな環境を用意します。また，温度・湿度も管理します。たとえば冬場だと，保育室の温度を20〜23℃に管理し，湿度は40〜60％を保持し，定期的な換気を行います。

　SIDS防止のため，０歳児は５分に１回，１・２歳児には10分に１回のブレ

SIDS
乳幼児突然死症候群（Sudden Infant Death Syndrome：SIDS）を指す。それまで元気だった赤ちゃんが，事故や窒息ではなく，眠っている間に突然死亡してしまう病気のこと。

ブレスチェック
乳幼児突然死症候群（SIDS）をはじめ，子どもの窒息死を未然に防ぐために行う呼吸確認のことである。

スチェックを行います。静かに寝ていても急変するのが子どもです。

　また，なかなか寝ない子どもへの配慮も必要です。午後から熱があがりはじめるパターンも多く，就寝の前後に体温チェックを行います。保育士はブレスチェックを行いつつ，子どもたちの連絡帳を書いたり，おもちゃの消毒をしたりと手を止めることなく仕事をしています。

4　清潔の特徴と援助

　保育園では，清潔についても日々根気強く伝えていきます。特に2019年以降，新型コロナウイルス感染症（COVID-19）の蔓延を受け，感染症対策は一層大切になっています。保育園では以下のように全クラスで衛生対策を強化しています。

　　・登園前の体温チェック
　　・園の入り口でアルコール消毒
　　・子どもの上着は玄関にかけて部屋に持ち込まない
　　・3歳児以上はマスクを着用
　　・外遊びから帰ってきたときは園庭で手を洗い，ペーパータオルで拭く
　　・フタのあるごみ箱に取り替え，ごみからのウイルス飛散を防止する
　　・給食は黙食，飛沫を防ぐためパーテーションを使用

　その他，日常生活では，①手洗い，②清潔，③着替え，と様々な点で身辺自立を促しています。それぞれの項目をみていきましょう。

①手洗い

　身体などが汚れるタイミングは，食事や外遊び・製作後や排泄時が多いでしょう。食事前や外遊び・排泄後の手洗いを習慣づけることが大切です。「きれいになると気持ちいいね」ということを言葉で伝え，気持ちよさを実感する経験を積み重ねていくことで，清潔を保つ習慣を自分のものとしていくことができます。

②清　潔

　鼻をかむという行動一つとっても，鼻がかめるようになるまで個人に応じたサポートをします。ティッシュを一枚とるという手指の動作ができるか，鼻にティッシュをあて，鼻の穴の片方を指でおさえることができるか，もう片方から鼻水を出すべくお腹に力を入れて息を出すことができるか，これらの行程を考えると鼻をかむという動作は簡単ではありません。ごみはごみ箱に捨てるという習慣も同時につけていきます。

写真9-4　鼻水を出している2歳児

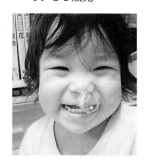

③着替え

午睡の前にパジャマに着替える園が多いですが，2歳になると衣類の着脱は自分でしたいという気持ちを表したり，手伝ってほしい気持ちを表したりします。

自分でできた，やり遂げたという気持ちになれるよう，その子の発達に応じた援助をします。衣服をたたむ手伝いなどを通し，環境を整えることも覚えていきます。汚れた服を自分のカバンにしまう等，保育を通して整理整頓を伝えていきます。

写真9-5　保育者を真似てハンカチをたたむ子ども

写真9-5は，おままごとで使った布をたたむ保育士を見て，真似をしようとしている男児です。

このように，日々の保育士の行動が子どもたちの興味・関心を惹き，それがあそびにつながり，整理整頓を伝えるよい機会となります。

第2節　2歳児のあそびと援助

2歳児のあそびの特徴

保育を学んでいると，発達段階に合わせた援助という言葉を何度も聞くことになるでしょう。「あそび」にも発達段階があります。皆さんは，何をもって「あそび」と考えますか。アメリカの社会学者パーテンは，あそびを以下の6つの段階に分類しました。

表9-1　あそびの6つの段階

	分　類	内　容
1	何もしない行動	何かをぼんやりと眺めているか，何もせずにいる
2	ひとり遊び	他児と関わらない
3	傍観遊び	他児を見たり口出ししたりする
4	並行遊び	個々で同じあそびをする（無干渉）
5	連合遊び	同じ玩具で一緒にあそぶ
6	協同遊び	共通の目的に向け役割分担をする

2歳児ともなると，ひとり遊びの段階を経て友だちとあそぶ「連合遊び」もみられるようになってきます。しかしまだ自分がやりたいという気持ちが強く，自己中心的な段階でもあるので，友だちと一緒にあそんでいるものの主張がぶつかり合うときがあります。写真9-6のように行事などを通して順番を待つなどのルールを根気強く伝えていく時期です。

写真9-6　運動会の順番を待つ2歳児

人　物

パーテン
Parten, M.B.
(1902-1970)
1930年代に活躍した発達心理学者。彼女は子どもが自由に遊んでいる場面での，子ども同士の社会的相互交渉を6つの種類に分類した。

また低年齢児であればあるほど個人の発達差が大きいので，2歳児クラスでは一人を好む子どもや，仲間をみつけてあそびたがる子どもなど入り混じっていると考えましょう。

保育者は，個人の発達に合わせながらも，仲間とあそぶ楽しさをいろいろな工夫をしながら伝えていく必要があります。

室内や園庭だと安全は確保しやすいですが，園外への散歩は園庭の有無にかかわらず発達に

写真9-7　おままごとをする2歳児

欠かせないものです。身体の発達が著しく，危ないことにチャレンジをしたくなる時期であるため，けがも増えます。保育者は子どものやってみたいという意欲を支えながらも，安全にあそべるように環境を整える必要があります。

園外に出る際は，車に気をつけるなど交通ルールを含め約束事を伝えていくことが大切です。

身体の発達とともに，手指の操作も一段と発達します。積み木を高く積んだり並べたりすることができ，おもちゃを組み合わせて見立て遊びができるようになります。

そして，それがままごと遊びなどのごっこ遊び（写真9-7）につながります。象徴的なことを考える知力と微細運動の発達，これら両方が発達することによって，複雑なあそびが可能になるのです。

第3節　2歳児の育ちとヒトとの関わりと援助

言葉の発達と言葉を促すコミュニケーション

0歳の喃語，1歳の一語文を経て，2歳では二語文や三語文を話すようになってきます。

・二語文の例　　「ママ，きた」「ママ，マンマ」

・三語文の例　　「くるま，ブッブー，いったね」

またいろいろな物事に興味を示し，疑問をもつようになり「なぜ？」「どうして？」というような質問も多くなります。どの発達段階であっても，周りにいる大人が子どもたちの言葉に応答することが基本です。

保育者は子どもの言葉をうけ，「ママ，きたね」と同じ言葉を繰り返したり，「ママ，きたね。嬉しいね」と気持ちを代弁したり，「くるま，青い色だね」と伝えたりします。

このように，子どもの言葉に丁寧に対応し，コミュニケーションをとることが大切です。今うまく話せなくても，言葉のシャワーが溜まっていき，それが発語につながるのです。

子どもは人と交わりながら言葉を覚え，言葉を発しながら修正し，うまく使えるようになっていきます。年齢が低いほどノンバーバルコミュニケーションもありますので，保育者はそれを読み取れる力も必要です。

❀ことば

ノンバーバルコミュニケーション
言語を用いない非言語的コミュニケーションを指す。具体的には，人の表情や声の調子，手振り身振りなどから，その相手が自分に伝えようとしていることを読み取ることで成り立つコミュニケーション。

　保育においては，どの瞬間においても子どもたちとコミュニケーションをとっていますが，①室内での様子，②園外での様子をもとに，言葉かけについて考えていきましょう。

①室内保育での一例

　2歳児は自我が発達するに伴い，人間関係が複雑化し，友だちと手をつなぎたくない，おもちゃを取られたくない，園庭から室内に戻りたくないなど様々な理由でいざこざが起こります。争いを止めることが最優先なのではなく，保育者としてうまく言葉で伝えられない子どもの気持ちを受け止めたり，言いたいことを代弁したり，解決策を示したりしましょう。保育者の対応の例を以下に示します。

- ・「嫌だったね」（気持ちの受容）
- ・「もう少しあそびたいのかな」「誰と手をつなぎたいのかな」（意思の確認）
- ・「あと10数えたらブランコかわってあげようか」（提案）
- ・「あっ，あっちの砂場でプリンつくってるよ」（気持ちの切り替え）

②園外保育での一例

　秋のような一日中さわやかな天気の日は，散歩に出かけるときがあります。言葉が増えていく時期なので，外に出た際の言葉かけがとても大切です。公園に秋の葉がたくさん落ちているシーンを想像してみてください。子どもが「せんせい，はっぱ」と言ったときの保育者の言葉かけの例を以下に示します。

- ・「はっぱあったね」（認める）
- ・「綺麗な色ね，緑から黄色になったね」（変化を伝える）
- ・「赤いのもあったね，いろいろな色があるね」（色を伝える）
- ・「ガサガサって音がするね」（情景を言葉にする）
- ・「穴をあけたらお面になるよ」（あそびを提案する）

　このように，様々な言葉かけをすることができます。中には吃音が始まる子どももみられますが，言い直しをさせたりせず，「あいうえお」が出てくる絵本などを用いて楽しく学ぶ機会をつくり，焦らず言葉を育てていく必要があります。

ことば

吃音
言葉が円滑に話せない，スムーズに言葉が出てこないことを指す。

演習課題

① 　登園時に朝ごはんがわりの菓子パンを食べながら登園してくる子どもがいたとき，あなたならどのように声をかけますか。
② 　散歩で花を見つけた子どもが，花を指さし「おはな」と言いました。あなたなら，どのように応答しますか。

【引用・参考文献】
河原紀子監著『子どもの発達と保育の本』図書印刷，2011年
レスタック，R. M. 著，河内十郎ほか訳『乳児の脳とこころ』新曜社，1989年
咲間まり子編著『コンパス乳児保育』建帛社，2018年

第10章 移行期の子どもへの関わり方，そして配慮

学習のポイント

●乳児クラスから幼児クラスへの円滑な移行について考えてみましょう。
●幼児クラスへの期待と不安の両方を抱える子どもへの配慮を考えてみましょう。

第1節 3歳以上児の保育に移行する時期の保育

1 移行期特有の課題

　これまでの学びから，0・1・2歳児クラスでは，特に個々への関わりが丁寧にされていることが理解できたことでしょう。これが幼児クラスへの移行にあたり，個から集団へと保育者の意識が急に変わると，環境の変化によって子どもが戸惑ってしまうことが予想されます。乳児クラスから幼児クラスへと滑らかに移行するためには，どのような配慮が必要でしょうか。次の事例を通して，保育士の工夫や子どもの姿について考えてみましょう。

【事例10-1 「みんなで一緒に」を意識して】

　進級がみえてきた2歳児クラス2月のこと。担任らは進級を見据えて，まずはおやつの時間から段階的に集団を意識した保育へと移行を始めていった。これまでは，午睡から目覚めたときの様子やあそびの区切りなどを見計らって保育士が個別に声をかけたり，子ども自身が食べるタイミングを自分で決めたり，一斉ではなく個々のペースでおやつの時間を迎えていた。この状態から集団を意識した過ごし方の一つとして，「みんなで一緒にいただきます」をするスタイルへと変更することになった。保育士が「おやつだよ」と全体に声をかけることで，子どもたちは一斉に手を洗おうと水道場に集まり，手洗いの順番を待つ日々が始まった。

（出所：筆者の記録より）

　事例10-1から，2歳児クラスの後半になると，幼児クラスに向けて生活のリズムを個人のリズムから徐々にクラス単位で考えるようになっていくといった保育の移行の様子がわかります。保育所保育指針においても，3歳以上児に関して「発達の特徴を踏まえて，この時期の保育においては，個の成長と集団としての活動の充実が図られるようにしなければならない」（保育所保育指針第2章3 3歳以上児の保育に関するねらい及び内容(1)基本的事項）とされ，「集団」といった言葉が使われています。また**配置基準**においても大きく変わります。現状では表10-1に示す通りの保育士の配置基準が定められており，3歳未満

✿ことば

移行
2歳児クラスから3歳児クラスへと移ること。乳児クラスから幼児クラスへの進級のこと。

配置基準
厚生労働省「児童福祉施設の設備及び運営に関する基準」（第33条）によって定められている園児の人数に対して最低限必要な保育士の人数のこと。

児と３歳以上児とでは大きく異なることがわかります。つまり，保育士が幼児クラスへの移行に向けて，集団を意識していくことは不思議なことではなく，自然なことだといえます。しかし，３歳未満児の保育所保育指針における保育内容には「集団」という言葉は出

表10-1　保育士の配置基準（０～３歳児の比較）

	子ども：保育士
０歳児	３：１
１・２歳児	６：１
３歳児	20：１

出所：厚生労働省「児童福祉施設の設備及び運営に関する基準」第33条

てきません。よって移行期には保育士が子どもの姿に合わせて集団というキーワードを自然に日々の生活に取り入れていくことが求められます。

　ただ，この事例を通しても想像ができるように，移行とはいえ，これまで大切にしてきた子ども一人ひとりのペースを崩してしまわないように滑らかに進めていくことが大切です。集団を意識するあまり，クラス全員で同時に生活場面の切り替えをすると，そのたびに子どもが一か所に集中する流れができることも容易に想像できます。この事例の場合では，まず全員が一気に水道場に移動しようとする姿が浮かんだのではないでしょうか。生活の中のほんの一場面である水道場での手洗いについても，たとえば小さな手で何度も蛇口をひねって水を出そうとすること，力の入れ具合を調節しながらポンプから泡石鹸を手の平に出すこと，泡を手に塗るようにしてあそんでいるうちに手全体に石鹸が行き渡ること，水圧を十分に感じながら流水で泡を流していくことなどの経験をじっくりと積み重ねることは，一人ひとりのペースが大切にされているからこそ可能になると考えられます。こういった一つひとつの過程にたっぷりと時間をかけ，個々を大切にした保育は，モノとの関わりも十分に保障してきたといえるでしょう。そこからステップアップした変化が，一斉に水道場へ向かうとなると，これまで大切にされてきた一つひとつの動作に対する個別への保障が薄れてしまうことになりかねません。また水道場では，順番を待つことが必須ですから，トラブルの発生も予測されます。これらのことから，まずは少人数のグループで生活場面の切り替えをするなど，友だちと一緒に行動する機会を少しずつ増やしていくとよさそうですね。ルールに触れる機会も自然と多くなるでしょう。このように移行は時間をかけていくことが大切です。段階を経ながら移行を進めていくには工夫が必要ですから，保育者は生活環境の変化に伴う連携についても密にしていきましょう。

　２歳児クラスから３歳児クラスへの移行期は，子どもが自然な形で集団に慣れていけるよう配慮することが大切です。一気に移行しようとせず緩やかな段階を設け，保育者と子どもとの関わりを今一度見直していくことも必要です。この時期の子どもにとって，保育現場におけるこころの支えは主に私たち保育者の存在となります。よって次に移行期の子どもと保育者との関わりについて考えていきましょう。

２　継続した保育者との関わり

　移行期にある多くの子どもは，幼児クラスへの期待と不安の両方をもち合わせています。それは，ついに自分も憧れの「お兄さん」「お姉さん」になれる

といった気持ちの表れでしょう。しかし同時に，新しい環境への不安や移行の雰囲気を敏感に感じ取ることによって，複雑な心境になることも珍しくありません。そこで大事にしたいことの一つとして，これまでと変わらない安全の基地である保育士の存在が挙げられます。個人差は大きくありますが，小さな変化であっても保育士自身が気づきの目をもち，一人ひとりに合った寄り添い方をすることが大切です。

　知らず知らずのうちに進級へのプレッシャーを感じている子どもにみられる不安の姿として，たとえば次のようなことが挙げられます。

　・排泄では，完全に布パンツへと移行したものの，進級を目前とした頃からトイレに間に合わなくなる。
　・衣服の着脱では，一人ですべてできていたのが，「やって」「できない」などの声が増える。
　・午睡の際，普段より入眠までに時間がかかることや，保育士に傍にいてほしいという要求が増える。
　・探し回る，目線で追うなど保育士の居場所の確認が多くなる。

　上記のようなことを含め，子どもからの発信は様々にありますが，それらは子どもからの何らかのサインである可能性があります。これまでできていたことが急にいつものようにいかなくなったり，不安そうな表情がみられたりした場合は，保育者間で情報共有し，その理由を考えていきましょう。保育者間の連携は，子どもの安心・安全を取り戻していくことにつながります。また，保護者とも情報共有を密に行い，子どもの気持ちが安定するよう努めていくことも大切です。これまで丁寧に子どもと関わってきたからこそ，移行期にみられる子どもの変化に私たち保育者がいち早く気づける存在であるよう，これまでと同様，継続的に子どもの気持ちに寄り添った関わりを意識していきましょう。

第2節　集団形成に関わる援助や配慮

1　生活に関わる援助や配慮

　おおむね基本的生活習慣の自立が進んだ子どもには，複数人で同じようなペースで身支度などをする姿が自然とみられていきます。そこでは子ども同士の会話が弾むなど，互いにやりとりをする姿もあるでしょう。たとえばテーブルを囲んだとき，靴を履くときや自分のロッカーから着替えを取り出して着替えるとき，さらにはトイレにおいても，様々な場面で子ども同士は自然に関わり合っています。そのようなとき，保育士はどのような援助や配慮をしたらよいのでしょうか。考えていきましょう。

　移行期の子どもが必要とする生活の援助の多くは，個別への**直接的な援助**から見守りを中心とした**間接的な援助**へと変化していきます。しかしながら，この時期の子どもは前述の通り，進級への期待と不安をもち合わせていることが考えられます。集団形成を意識しすぎていては，この見守りが一人ひとりの子

ことば

直接的な援助
子どもに直接声をかけたり身体的な接触を伴ったりするなど，言動を伴った援助のこと。

間接的な援助
直接的な援助以外の方法で，子どもへの願いを込めて行う援助のこと。

どもに行き届かず，集団という大きな塊としての視点で子どもをみるという見方になってしまいがちです。子どもにとっては，いつも保育士に守られているという安心感の中で生活してきた日々から，不安の中に放り出されてしまうようなことがあってはなりません。ですから，保育士は一人ひとりの子どもをこれまでと同様に見守りつつ，目線や笑顔でしっかりと「みているよ」「ここにいるよ」といったサインを送ることが大事なのです。このサインを絶えず子どもに送ることは，子どもの安心・安全を保障する一つの方法になるでしょう。そして，サインと同時に集団形成への援助や配慮をしていきます。特に複数の子どもが同時に同じ動作をしているときに保育士が声をかけることは，友だちへの刺激にもなります。次に示す着替えの場面の事例をみていきましょう。

【事例10-2 一緒が楽しい】

　外遊びから保育室へ戻り，手洗いをすませて着替えをしようとする場面でのこと。ゆうなは手洗いをすませて洋服を脱ぐと，いつものように着替えが入ったカゴの前でしゃがみ込んだ。カゴの中から服を選ぶ素振りもなく，「トイレは大丈夫？」「洋服決まった？」の保育士の声も届かない。とにかく床の上にどっしりと座り，下着のままボーッとしている。そこへ大好きなななこがやってきた。ななこはカゴを手にすると，好みのピンクの服を選んだ。保育士に，「ななこ，これにするー」と伝えると，嬉しそうに着替え始めた。そこで保育士はななこの力を借りる。「ゆうなちゃん，みてみて！　ななこちゃんピンクのお洋服を選んだって。ゆうなちゃんは何にする？」と声をかけた。ななこはにっこにこ。ゆうなもつられて笑顔になった。そして自分もカゴからピンクの洋服を探し出し，「ゆうなも！」と2人は一緒に着替え始めた。

（出所：筆者の記録より）

　事例10-2は，保育士が2人のつながりを意識して声をかけた結果，子ども同士が影響し合い，物事がうまく進んでいったことを表しています。子どもだけの世界に任せるとともに，保育士も子どもが互いを意識し合えるような雰囲気づくりをしていくとよいですね。保育士との1対1の関係から保育士を含めた子ども複数人の関係性を取り入れていくことは，後の子ども同士のみの関わりの土台となりますし，やがては互いに助け合ったり思いやったりする存在になっていくことも期待できるでしょう。

2　あそびに関わる援助や配慮

　2歳児クラスの後半頃になると，昨日の続きを同じ友だちと楽しむ姿がみられるようになっていきます。そこで保育士は，子ども同士の様子をみながら必要な援助で支えていくことが大切になります。特に移行期後半の子ども同士のあそびをみてみると，多くが必要に応じて保育士を呼ぶ程度であり，保育士が子どもの興味や関心に沿って環境を整えたりヒントを出したりするだけで，自らあそびを広げていきます。また，あそび方に変化が生まれていき，面白そうな雰囲気がでてくると，自然に子どもたちが集まったり，誘ったりといった姿もみられていきます。保育士がその場にいながら，子ども同士のつながりを大切にすることで，子どもは徐々に自分たちで楽しみを共感し合う心地よさを

知っていくのです。繰り返しになりますが，移行期は期待と不安が入り交じった心境になりがちです。ですから保育士は，その子どもが安心できる人々と関われるように援助や配慮を意識することが大切です。

　では次に事例10-3をみてみましょう。この事例は子ども一人の行為が複数人へと広がっていく過程と，保育者の力を借りて挑戦しようとする姿が現れています。友だちの存在を気にするようになっている移行期の頃の子どもへの援助が，子どもの経験を豊かにしていく様子について考えてみましょう。

【事例10-3　怖さを恐る恐る楽しむ――挑戦への志向】

　マユがしゃがみながら草むらの中に右手を伸ばしている。そこへサクラとモモカが近づいてきて一緒にしゃがんだ。マユはシュロの木の皮を撫でていたのだ。モモカもマユと一緒にシュロの木の皮を触りはじめたが，サクラは触らずにその様子を見ている。急にモモカが「イノシシがいた！」と立ち上がって誰かに伝えようとした。続いてマユが「イノシシだよー」と近くに来た保育者に伝えると，「イノシシいたね，イノシシ」と優しく応答があった。次にサクラも「イノシシ！」と怖がるように，そして楽しむように立ち上がった。すると今度はユカが保育者の手を引いてその場に近づき，皆がイノシシと言っている場所を知らせる。ユカが「ちょっと先生触ってー」と保育者に伝えるが，「えー，やだー，ユカちゃん触ってー」と応答があった。するとユカは，「えー，やだやだやだー」とニコニコしながらその場で言葉に合わせて足踏みをし，つないでいた手を解いて保育者の後ろに隠れた。

（出所：村野かおり「2歳児クラスの散歩にみられる身体接触の時期的変容」に掲載した事例を要約して一部抜粋）

　事例10-3にはこの頃の子どもの様子がよく表れています。誰もがシュロの木をイノシシに見立てており，友だちと同じイメージの中にいることがわかります。そのイノシシにおっかなびっくり触ってみようとする姿は大人からするととても微笑ましい場面です。このように，移行期になると他者が何かに取り組む姿に刺激され，「私も！」「私も‼」というように輪が大きくなっていくことがあります。ただ，その場を子どもだけに任せるのではなく，その付近に保育者がいることも大切です。ユカのように，挑戦したいけれど保育者に傍にいてほしい子どももいるからです。すぐ近く，あるいは見えるところに信頼を寄せている大好きな保育者がいることによって，新しいことや苦手なことにも挑戦しようとしていくのです。写真10-1も同様です。友だち皆が胸の高さくらいの段差をよじ登った後，クラスで一番小柄な男の子が力を振り絞ってどうにか登ろうとしている場面です。最後でしたので，友だちが次々と登っていくのを間近で見ていました。しばらくどうしようかとモジモジしていましたが，「足，かけてごらん」という保

写真10-1　友だちと保育者に見守られながら挑戦する姿

出所：筆者提供

図10－1　安心感の輪

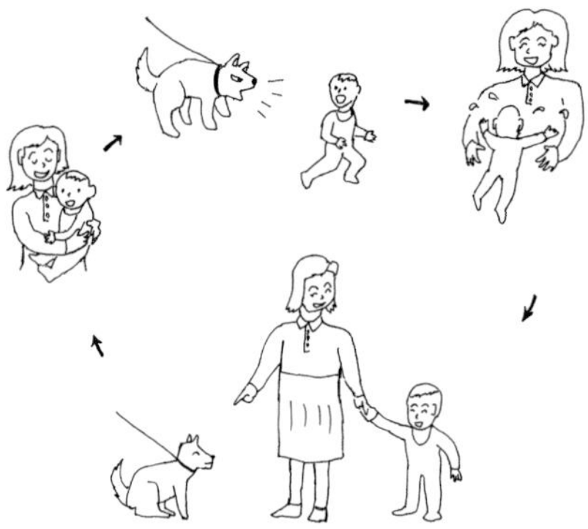

育者の声によって段差に挑んだのです。友だちと保育者の皆に見守られながら頑張っていますね。保育者の後押しによって，子どもの経験は変わっていきます。どのように援助したら子どもの経験が豊かになっていくのかそのときどきで判断していきましょう。

保育士は，子どもにとっての安全基地です。子どもが一人で探索や挑戦をしようとするときに，いつでも避難できる大人の存在があることは子どもの支えとなります。図10－1をみてみましょう。**安心感の輪**は子どもが信頼を寄せる大人の存在があってこそ成立するものです。興味関心の標的（犬）が現れた場合，大人に抱っこをしてもらうなど安全が保障されていると安心して傍観しますが，一方で一人で近づこうと冒険すると，怖い思いをすることもあります。そのようなとき，信頼を寄せる大人が近くにいると，自分の気持ちを受け止めてもらうことが可能になります。これまで育んできた信頼関係は，子どもがどのような心境になったとしても「大丈夫」といった心の支えになるでしょう。何があっても大好きな大人が守ってくれるという安心感があるからこそ子どもは様々なことに立ち向かい，乗り越えていけるのです。心が揺れ動きやすいこの移行期にあらためて安心感の輪を意識した保育を進めていきましょう。

ことば

安心感の輪
特定の大人を「安心の基地」として自発的に外の世界へと飛び出すが，危険があると「安全な避難所」である同じ大人の元に戻ってくる輪のこと（遠藤，2017）。

事例10－4は，生活とあそびが渾然一体となっている場面における子ども同士の関わりです。保育士の心境を想像してみましょう。

【事例10－4　パンツコレクション】

きりん組（2歳児クラス）は，ほとんどの子がパンツで1日過ごせるようになってきている。パンツがはける喜びも大きい。朝トイレに行って登園時のおむつからパンツにはき替えるときもたくさんのパンツの中から選ぶのが大変。りんかちゃんは，ロッカーの中のパンツを1枚1枚並べて，「どれにしようかな？」と眺めていた。それを見ていたのりかちゃんが，その横に自分のパンツを並べ始めた。すると，今度は反対側からかおるちゃんが，自分のパンツを並べ始めた。のりかちゃんの「どれにする？」に「う～ん」とこたえるかおるちゃん。3人はズラリと並んだパンツを眺めている。パンツコレクション！　トイレの前で子どもたちがトイレに来るのを待っていた私はしびれをきらし，「もうそろそろ，トイレに来てほしいなあ！」と言っても，3人のパンツは決まらない。3人でパンツを眺めたり並び替えたりしている。一緒にパンツを並べ，一緒に悩み，そしてやっと一緒にトイレに来た3人だった。

（出所：水野佳津子『エピソードでたどる排泄の自立と保育』ひとなる書房，2019年より要約して一部抜粋）

一つのことについて同じように考え悩むといった可愛らしいエピソードですね。パンツへの移行を経たからこそコレクションを楽しむことが可能となり，さらに悩むといった経験を共有しているのでしょう。ここまでの過程を一緒に

たどってきた子ども同士だからこその仲間意識の芽生えが手に取るように感じられたのだと思います。自分との対話と友だちとの対話を交互に真剣にしている場面です。保育士が「こっちがよいよ」などと決めてしまうことは簡単ですが，子ども同士が自然と集まってつながり合っていく場面では，控えめに関わり，そっと見守りましょう。生活とあそびが混ざり合っているため，保育者は子どもへの関わり方に迷いを感じるかもしれません。ゆったりとした気持ちでその場の状況判断をしながら子どもと関わることが，移行期の子どもへの保育士としての配慮といえるでしょう。

（演習課題）
① 移行期の子どもに表れることが予想される第1節第2項の文中の4つの丸印の場面について，保育士としての援助や配慮を考えてみましょう。
② 急ではなく緩やかに幼児クラスへの移行ができるような工夫を挙げてみましょう。

【引用・参考文献】
遠藤利彦『赤ちゃんの発達とアタッチメント——乳児保育で大切にしたいこと』ひとなる書房，2017年
初塚眞喜子「アタッチメント（愛着）理論から考える保育所保育のあり方」『相愛大学人間発達学研究』1，2010年，1-16頁
厚生労働省「保育所保育指針」2018年
松本峰雄監修，池田りな・才郷眞弓・土屋由・堀科『よくわかる！ 保育士エクササイズ5　乳児保育 演習ブック（第2版）』ミネルヴァ書房，2019年
水野佳津子『エピソードでたどる排泄の自立と保育——近道・まわり道』ひとなる書房，2019年
村野かおり「2歳児クラスの散歩にみられる身体接触の時期的変容」『日本保育学会大会発表論文集』2020年，877-878頁
名須川知子・大方美香監修，馬場耕一郎編著『MINERVA はじめて学ぶ保育7　乳児保育』ミネルヴァ書房，2019年
汐見稔幸監修，井桁容子・汐見稔幸『0・1・2歳児からのていねいな保育 第3巻 ていねいな保育実践のために——保育の実践』フレーベル館，2018年
髙内正子・豊田和子・梶美保編著『健やかな育ちを支える　乳児保育Ⅰ・Ⅱ』建帛社，2019年
渡邊ユカリ・中村陽一「保育者の直接的援助と間接的援助について——5歳A児の変容からの一考察」『日本保育学会大会研究論文集』1997年，200-201頁

第11章　子どもの病気と健康・安全

●保育に健康と安全の確保が求められる理由について考えてみましょう。
●子どもの病気と事故を予防し，適切な対応を取るための基本的な知識を理解しましょう。

第1節　乳幼児期にかかりやすい病気と感染症の予防

1　保育全般に関わる配慮事項

　集団で生活する保育の場では，感染症が広がりやすく対策が求められます。中でもウイルス性の胃腸炎は事例11-1のように，感染が広がりやすいという悩みを筆者が関わる保育者研修会で多く聞きます。

【事例11-1　感染性胃腸炎　保育園で40名の集団発生】
　　4/5　保育室で1歳児が嘔吐。
・職員8名発症。4/6　1名。4/7　5名。4/10　2名。うち3名は手袋のみで嘔吐物・排便の処理を実施した。新規職員が4名発症。
・入所児童32名発症。1歳児19名発症。新規入所児12名発症。
・40名の集団発生となった。
（出所：K市の保健所報告事例集より）

　この事例では，嘔吐物・排便の処理にマスクやガウンの着用がなされなかったこと，換気・消毒や汚物処理の技術が不十分であったこと，新規職員は感染症の知識が不十分であったと考えられること，対策を開始した時点ですでに職員への感染が拡大していて感染の媒介者になった可能性が高いこと，1歳児はおむつ交換でのバスタオルの共用によって感染が拡大した可能性があることなどが，集団感染の原因と考えられると報告されています。このように乳幼児期は，病気に対する抵抗力が弱いうえに集団で生活していることから，保育活動のすべてにおいて十分な知識と技術に基づいた保健的な対応を行うことが求められます。子どもの健康及び安全について，保育所保育指針には以下の記載がみられます。

　　第3章　健康及び安全
　　　保育所保育において，子どもの健康及び安全の確保は，子どもの生命の保持と健やかな生活の基本であり，一人一人の子どもの健康の保持及び増進並びに安全の確保とともに，保育所全体における健康及び安全の確保に努めることが重要となる。

　また，子どもが，自らの体や健康に関心をもち，心身の機能を高めていくことが大切である。

では，次に感染症についてみていきましょう。

2　感染症とは

　ウイルスや細菌などの病原体が，ヒトや動物などの体内に侵入し発育・増殖した結果，下痢・咳などの症状が現れた状態を感染症といいます。感染症が成立するためには，図11-1に示すように「**病原体（感染源）**」「**感染経路**」「**宿主の感受性**」の３要因がそろうことが必要です。感染症は感染経路の種類によって図11-2に示すように「飛沫感染」「空気感染」「接触感染」「経口感染」に分類されます。

　「学校保健安全法施行規則」では，学校で予防すべき感染症を症状の重さに応じて第１種・第２種・第３種（学校感染症）に分類し，出席停止や臨時休業の措置をとることが定められています。保育所もこれに準拠する対応をとることが原則であり，厚生労働省の「保育所における感染症対策ガイドライン（2018年改訂版）」もそれに基づいた内容となっています。

ことば

病原体（感染源）
病気の原因となる微生物のこと。感染源は病原体をもったヒトや動物，食物などを指す。

感染経路
病原体が新たな宿主に侵入する経路のこと。

宿主の感受性
宿主とは病原体が感染する相手となるヒト・動物等のこと。感受性とは感染しやすいかどうかということ。

図11-1　感染症成立の３要因とその対策

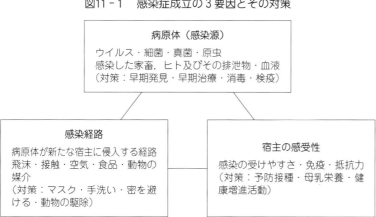

出所：厚生労働省「保育所における感染症対策ガイドライン（2018年改訂版）」をもとに作成

図11-2　感染経路と感染症

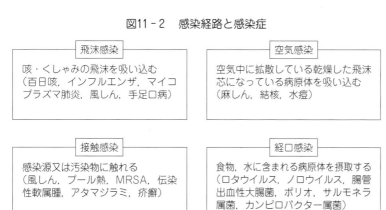

出所：図11-1と同じ

3　乳幼児期にかかりやすい病気と対応

　保育中に感染症の疑いのある子どもに気づいたときには「保育所における感染症対策ガイドライン（2018年改訂版）」を参考にして対応します。感染症が発生した場合は全職員が情報を共有し，速やかに保護者に連絡をするなど，感染拡大防止策を講じることが大切です。子どもがかかりやすい代表的な感染症には，麻しん，インフルエンザ，風しん，水痘（すいとう），流行性耳下腺炎（りゅうこうせいじかせんえん）があります（第19章参照）。こうした感染症を防ぐには3要因への対策（図11-1参照）に加えて，乳幼児の年齢等の要因が病態に大きな影響を与えることに留意しましょう。感染症などを予防するための衛生管理について保育所保育指針に以下のように明記されています。

> 第3章　健康及び安全　3　環境及び衛生管理並びに安全管理
> (1)　環境及び衛生管理
> 　ア　施設の温度，湿度，換気，採光，音などの環境を常に適切な状態に保持するとともに，施設内外の設備及び用具等の衛生管理に努めること。
> 　イ　施設内外の適切な環境の維持に努めるとともに，子ども及び全職員が清潔を保つようにすること。また，職員は衛生知識の向上に努めること。

　子どもたちが一緒に生活する場で，感染症の広がりを防ぎ，安全で快適な保育環境を保つために，湿度と温度，換気，保育室，おもちゃ，食事，調乳室，歯ブラシ，寝具，おむつ交換，トイレ，砂場，園庭，手洗い，消毒液の使用等に関して日頃からの衛生管理を実施します。

4　予防接種の意義

　予防接種とは，ワクチンなどによってあらかじめその病気に対する免疫を獲得させ，感染症に罹患（りかん）する可能性を減らし重症化しにくくする強力な予防法の一つです。予防接種法で規定されている勧奨接種（定期接種・臨時接種）とそのほかの任意接種があります。勧奨接種とは予防接種法で国民が接種することを国が勧める予防接種で，費用は原則無料，予防接種法に基づく副反応に対する補償制度があります（国立感染症ホームページ「日本の定期／任意接種スケジュール」参照）。
　園児には，予防接種の標準的なスケジュールに従って，できる限り入所前の接種を勧めます。定期接種のワクチンはもちろん，任意接種のワクチンも重症化予防，感染伝播予防のために接種を推奨します。接種を勧める際には，接種後の副反応情報，罹患した場合の重症度や合併症のリスク情報，周囲の友だち・家族・職員等に与える影響，妊娠中の女性については本人の重症化のみならず胎児への影響も起こりうることなどを保護者に説明します。

第2節　子どもとアレルギー

1　保育の場におけるアレルギー対応

　体に入ってきた有害な物質（抗原）に対して抗体をつくり，次に同じものが

入ってきたとき異物と認識して体を守る反応が免疫反応ですが，無害な物質にまで過剰に免疫反応を起こしてしまうことをアレルギー反応といい，その原因となる物質をアレルゲン（ハウスダスト・ダニ・ペットの毛・花粉・卵白・牛乳・小麦等）といいます。保育の場では，その定義・病態や治療方法，悪化因子，発作の判断，生活管理表の記載事項等を理解し，適切な対応をとらなければなりません。保育所保育指針では，アレルギー疾患の対応について以下の記載があります。

> 第3章　健康及び安全　1　子どもの健康支援
> (3)　疾病等への対応
> 　ウ　アレルギー疾患を有する子どもの保育については，保護者と連携し，医師の診断及び指示に基づき，適切な対応を行うこと。また，食物アレルギーに関して，関係機関と連携して，当該保育所の体制構築など，安全な環境の整備を行うこと。看護師や栄養士等が配置されている場合には，その専門性を生かした対応を図ること。

それでは保育園でのアレルギー事故事例について考えてみましょう。

> **【事例11-2　小麦粘土は小麦だよ】**
> 　ケース：4歳　女児　原因：小麦粘土
> 　症状：じんま疹，結膜充血，眼まぶた浮腫（ふしゅ）
> 　経過：小麦アレルギーがあることは事前に園に伝えてあったのですが，小麦粘土の工作をしました。5分後に触った手からじんま疹が出現し，またその手で目をこすったため，結膜充血，まぶたの浮腫が起こりました。抗ヒスタミン薬を飲ませ，手と目を洗い，ようやく落ち着きました。
> （出所：藤田医科大学　近藤康人『食物アレルギーひやりはっと事例集2021』）

食物アレルギーでは，多くの患者で接触によるアレルギー反応を起こします。食べなければ大丈夫と思っていたために，このような事故が起こってしまったのです。食物アレルギーのある子は食べるだけではなく，皮膚や粘膜への接触でもアレルギー反応を起こします。

2　アレルギー疾患のある子どもへの対応

こうしたアレルギーには以下の種類と対応の仕方があります。

◯ 気管支喘息

発作に対する治療と，背景にある慢性炎症に対する治療があります。保育所においては，アレルギー疾患生活管理指導などによって重症度を把握したうえで，発作時の対応と生活上の留意点を決定して対応していきます。

◯ アトピー性皮膚炎

皮膚の乾燥や炎症によりかゆみを生じることが特徴です。皮膚に炎症のない状態を維持してバリア機能（図11-3）を回復させるために，①炎症とかゆみに対する薬物療法（ステロイド外用薬・タクロリムス外用薬・かゆみに対する内服薬），②スキンケア（皮膚の清潔と保湿），③悪化要因の対策（室内のアレルゲン対策・清掃）を行います。

🍀ことば

ステロイド
副腎皮質という臓器でつくられるホルモン。皮膚の炎症をおさえる効果があり，安全性が高く，アトピー性皮膚炎の標準的な治療薬となっている。

タクロリムス
ステロイドと同様に皮膚の炎症をおさえる働きがある。ひりひりとほてった感じがすることがあり，使用中は強い紫外線照射を避ける必要があるので，屋外活動では帽子の着用や木陰で見学させるなどの配慮を行う（2歳未満の子どもには使用不可）。

図11-3　アトピー性皮膚炎のバリア機能障害

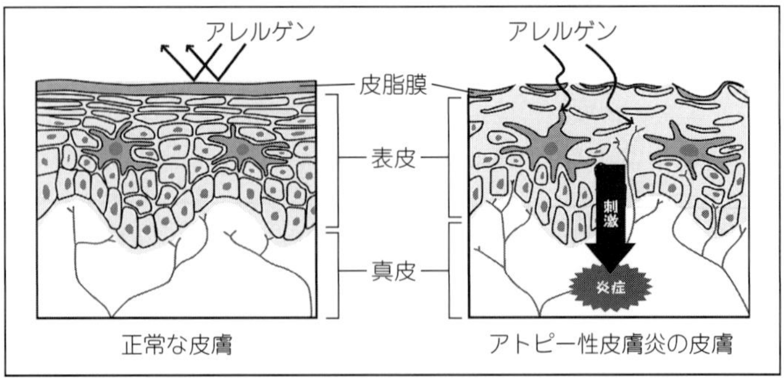

出所：厚生労働省「保育所におけるアレルギー対応ガイドライン（2019年改訂版）」

◯ 食物アレルギー

　誤食事故は，注意を払っていても日常的に発生する可能性があるので，未然に防ぐためには予防策を徹底していくことが重要です。対応委員会の設置や事故予防マニュアル策定など体制の構築を行ったうえで，職員全員で組織的に対応します。関係機関との連携も重要です。

◯ アナフィラキシー

　アレルゲン等により，複数臓器に全身性アレルギー症状がおこる過敏反応です。血圧低下や意識障害を伴う場合をアナフィラキシーショックといい，命に関わる危険性があるため即座に応急処置が求められます。

第3節　体調不良と傷害への対応

　体調不良や傷害に対応することは，子どもの生命と心身の健康を守り QOL を保障することにつながります。また，同時に「子ども自らが健康を自分で守るための力」を獲得させるという意義があります。

1　子どもの健康状態をみるポイント

　保育所等では，子どもが登園してきたら，「おはよう」と声をかけながら，乳児であれば反応や機嫌，幼児であれば返ってくる声の調子や顔色をみます。その後，保護者から前の日の生活状態を教えてもらいます。それから子どもが楽しく快適に1日を過ごす計画をつくっていきます。このように保育者が丁寧に観察し「いつもと様子がちょっと違う」と感じることが子どもの病気をみつける手がかりとなり，集団感染を防ぐことにもつながります。子どもからのサインを見逃さないようにしましょう。

　子どもからのサインにはどのようなものがあるか考えてみましょう（バイタルサイン測定の方法については第19章参照）。

2　体調不良に対する手当

　様々な症状に対する手当の仕方は次の通りです。応急手当は，その傷害の程

🍀 **ことば**

QOL
クオリティ・オブ・ライフ。「生活の質」「人生の質」。生活や人生が豊かであるということの指標になるもの。

表11-1　子どもからのサイン

全体的印象	乳児	機嫌が悪くぐずる 泣き方がいつもと違う
	幼児	親からなかなか離れられない 落ち着きがない
顔色		顔色が悪い 赤い・ほてる
目		目に力がない 目やにがある 充血している
鼻		鼻水・鼻づまりがみられる 鼻血がでる
口		くちびるの色が悪い よだれの量が多い
皮膚		発しんがある 発しん以外に症状がある 時間とともに発しんが増える クラスや兄弟に感染症が出ている
消化器症状		いつもより食欲がない きっかけがないのに吐く 便がゆるい

出所：鈴木美枝子編『これだけはおさえたい！保育者のための「子どもの保健」』創成社，2019年，71-72頁，松本峰雄監修『よくわかる！保育士エクササイズ7 子どもの保健と安全 演習ブック』ミネルヴァ書房，2020年，52-53頁，松田博雄・金森三枝編『新・基本保育シリーズ　子どもの健康と安全』中央法規出版，2019年，61-62頁をもとに作成

度を最小限に抑え回復を促進することにつながります。さらに永久的な障害や死亡を予防します。けがや事故をめぐるトラブルを防ぐために，記録と職員内での共有，保護者等への連絡が大切です。

○下　痢

　機嫌が悪く，食欲がない，下痢の回数が増える，嘔吐を伴う場合は，**ウイルスや細菌に感染したことが原因の胃腸炎**であることを疑います。吐き気や嘔吐がなければ，少量ずつ，こまめに水分補給を行います。おしりが赤くなっている場合は，シャワー，脱脂綿を湯に浸したもので清潔にします。

○嘔　吐

　乳児は胃の入口（噴門）の筋肉が未発達のため，母乳やミルクが逆流（溢乳）することがあります。発熱や下痢を伴う場合は感染症を疑います。また，同じ症状が同時期に数人発症した場合は，食中毒の可能性がありますので，提供した食事を保存しておきます。嘔吐物が気管に入らないように体を横向きに寝かせます。ある程度吐き気がおさまったら，少量ずつ水分補給をします。なお，頭を打った後に嘔吐し意識がぼんやりした場合には，横向きに寝かせて，その場を動かさないようにして救急車を要請します。

○熱性けいれん

　生後6か月〜5歳までの乳幼児に起こります。38℃以上の発熱を伴って突然体を突っ張ったり，眼が上転（白目をむくこと）したり，意識がなくなったりし

🍀ことば

ウイルスや細菌に感染したことが原因の胃腸炎
嘔吐下痢症。ロタウイルス（便が白くなるのが特徴），アデノウイルス，ノロウイルスなど冬季流行型の小型球形ウイルスを主な原因とする。嘔吐から始まり重い下痢の症状がある。下痢症状が続くときには小児用経口補水液での水分補給を行うが，脱水がすすんだ場合には点滴等での対応が必要になることがある。

ます。平らなところに寝かせ，顔を横に向け，衣服を緩め，けいれんが起きていた時間を記録します。口の中に箸や指などを入れたり，体をゆすったりしないでください。熱性けいれんは数秒から10分以内におさまることがほとんどです。5分以上けいれんがおさまる様子がない場合，一度おさまっても，また何回もけいれんを繰り返す場合，けいれんの後，意識が回復しないときは救急車を呼びます。体の一部だけのけいれん，左右差があるとき，体の動きが悪いときは早めに受診します。

○ 発熱と咳の手当，与薬

第19章を参照してください。

○ すり傷・切り傷

傷口を流水（水道水）で十分に洗い流し，砂や泥が残っていたらできるだけ取り除くことが重要です。絆創膏や清潔なガーゼを当てて傷口を保護します。消毒薬は皮膚を損傷させ傷の治りが悪くなるため，今はほとんど使われなくなりました。

○ 鼻出血

前かがみに座らせあごを引かせ，小鼻（キーゼルバッハ部位）をつまんで圧迫止血を行い，10分を過ぎてもなかなか止まらないときは耳鼻科を受診させます。

○ 止血方法，骨折・脱臼・捻挫，気道内異物，心肺蘇生法

第19章を参照してください。

第4節　子どもの安全と危機管理

　子どもの死因の上位は，交通事故，溺水，窒息，転倒，転落などの**不慮の事故**です。また不審者が侵入するなどの子どもの安全を脅かす事件が発生しています。さらに日本の国土はプレートがまたがっている性質上，地震等が起きやすいと想定して備えをしなくてはなりません。まず，子どもの事故予防について考えてみましょう。

1　事故の実態と統計

　子どもの事故による死亡の原因は，0歳では窒息が8割を占めています（うつぶせ寝，寝具による睡眠中の窒息）。1～4歳児では，窒息，**交通事故**，溺死，転倒といった様々な事故が発生します。5～9歳で最も多いのは交通事故で4割を超えています。また，事故が発生しやすい月は6月と10月，時間帯は10～11時，13～14時，16～17時となっています。事故の発生場所は園舎内が最も多く50～60％を占め，園舎内で最も多いのは「保育室」（60～70％）です。園舎外では「園庭」（95％）での事故となっています。遊具別でみると「すべり台」「アスレチック」「鉄棒」「砂場」での発生件数が多く，事故の起こりやすい状況は「衝突・当たる」「転倒」が多くなっています。保育所で起こる事故による傷害は「脱臼」，幼稚園では「骨折」が多くなっています（『災害共済給付データ（平成30年版）』『特定教育・保育施設等における重大事故の発生時の報告』『人口動態統計』）。

ことば

心肺蘇生法（CPR）
意識障害，呼吸停止，心停止もしくはこれに近い状態に陥ったとき，呼吸，循環を補助し，救命するための処置のこと。

不慮の事故
急激かつ偶然な外因の事故を指す。予測できない思いがけない事故のことをいう。交通事故，転倒・転落，溺死，窒息，火災，中毒などが原因となる。

交通事故
ここ20年ほどで6割ほど減少している。1～9歳では交通事故が最も多い。10～14歳では溺死が多いが，交通事故，転落も増えている。15～65歳も不慮の事故の原因の1位は交通事故。自動車に乗車中の事故も多いので，2000年からチャイルドシート使用が義務づけられた。

災害共済給付
独立行政法人日本スポーツ振興センターでは，義務教育学校，高等学校，高等専門学校，幼稚園，幼保連携型認定こども園，高等専修学校及び保育所等の管理下における災害に対し，災害共済給付（医療費，傷害見舞金又は死亡見舞金の支給）を行っている。

2　保育場面における危機管理の重要性

2017年改訂の保育所保育指針では，**危機管理**について新たな項目が設けられました（第3章　健康及び安全　4災害への備え，本書第19章参照）。危機管理が必要なものとしては，自然災害（大雨・洪水・台風・雷・突風・竜巻・大雪・地震・津波・火災），犯罪被害（不審者の侵入・誘拐など，通園中を含め園児の安全を脅かす犯罪被害）が挙げられます。

2015年4月に施行された子ども・子育て支援新制度では，「特定教育・保育施設及び特定地域型保育事業並びに特定子ども・子育て支援施設等の運営に関する基準」が定められました。その中で，各施設は，①「事故発生の防止のための指針」を整備する，②事故や**ヒヤリハットの事例**が「報告され，その分析を通じた改善策を従業者に周知徹底する体制を整備する」，③「事故発生の防止のための委員会及び従業者に対する研修を定期的に行う」，ということが示されています。各施設は「教育・保育施設等における事故防止及び事故発生時の対応のためのガイドライン」をもとにそれぞれの実情に応じて，具体的な指針の策定，体制の構築，研修を実施しています。

安全な教育・保育環境を確保するための考え方として，①子どもの年齢（発育・発達）に留意する，②場所ごとに起こりやすい事故を想定する（ヒヤリハット事例を重点的に取り上げて対策を立てることが有効），③睡眠中，プール活動・水遊び中，食事中の場面の事故に注意する，④活動内容（遊具遊び等）に留意することなどが重要です。

🍀ことば

ヒヤリハット事例
事故にはならなかったが，「ヒヤリ」とし「ハッ」とした出来事。インシデント事例ともいう。1件の重大事故の背後には29件の中程度の事故がかくれており，さらに300件のヒヤリハット事例が背後にあるというハインリッヒの法則から，ヒヤリハット報告を集めて分析し対策を立てて実行すれば重大事故を防ぐことができると考える。

演習課題

① 保育所内の子どもに感染症が広がる原因や理由を，様々な側面から考えてみましょう。
② 保育の場で，事故防止がなぜ必要なのか，自分の考えをまとめてからグループで話し合ってみましょう。

【引用・参考文献】

秋田喜代美・馬場耕一郎監修，今井孝成・堤ちはる編集『保育士等キャリアアップ研修テキスト4　食育・アレルギー対応』中央法規出版，2018年

秋田喜代美・馬場耕一郎監修，秋山千枝子編集『保育士等キャリアアップ研修テキスト5　保健衛生安全対策』中央法規出版，2018年

医療情報科学研究所『公衆衛生が見える　2022-2023』MEDIC MEDIA，2022年

公益財団法人児童育成協会監修，松田博雄・金森三枝『子どもの健康と安全』中央法規出版，2019年

厚生労働省編『保育所保育指針解説　平成30年3月』フレーベル館，2018年

松本峰雄監修，小林玄ほか『よくわかる！保育士エクササイズ7　子どもの保健と安全 演習ブック』ミネルヴァ書房，2020年

大澤眞木子監修，小國美也子編著『子どもの保健——健康と安全』へるす出版，2022年

鈴木美枝子編著，内山有子・田中和香菜・角田和也『保育者のための子どもの保健I』創成社，2018年

第12章 障害など，特別な配慮を要する子どもの保育

プラスα

サラマンカ宣言
1994年6月7日から10日にかけ，スペインのサラマンカで92か国の政府および25の国際組織を代表する300名以上の参加者が，インクルーシブ教育のアプローチを促進するために必要な基本政策の転換を検討することによって，「万人のための教育」の目的を前進させるために「特別なニーズ教育における原則，政策，実践に関するサラマンカ宣言ならびに行動の枠組」を採択した（訳：独立行政法人国立特別支援教育総合研究所 http://w.w.w.nise.go.jp/）。

ことば

障害者の権利に関する条約
「障害者の権利に関する条約（障害者権利条約）」は2006年12月13日，国連の第61回総会において採択され，2008年5月3日に発効された。日本は2007年9月28日に署名し，2013年12月4日，本条約締結のための国会承認を経て2014年1月20日に批准へと至った。なお，この時点で本条約の締結国は世界139か国およびEUであり，日本は140番目の締結国となった。第24条では次のように明記している。「障害のある人が障害を理由として一般教育制度から排除されないこと」「完全なインクルージョンという目標に即して，学業面の発達および社会性の発達を最大にする環境において，効果的で個別化された支援措置がとられること」。

学習のポイント

- インクルーシブ保育とはどのような保育なのか学びましょう。
- 多様な子どもの理解と多様性が生かされる保育について考えましょう。

第1節 インクルーシブ保育

1 インクルージョンという理念が広まった背景

1994年に採択された「サラマンカ宣言」によりインクルージョン，インクルーシブ教育の理念が世界的に提唱されました。さらに，2006年国連での「障害者の権利に関する条約」では共生社会の実現を目指し，インクルーシブで質の高い教育（保育）制度の確保が明示されたことにより，日本においてもインクルーシブ保育・教育が求められるようになりました。

「サラマンカ宣言」におけるインクルージョンとは，ノーマライゼーションの理念をもとに，インテグレーションの発展型として，障害の有無や能力にかかわらずすべての子どもが個々に必要な援助を保障されたうえで保育・教育を受けること（直島，2014）を意味しています。

インテグレーションの理念には，障害がある・なしの区別があり，障害児・者を分け隔てない社会の仲間として受け入れていくべきであるとしています。しかし，健常児・者の枠組みに適応させていくことではないにもかかわらず，実際には単なる合流や障害児・者が健常児・者に求められる状況に適応できるように変えさせられたり，順応したりすることを期待される面があり，すべての障害児・者にとって有効とは限らない問題点もありました（直島，2014）。インテグレーションは「統合」と訳され，保育の分野でこれに値するのは**統合保育**といわれてきました。

日本では，保育所・幼稚園での障害児の受け入れが国として正式に認められたのは1974年です。同年に「障害児保育事業実施要綱」が策定されました。厚生省（現厚生労働省）が，障害のある子どもの保育所での受入れを促進するため，障害児保育事業において保育所に保育士を加配する事業を実施していったことにより，障害のある子どもが通える場所が徐々に広がっていきました。それ以前では，障害のある乳幼児は，健常児が当たり前のように受けられる保育・教育も限定的にしか保障されず，選択肢が与えられていなかったため，在

宅生活をせざるを得なかった歴史があります。

　1980年代以後は，障害のある子どもだけではなく，キレやすい子ども，身体の動きがぎこちない子ども，それまで障害の分類としてとらえられていなかった発達障害や発達に困難を抱える子ども，保育者がとらえる**「気になる子」**等，配慮を必要とする子どもが増えていき，この時期，「特別なニーズ」をもつ子どもへの対応は一層切実だったと河合（2011）は表現しています（鬼頭，2021）。河合（2011）は「1990年代前後に顕在化した『気になる子ども』や『特別なニーズをもつ子ども』の問題は，子どもの生きづらさと保育のしにくさの狭間で，『保育』そのものの枠組みの問い直しを迫っていた」といっています。さらに，保育現場では2000年以後，特別な配慮を必要とする子どもの対象が広がり，虐待や貧困によって発達に困難を抱える子どもや生活をしていくうえで困難につながる外国籍の子どもなど，発達に支援を必要とする子どもたちがどこのクラスにも在籍するようになりました。また，対象が広がることにより，クラスには特別な配慮を必要とする子どもが数人以上におよぶ傾向も現れ，個の発達課題のみでは対応しきれなくなっていきました。

　このような現状から，障害児と健常児の二分法を前提とした統合保育ではなく，特別な保育であった障害児保育から，当たり前の保育としてとらえる**インクルーシブ保育**へと転換が求められる（小山ほか，2013，湯浅，2014）ようになりました。「みんないっしょ」は，多数に合わせることでもなく，必ずしも同じ役割を分けへだてなくわりふることでもありません。それぞれの表現方法は違っても，互いの存在を認め合い，共感し合いながら仲間意識をもてることが，どの子どもも疎外感を抱くことのない「みんないっしょ」といえるのではないでしょうか。一人ひとりの発達要求に即した課題とともに，一人ひとりが自己発揮できるよう，個々のニーズに応えていく保育がインクルーシブ保育といえます。

　これまで障害のある子どもの保育に関する変遷を述べてきましたが，インクルーシブ保育は，障害のある子どものみが対象ではありません。「サラマンカ宣言」では，すべての子どもは誰であれ教育を受ける基本的権利をもち，すべての子どもは多様な能力・学習のニーズをもっているゆえ，このような子どもたちの多様な特性やニーズに応じて保育・教育が実践される必要があることを原則としています。

2　インクルーシブ保育のとらえ方

　ここではインクルージョンの定義からインクルーシブ保育をとらえます。

　ユネスコが2005年に発行した『Guidelines for Inclusion』の原文にあたり要約すると，インクルージョンには次の4つの定義がみられます。

　①インクルージョンとは多様性に対応するための方法を探求していくプロセスのことである。

　②インクルージョンとは障壁を見極め除去し，様々なエビデンスを用いて問題解決をしていくことである。

　③インクルージョンとはすべての子どもの教育への出席，参加，達成に関す

ことば

ノーマライゼーションの理念

1950年代のデンマークにおいて，知的障害児をもつ親の会による運動が発端となって生まれ，この運動に尽力したのが「ノーマライゼーションの父」と呼ばれるバンク - ミケルセン（Bank-Mikkelsem, N. E.）である。当たり前の人間として生き，扱われる基本的権利が確立されることを目指し，世界最初にこの理念を反映させた法律（「1959年法」）がデンマークで制定された。1960年代に入り，スウェーデンのニィリエ（Nirje, B.）がノーマライゼーションの理論化と制度化，具体的目標の提示に貢献し，その後世界中に広がっていった。

統合保育

幼稚園や保育所の一般クラスで行われる障害をもたない幼児集団の中で数名の障害をもつ幼児を一緒に保育する形態を指す。広義の統合保育には，特定の時間だけ一緒に活動する部分的統合，障害をもつ幼児集団の中で数名の障害をもたない幼児を一緒に保育するという逆統合保育の形態もある。狭義の統合保育は，障害をもたない幼児集団の中で一日中一緒に保育を受けている保育形態をいう（園山，1994）。

分離保育や特別保育という形態での障害児保育が多かった中，世界的なインテグレーションの流れを受けて，障害児保育もしだいに障害児と健常児とを一緒に保育しようという考え方が主張されるようになった。特に就学前の段階から障害児と健常児が一緒に生活することが発達上どうしても必要であるという発達保障論の考え方が，全国障害者問題研究会を中心として主張されるようになったことは，統合保育の考え方を日本中に広めることにつながった（柴崎，1997）。

インテグレーションとインクルージョン

インテグレーションは,「統合」と訳され,セグリゲーション（隔離・分離）と対峙する理念である。インテグレーションの理念の根底には,ノーマライゼーションの理念が出た背景の「障害という特別なものをもった人々と健常児・者という明確な枠組みがあったうえで,隔離・分離されていた障害児・者も健常児・者と同じ社会で生活していくべきであるとする考え方」である。

インクルージョンは,「包摂」「包含」などと訳され,エクスクルージョン（排除）に対峙するものとして提唱され,「健常児・者,障害児・者ともに分け隔てなく,初めから同じ社会の中で生活しているとする考え方」である（直島, 2014）。

インテグレーション
（統合）

インクルージョン
（包摂・包含・包括・包容）

出所：荒巻恵子『インクルージョンとは何か？』日本標準, 2019年, 6頁

る質を保障することである。

　④インクルージョンとは除外・排除,またはリスクにさらされているかもしれないグループへの道義的責任を果たすことである。

　これを保育に置き換えると,保育におけるインクルージョンとは,あらゆる子どもの多様性が生かされる保育を探求していく過程を指します。その過程で,それぞれの子どもにとって障壁となっていることを見極め,取り除きながら課題に取り組み,すべての子どもが互いの存在価値を認め合いながら発達していくことを保障するとともに,発達の力となるよう「人間としての原体験を積んでいく」（津守, 1979）ことができる参加を保障することととらえることができます。それゆえ,一人ひとりのニーズを尊重し,どの子どもも育ち合う仲間の一員として参加できる保育実践が求められます（鬼頭, 2022a）。

　また,インクルーシブ保育は,特別なニーズのある子どもの問題として焦点化するのではなく,多様な子どもたちが子ども集団の中でともに育ち合える実践を行っていくこと（堀, 2017, 岡本, 2017）です。保育者は偏った見方をなくし,多様な子どもの姿をとらえる視点がインクルーシブ保育実践の鍵となります。能力にかかわらず,お互いにできるところを認め合えるような関係性から仲間意識が芽生え,多様な参加方法でどの子も平等に尊重されている保育実践がインクルーシブ保育（鬼頭, 2017）であるといえます。

第2節　障害のある子どもや置かれた環境によりケアを必要とする子ども

1　障害のある子どものとらえ方

　障害のある子どもといっても多種多様な子どもたちがいます。見た目で障害をとらえることができる子ども,見た目では判断がつきにくい発達障害のある子ども,診断名はつけられないけれども障害を疑う症状のある気になる子ども,など様々です。保育者は,一人ひとりの特性を理解し,日々の保育において子どもが抱いている困り感を読み取りながら応答的な関わりをすることが求められます。しかし,多様な子どもたちの特性を保育者のみで把握し,多様な姿を生かしながら保育をしていくことは容易ではありません。ここに,保護者との協働が重要となります。

　とりわけ,皆さんが保育現場に出られたとき,集団行動になじめない子,極端にこだわりが強い子,思いが通らないとパニックを起こす子など,このような姿の子どもたちに出会う確率は低くはないでしょう。担任として,このような子どもが在籍するクラスをどうつくっていけばよいのか頭を悩ませることと思います。この際に気をつけたいことは,〈発達障害かもしれない→保護者はこの姿をわかっているのだろうか→知らないのならば教えなくては→どう保護者に伝えよう〉という,一連の思いを抱いてしまうことです。このことは,多数派の子ども集団の中で目立つ少数の子どもの姿に対して,逸脱する子＝発達障害児に仕立て上げてしまう危険性をはらんでいます。特に1,2歳児の場合,発達の遅れによって困難を抱えているのか,発達過程での特性なのか,専門家

でも判断がつきにくい年齢といわれています。自身のフレームで「気になる子」としないためにも，子どもの姿を多角的にとらえることが重要です。

　ところで，皆さんは，一生懸命に取り組んでもなかなか成果が得られないとき，要因を探り出したくなりませんか。大変な思いをすればするほど明確な答えがほしくなるのではないでしょうか。経験年数が長い保育者ならば，クラス運営がうまくいかないとき，「この子はなんで私のクラスなのだろう」という思いを1度や2度，抱くこともあるでしょう。保育者にとって扱いにくい子どもと対峙するとき，このような思いが強くなると病名がほしくなります。どうしてかわかりますか。発達障害という診断名がつけば，クラス運営がうまくいかなくても仕方がない，という大義名分ができるからです。この場合，保育者は障害をマイナスとしてとらえているといえます。このとらえ方の根底には，子どもの姿を「できる／できない」に焦点をあてていることが挙げられます。それゆえ，たとえば，Aちゃんをなんとかみんなと一緒にできるようにしたいという思いから，「Aちゃんだけ○○ができないのですが〜」と保護者に伝えたくなってしまうことがあります。しかし，他児と比べてできないことを伝えられた保護者はどう受け止めればよいでしょうか。そのように保育者にいわれた保護者は，その子どもを病院に連れて行けばよいのでしょうか。あるいは，できるように家で訓練をさせるのでしょうか。保育者が障害や発達上の困難をマイナスととらえている姿勢では，子どもが抱える困り感を保護者と共有しているとはいえません。困っているのは，どうしたらよいのかわからないという思いを抱いている保護者と子どもです。診断名があってもなくても，保育の場はできないことをできるように訓練する場でも，治療をする場でもなく，子どもがともに育ち合う場でなければなりません。ゆえに，たとえどのような重い障害のある子どもであっても受け身だけの関わりではなく，子ども同士の相互作用が生まれる働きかけが必要です。

　障害による困難さを克服することはできませんが，第2章で学んだように，どの子どもも発達する権利，参加する権利，守られる権利，生きる権利をもち，成長・発達しています。ただ，発達過程において一つひとつがゆっくり丁寧に進んでいるのです。発達のスピードには個人差があるととらえ，他児と比べるのではなく，1年前のわが子，半年前のわが子，1か月前のわが子，1週間前のわが子と比べればその子自身の成長している部分がみえてきます。

　他児と比べてできないわが子にイラ立ち，不安とストレスを抱える保護者が，子どものできない部分ではなく，その子のもっている能力に気づき，その力が引き出される関わりを園と家庭で協働して行っていく姿勢が重要です。保育者のこのようなまなざしがわが子に向けられることで，保護者は保育者とともにわが子の姿を受け止め，子育てに対して前向きな気持ちになっていくでしょう。ゆえに，子どもの姿も，保護者の受け止め方も，保育者自身のとらえ方に影響されていくことを念頭に置き，診断名にとらわれることなく子どもと向き合っていく姿勢が求められます。

❁ことば

気になる子
発達が未分化な時期ゆえ，障害なのか否かの判別がつきにくいために集団生活の中で困難性を示す子どものことを指す。このような子どもは保育者にとって病名がついていないがゆえ，気になる子（発達の面等，心配な子）であり，「気になる子」という表現がなされた。

プラスα

発達障害の代表的な特性（厚生労働省ホームページ参照）

・自閉症，アスペルガー症候群を含む広汎性発達障害（自閉症スペクトラム）：見通しの立たない状況では不安が強いが，見通しが立つときはきっちりしている。大勢の人がいる所や気温の変化などの感覚刺激への敏感さで苦労しているが，それが芸術的な才能につながることもある。また，自分の気持ちを伝えたり，相手の気持ちを読み取ったりすることが苦手である。

・注意欠陥多動性障害（注意欠如・多動性障害（ADHD））：次々と周囲のものに関心をもち，周囲のペースよりもエネルギッシュに様々なことに取り組むことが多い。

・その他の発達障害：体の動かし方の不器用さ，我慢していても声が出たり体が動いてしまったりするチック，一般的に吃音といわれるような話し方なども，発達障害に含まれる。

2 虐待等不適切な環境に置かれている子ども

　近年，児童虐待が大きな社会問題となっていますが，厚生労働省において，子ども虐待は4種類に分類され表12-1のように定義されています。

表12-1　子ども虐待の定義

身体的虐待	殴る，蹴る，叩く，投げ落とす，激しく揺さぶる，やけどを負わせる，溺れさせる，首を絞める，縄などにより一室に拘束する　など
性的虐待	子どもへの性的行為，性的行為を見せる，性器を触る又は触らせる，ポルノグラフィの被写体にする　など
ネグレクト	家に閉じ込める，食事を与えない，ひどく不潔にする，自動車の中に放置する，重い病気になっても病院に連れて行かない　など
心理的虐待	言葉による脅し，無視，きょうだい間での差別的扱い，子どもの目の前で家族に対して暴力をふるう（ドメスティック・バイオレンス：DV），きょうだいに虐待行為を行う　など

出所：厚生労働省ホームページ

　厚生労働省（2013）は「子ども虐待対応の手引き（平成25年8月改正版）」において，子ども虐待のとらえ方として「子ども虐待は，子どもの心身の成長及び人格の形成に重大な影響を与えるとともに，次の世代に引き継がれるおそれもあるものであり，子どもに対する最も重大な権利侵害である」としています。これは2004年，児童虐待防止法改正法においても確認されており，同法の目的として，子ども虐待が子どもの人権を著しく侵害し，その心身の成長及び人格の形成に重大な影響を与えるとともに，わが国における将来の世代の育成にも懸念を及ぼすことに鑑み，子ども虐待の防止等に関する施策を推進する旨が明記されています。また，厚生労働省（2020）は，「体罰等によらない子育てのために」の資料を公開しており，その中で以下のようにしつけと体罰の違いを明示しています。

　　しつけとは，子どもの人格や才能等を伸ばし，社会において自律した生活を送れるようにすること等の目的から，子どもをサポートして社会性を育む行為です。（中略）子どもにしつけをするときには，子どもの発達しつつある能力に合う方法で行う必要があり，体罰で押さえつけるしつけは，この目的に合うものではなく，許されません。どうすればよいのかを言葉や見本を示す等の本人が理解できる方法で伝える必要があります。

　さらに，厚生労働省は，2005年から子ども虐待による死亡事例等の検証を実施しており，貧困や育児負担感，孤立感などのストレス増加による児童虐待の件数も増加の一途をたどっています。最新では2021年8月に2019年4月1日から2020年3月31日までの間に発生し，または表面化した子ども虐待による死亡事例72例（78人）を対象とした調査結果の報告がなされています。この報告によると，心中による虐待死（16例21人）は0歳が4例4人で全体の19.0%，心中以外の虐待死（56例57人）も0歳が28例28人で全体の49.1%であり，どちらも0歳がトップです。そして，加害者のトップを占めるのは，どちらも実母であり，全体の50%を超えています。加害の動機は，保護を怠ったことによる死亡，育児不安，うつ状態，精神疾患，育児負担感等，養育能力の低さ（子ども

の成長・発達を促すための必要な関わりができない）であることが報告されています。

　虐待の要因には，様々な背景が絡み合っており，ひとり親家庭，貧困家庭等，社会的困難を抱えている場合も多いことが挙げられます。このことから，保育者が気になる子は，必ずしも発達障害が疑われるわけではなく，不適切な環境に置かれたことによって，発達する過程において支障をきたしている可能性があることを念頭に置く必要があります。

　保育者は，保育をする中で子どもの内面を丁寧に読み取り，虐待の疑いに気づくことが重要です。しかし，最も重要なことは虐待発生防止です。そのためには，子どもの姿の変容から保護者の子どもへの関わり方の変化にも気づき，保護者の抱え込む負担感，不安感からくるストレスが少しでも緩和される作用となる働きかけが求められます。子どもの育ちや園での様子を丁寧に伝え，保護者の思いを汲み取りながら意識的に日頃から何気ない会話をするなど，話しやすい雰囲気，関係づくりが子ども虐待を未然に防ぐことにつながります。集団生活の中でも，一人ひとりのリズムを尊重し，保育者との愛着形成を育むことにより子どもの情緒が安定し，表情が豊かになっていくことで，保護者はわが子を大事に育ててもらっていることを実感できます。また，子どもの情緒が安定していれば，保護者のイライラする要因は軽減され，その結果，虐待防止につながるでしょう。

第3節　日本語を母語としない子ども

1　日本語を母語としない子どもとは

　2012年には外国人登録制度が廃止され，外国人住民にも日本人と同じように住民票がつくられるようになりました。日本での外国人住民の人口は，総務省の調査開始（2013年）以降，2014年に減少したものの2015年から6年連続で増加し，再び2020年，2021年は減少となりました。これは，コロナ感染拡大防止のための施策により，国外からの転入者数が減少したことが影響していると考えられます。しかし，2019年4月から新たな在留資格「特定技能」1号と2号が創設されたことで，外国人による労働のニーズは様々な分野において高まっている傾向にあります。このような背景から，永住・長期滞在が可能な資格を有した外国人が，日本国内で長く暮らしていくことで，日本で結婚し，妊娠・出産，子育てなどの機会の増加にもつながっています。

　では，在留外国人の就学前の子どもの数をみてみましょう。図12-1は，法務省入国管理局の「在留外国人統計」における0～6歳の乳幼児の数を筆者がグラフに表したものです。図12-1から，家族とともに来日した子どもたちばかりではなく，日本で生まれ育つ子どもも増え続けていることがわかります。当然ですが，この数値には外国籍で登録された子どもしか含まれていません。国内には，帰化した日本国籍の乳幼児も存在しています。両親のどちらか一方が日本人であり日本で出産した場合のような最初から日本国籍で登録されている乳児の存在など，実際にはこの統計の数値よりも多く在留外国人の子どもが

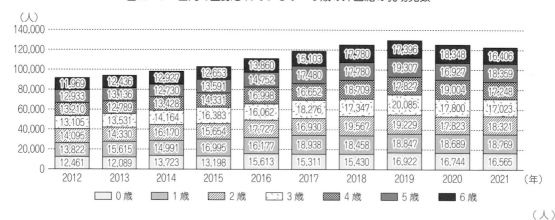

図12-1　国内で登録されている0～6歳の外国籍の乳幼児数

年	2012	2013	2014	2015	2016	2017	2018	2019	2020	2021
0～6歳の外国籍の乳幼児総数	91,595	93,926	98,133	102,805	111,189	118,690	125,071	129,613	125,335	122,691

注：法務省で使われている「在留外国人」とは、「中長期在留者」と「特別永住者」のことであり、観光客などの3か月以内の短期滞在者を除く外国人を指す。
出所：法務省出入国在留管理庁「在留外国人統計統計表」をもとに作成

存在していることが推察されます（鬼頭, 2020）。

　したがって，日本国籍として登録されているけれども，家庭内では日本語を使用しておらず，日本語が全くわからない状態で就学前施設に入園する子どももいます。そのため，在留外国人の子どもは，「外国につながる子ども」「外国にルーツのある子ども」「移動する子ども」「日本語を母語としない子ども」など様々な表現がなされており，現時点では統一された呼称はありません。

　皆さんは，どのような呼び名がよいと思われますか。「外国」という言葉は，日本国内からみて外の国，「外国人」は日本人からみて外の国の人という表現になります。筆者は，外国の人と結婚をして日本で暮らしている日本人の方から，長く日本で暮らし，日本人とともに過ごしていても，他者からパートナーのことをいまだに「外国人」と呼ばれることで，差別的な感じを受けるという話を聴きました。以来，筆者は国籍にかかわらず，生まれ育った環境（主に家庭）の中で自然に習得する第一言語としての母語が日本語ではない子どもを「日本語を母語としない子ども」と表現しています。それゆえ，本書でも「日本語を母語としない子ども」と表記します。

　使っている人には何気ない言葉であっても，差別的用語として受け取る人が存在します。皆さんはこれから学んでいく中で，未来の社会を担っていく子どもたちのために，誰が聞いても差別を感じない表現をみつけていってください。

2　日本語を母語としない子どもの理解

　皆さんは，もし言葉が全く通じない世界に突然放り込まれたらどうしますか。真っ先にどのような感情がわくでしょうか。

　自分の母語が通じず，周囲の人々が何を言っているのか理解困難な環境に置かれた日本語を母語としない子どもは，極度の不安から泣き通しで吐いてしま

い，しばらく何もできない状態が続いたり（鬼頭・松山，2022），初めて聞く日本語で話しかけながら寄ってくる子どもたちを怖がったりする（鬼頭，2022b）ケースが報告されています。相手に自分の思いを共感してほしくても伝える手段がなければ，伝え合うこともできません。では，言葉で伝え合うには未熟な0，1，2歳児のクラスではどうでしょうか。筆者が訪問したいくつかの保育園では，「1，2歳では，そもそも子ども同士が会話をするような年齢ではないので，日本語が母語でない子どもも問題はない」と語られていました。皆さんはどう思いますか。ここでは，他の園での筆者の観察記録からエピソードを2つ紹介します。

【事例12-1　言葉の未発達な時期は母語も第二言語も気にならない？】

　1歳児クラスに入園したベトナム語を母語とするAちゃん。日本語が通じず，初めての集団生活で毎日泣き通しのため，担当の保育者も困っていました。ある日，保育者はふと，家庭でお風呂から出るときに数を数えたりすることは他の国でもやるのではないかと思い，泣いているAちゃんを抱っこしながら，ままごとのおもちゃをベトナム語で1～5まで唱えながら並べてみました。すると，Aちゃんは泣き止み，きょとんとした表情で保育者の顔を眺めました。

（2019年9月）

（出所：筆者の観察ノートより抜粋）

【事例12-2　あ，私の知ってる言葉！】

　1歳児クラスの中国語を母語とするBちゃん。助っ人で入った保育者は，1週間ほどして，いつもウサギのぬいぐるみを持ってじっと座っているBちゃんの無表情な様子が気になっていました。ある日，Bちゃんが保育者の目の前を通るときにぬいぐるみを落としたので，拾い上げ「Bちゃんいくよ～」と声をかけ，「1，2の3，は～い！」と数字を中国語で唱えながら，ぬいぐるみを渡しました。すると，これまでほとんど笑顔をみせたことのないBちゃんがにっこり笑って保育者をみつめました。

（2019年12月）

（出所：筆者の観察ノートより抜粋）

　2つの事例から，1歳児であっても，母語と母語ではない言語を聞き分けていることがわかります。第6章で学んだように，赤ちゃんは生活の中で使われている母語を自然に獲得していくので，話せなくてもすでに母語を大事な言語として学んでいます。園では，日本語を母語としない子どもにとって聞いたことのない言語を浴びせられるわけですから，子ども同士での会話が未熟だからといって，どんな言語でも問題がないというとらえ方は不適切です。母語が通じないから使う必要がないのではなく，母語はその子どもにとって，心の拠り所となる言語であり，園内でも母語を耳にすることができる環境が日本語を母語としない子どもにとって大事であることが，AちゃんとBちゃんから読み取れるのではないでしょうか。

　言語は，思いを伝え合う手段のみではなく，言語を通して自分で知識をつくり，それを足がかりにして知識を発展させていく道具（今井，2010）です。それゆえ，日本で生活していくならば日本語さえ使えるようになればよいという

プラスα

母語の重要性

バイリンガル教育研究で代表されるカミンズは，学習に必要な言語能力と日常会話などコミュニケーションを図るための言語能力を区別し，第二言語で学習するうえでの学習言語能力育成には母語教育が必要不可欠だと提言している。これについては，母語で読みの力（国語力）が高い子の方が，それらが低い子よりも第二言語の習得が速く，また高度に発達する傾向があることが実証されている。カミンズは，言語能力について会話の流暢度（CF），弁別的言語能力（DLS），学習言語能力（ALP）の3つの側面に区別している。この中でALPは学年が上がるとともに複雑さを増す書き言葉を理解し，かつ産出する力を指し，日常会話で使うことが稀な頻度数の低い語彙，複雑な構文，抽象的な表現などを必要とし母語話者レベルのALPに追いつくためには学習を始めてから少なくとも5年は要するといわれている（カミンズ，2011）。

生活言語と学習言語

「生活言語」とは，日常生活に必要な語彙やコミュニケーションのための表現を理解し産出する能力であり，日常生活に必要な言語能力を指す。これに対して「学習言語」とは，「日常会話ではほとんど聞くことのできない低頻度の語彙，複雑な構文や抽象的な表現」を理解し産出する能力であり，教科学習に必要な言語能力を指す（文部科学省初等中等教育局国際教育課，2014）。

ことではありません。佐々木（2020）が「外国にルーツをもつことや自らのルーツがある国のことばやその言語を話す自分を肯定的に思い描けるような支援が必要」と提言しているように，当該児にとって母語も日本語もどちらも大切な言語であることを意識して，保育環境を考えることが重要です。無論，保育者が何か国語も学ぶことは困難です。言語に頼れないことで保育者の抱える負担は大きい（鬼頭，2020）ですが，事例のように簡単な数字や挨拶の単語など，保育の中にほんの少しでも日本語を母語としない子どもの母語や国の文化を織り混ぜる工夫があることで，双方の歩み寄りにつながり，親子ともども少しずつ安心して過ごせるようになっていくと思われます。

　総務省は，多様性・包摂性のある社会実現に向けて**多文化共生推進プラン**（2006年策定，2020年改訂）を掲げています。無論，多数派に合わせることではなく，「共生」はともに生きる，**インクルーシブ保育**は子どもがともに育ち合える保育実践です。保育者は，あらゆる子どもがどのような環境に置かれても，それぞれの仕方で自分の力が発揮できるよう，保育を構想していきましょう。

プラスα

地域における多文化共生推進プラン

総務省は，2006年に「地域における多文化共生推進プラン」を策定し，多文化共生において国籍や民族などの異なる人々が，互いの文化的違いを認め合い，対等な関係を築こうとしながら，地域社会の構成員としてともに生きていくことを明示している。なお，外国人住民の増加・多国籍化，在留資格「特定技能」の創設，多様性・包摂性のある社会実現の動き，デジタル化の進展，気象災害の激甚化といった社会経済情勢の変化の対応に向けて2020年に改訂がなされている。

演習課題

① 文部科学省による「外国人幼児等の受入れにおける配慮について」では，「外国人幼児等の母国の遊びや歌を取り上げる」ことも提言しています。そこで，様々な国の挨拶の単語を調べて互いに挨拶してみましょう（上位5か国：中国・ベトナム・韓国・フィリピン・ブラジル）。

② 以下の事例を読んでCくん（2歳児）の姿の背景を話し合いましょう。

　あと1か月で3歳児クラスに進級する時期になっても「いや」「やめて」「かして」の3つほどの発語しか出ていないことで，担任の先生は障害があるのではないかと気になっています。Cくんのお父さんは日本人，お母さんはフィリピン人で日本語でのやりとりは困難です。一緒に1歳児クラスから進級して過ごしている日本の子どもたちは自分の要求を言葉で発信するようになってきている中で，Cくんは言葉が出ていないことのみではなく，部屋で寝転がっている姿も多くみられます。Cくんのこの姿から想定されることを話し合ってみてください。

【引用・参考文献】

法務省出入国在留管理庁「在留外国人統計統計表」

　https://www.moj.go.jp/isa/policies/statistics/toukei_ichiran_touroku.html（2022年6月5日閲覧）

堀智晴「インクルーシブ保育の意義とその実践上の課題」『保育学研究』第55巻第1号，2017年，84-99頁

今井むつみ『ことばと思考』岩波新書，2010年

カミンズ，J. 著，中島和子訳著『言語マイノリティを支える教育』慶應義塾大学出版会，2011年

河合隆平「障害児保育からインクルーシブな保育を展開する」全国保育問題研究協議会編著『困難をかかえる子どもに寄り添い共に育ち合う保育』新読書社，2011年，102-109頁

鬼頭弥生「インクルーシブ保育の理念と方法──保育実践の分析より」『豊岡短期大学

論集』第14号，2017年，433-442頁

鬼頭弥生「ルーツの異なる子ども同士の関わり方について——保育士の葛藤に焦点をあてて」『東海学院大学短期大学部紀要』第46号，2020年，1-13頁

鬼頭弥生「多様な子どもの理解と保育の展開」大滝世津子監修，古谷淳編者『保育内容総論』令和出版舎，2021年，72-82頁

鬼頭弥生「インクルーシブ保育実践におけるクラス集団づくり——集団像に着目して」『東海学院大学研究年報』第7号，2022年a，57-70頁

鬼頭弥生「日本語を母語としない子どもに対する保育者の働きかけ——異言語環境に置かれて怖がる子のコミュニケーションに焦点を当てて」『国際幼児教育研究』第29巻，2022年b，89-103頁

鬼頭弥生・松山寛「日本語を母語としない子どもの言語指導のあり方——保育者の意識形成に着目して」『保育文化研究』第14号，2022年，23-34頁

厚生労働省「子ども虐待対応の手引き（平成25年8月改正版）」2013年
https://www.mhlw.go.jp/seisakunitsuite/bunya/kodomo/kodomo_kosodate/dv/dl/120502_11.pdf（2022年6月15日閲覧）

厚生労働省「体罰等によらない子育てのために——みんなで育児を支える社会に」2020年
https://www.mhlw.go.jp/content/11920000/minnadekosodate.pdf（2022年6月15日閲覧）

厚生労働省「子ども虐待による死亡事例等の検証結果等について（第17次報告）の概要」2021年
https://www.mhlw.go.jp/content/11900000/000822359.pdf（2022年6月15日閲覧）

小山望・太田俊己・加藤和成・河合高鋭編著『インクルーシブ保育っていいね——一人ひとりが大切にされる保育をめざして』福村出版，2013年

文部科学省初等中等教育局国際教育課「外国人児童生徒のためのJSL対話型アセスメント　理論編」2014年

直島正樹「障害児保育に関する理念と動向」堀智晴・橋本好市・直島正樹編著『ソーシャルインクルージョンのための障害児保育』ミネルヴァ書房，2014年，81-105頁

岡本明博「インクルーシブ保育と子ども」近藤俊明・渡辺千歳・日向野智子編著『子ども学への招待——子どもをめぐる22のキーワード』ミネルヴァ書房，2017年，226-235頁

佐々木ちひろ「少数散在という文脈にいる外国にルーツをもつ子どもに必要なことばの支援とは何か——子どものまなざしに着目して」『名古屋大学人文学フォーラム』第3巻，2020年，369-385頁

柴崎正行「統合保育の歴史」『保健の科学』第39巻第10号，1997年，673-678頁

総務省「地域における多文化共生プラン」
https://www.soumu.go.jp/main_content/000718716.pdf（2022年6月12日閲覧）

園山繁樹「障害幼児の統合保育をめぐる課題——状況要因の分析」『特殊教育学研究』第32巻第3号，1994年，57-68頁

津守真『子ども学のはじまり』フレーベル館，1979年

湯浅恭正，大阪保育研究所編『障害児保育は「子ども理解」の場づくり』かもがわ出版，2014年

UNESCO, *Guidelines for Inclusion: Ensuring Access to Education for All*, 2005, pp. 15-16

第13章 乳児保育における計画と記録

学習のポイント

●乳児保育における計画・記録・評価について理解を深めましょう。
●指導計画の種類や記録の方法について学習していきましょう。

第1節 乳児保育における計画・記録・評価とその意義

1 計画・記録・評価の意義

保育所保育指針では，子どもが現在を最もよく生き，望ましい未来をつくり出す力の基礎を培うために保育の目標を定めています。そしてこの目標を達成するために，保育所は**全体的な計画**を作成しなければならないとしています。そのためには，この全体的な計画に基づき，具体的な保育が適切に展開されるよう，子どもの生活や発達を見通した長期的な指導計画をまず作成します。そして，子どもの日々の生活に即したより具体的で短期的な指導計画を作成していきます。また，記録は自己の保育を振り返り，自己評価を行うことによって保育の質を向上することに役立ちます。

乳児期には安定した環境の中で発達を遂げられるように，生活とあそびの両面で具体的に次のような視点から目標を考えていく必要があります。

①保健的で安全な環境づくり
②一人ひとりの子どもの生活リズムと生命の保持
③一人ひとりの子どもに応じた情緒の安定
④個人差に応じた授乳，離乳食，幼児食
⑤喃語，発語，言葉のやりとり
⑥運動機能と感覚機能
⑦姿勢の変換や移動運動などの身体活動
⑧興味や好奇心の育成
⑨子ども相互の関わり
⑩表現や模倣活動

このような点を踏まえて，日々の保育内容をどのように選択し配列していくかを考え，保育の質を向上していくために保育の計画・記録・評価が重要になってきます。

2 指導計画作成の基本的留意事項

指導計画は，長期，短期にかかわらず，次のような考え方で作成します。

ことば

全体的な計画

入所から就学に至る在籍期間の全体にわたって，保育の目標を達成するために，どのような道筋をたどり，養護と教育が一体となった保育を進めていくのかを示すものである。

（1）子どもの実態を把握する

その指導計画作成の時点における子どもの実態に即したものとするため、その実態を十分に把握することが大切です。大きく考えると、保育は子どもと生活する中で実際に子どもと行動する場面と、その時間の前後を使って保育について考える場面とによって成り立っています。そのために、日々の子どもの様子などを記録することが重要となります。

（2）ねらいをたてる

この年齢のこの時期だからこそ、子どもの実態に合わせた「ねらい」が必要になります。ねらいは到達目標ではなく、子どもが"興味をもつ""やろうとする"というように心情・意欲・態度をそれぞれ示していきます。

（3）子どもの主体的な活動や環境を考える

①　内容を考える

ねらいを達成するために、どのようなことを体験したらよいかを考えて取り上げます。

②　適切な環境を構成する

子どもが自発的、意欲的に関わるような環境を構成します。

③　子どもの活動を予測する

環境からの刺激によって、子どもがどのような活動をするのかを予測します。保育者の指導計画にはめ込むのではありません。

（4）保育者として援助すべき事項や配慮すべき事項をあげる

子どもが、「興味や関心をもって自発的に取り組むように」あるいは「自己を十分に発揮し、充足感をもって活動できるために」など、保育者として援助すべき事項や、配慮すべき事項を保育の状況や個々の子どもの姿を予測しながら取り上げます。

（5）環境を再構成していく

子どもの興味や関心のあり方によっては活動を発展させたり、転換したりします。この際、子どもの実態に即していくことが大切です。実施後は、反省・評価を行い、改善に努めることが必要です。このような流れをPDCAサイクルといいます。

3　記録の必要性と種類

保育の記録は、自己評価の主要な材料であると同時に、記録する行為自体も保育を振り返る過程の一部としてとらえられます。

記録には保育の全体的な展開や子どもに関する記録、活動や出来事についてまとめた記録など、様々なものがあります。また言葉や文章だけでなく、写真や動画、保育環境の図を活用するといった方法もあります。ドキュメンテーションやポートフォリオ、個人ファイルといった手法もあります。

ドキュメンテーションの作成では、週間指導計画（週案）や一日指導計画（日案）にたてたねらいを反映して作成します。これは子どもと保護者と保育者をつなぐコミュニケーションツールの一つといわれています。たとえばA保育園の場合では、担任保育者が毎日各クラスのドキュメンテーションを作成

❀ことば

PDCAサイクル
計画（Plan）、実行（Do）、評価（Check）、改善（Action）を繰り返し、よりよい実践へとつなげていく取り組み。もともとは生産技術における品質管理などの継続的改善手法の言葉だったが、教育・保育の現場で広がっている。

ドキュメンテーション
広く記録のことをいうが、イタリアの乳幼児教育実践であるレッジョ・エミリアアプローチから広まっていった。

ポートフォリオ
資料や情報を綴じるものとして「ファイル・紙ばさみ・書類ケース・書類ばさみ」を意味するが、保育の場では、保育者がありのままの子どもの姿を表して理解するために、また子どもの成長の過程を担任だけでなく、ほかのクラスの保育者、子ども、保護者、小学校の教諭を含む関係者に理解され、共有されて、子どもにふさわしい教育・保育環境を構成するために使用されている。

して掲示しています。掲示する前には園長をはじめとした第三者が内容を確認します。そして活動の中での子どもたちの気づきや発見をともに大切にとらえ，ドキュメンテーションを通して保護者に伝えています。

4　評価について

保育内容等の評価は，子どもの豊かで健やかな育ちに資する保育の質の確保・向上を目的として行われます。保育の過程の一環として，継続的に実施されることが必要です。津守（1997）は省察の大切さについて次のように述べています。

> 「保育者は，子どもが成長するのを助け，自分も人間の生涯の完成に向かって成長をつづける。
>
> 子どもを育てる大人は，子どもと出会い，子どもの表現に応答し，子どもとともに現在をつくり，子どもとの間の体験を省察する。その生活の中で大人は日々学ぶ」（津守，1997）。

個々の保育者による保育内容の自己評価は，保育の記録などに基づく子どもの内面や育ちの理解を踏まえて行われます。保護者や他の職員との対話を通じて得た子どもの姿や保育のとらえ方などとも照らし合わせつつ，指導計画とそれに基づく実践を振り返ります。

プラスα

評価を踏まえた計画の改善

保育所保育指針では評価を踏まえた計画の改善について，保育所が自らの保育の内容に関する評価を行う意義は，子どもの最善の利益を保障し，よりよい保育を展開していくために，計画に基づいて行った自らの保育を，多様な観点で振り返りながら，継続的に保育の質を向上させていくことにあるとしている。

ことば

年間指導計画

年度当初の4月から翌年3月までの1年間の保育をどのように進めるかという長期間の見通しのもとに，具体的な指導のための計画を作成するもの。

期間指導計画

1年間を4期（4〜6月，7〜9月，10〜12月，1〜3月）に分けて具体的な指導のための計画を作成するもの。

月間指導計画

年間指導計画，期間指導計画をもとに，それをさらに具体化し，各月別に作成する指導計画。

第2節　長期的な指導計画と短期的な指導計画

1　長期的な指導計画

長期的な指導計画には，**年間指導計画**，**期間指導計画**，**月間指導計画**があります。事例13-1はある保育園での指導計画作成の様子です。

【事例13-1　長期指導計画の作成にあたって】

A保育園では年間指導計画を作成するにあたってはまず，前年度の計画の振り返りを行います。そして保護者懇談会での保護者の声や看護師，栄養士の意見も反映します。その結果，次年度の指導計画には食育の一環として子どもたちが食材にふれたり野菜の断面図を見たりできるように調理室見学を取り入れました。このように調理員も含めて園全体で子どもたちの成長を支えていきます。

（出所：筆者作成）

ここでみられる年間指導計画は最も長期の指導計画です。年度ごとの各クラスの保育活動の具体的な生活設計で，各園の保育方針に沿って年度開始前に立案されます。また，年間指導計画はその中を4つの期間に区分して期間指導計画（期案）として立案することもあります。

2　短期的な指導計画

短期的な指導計画とは，長期的な指導計画を細分化し，より具体的に乳児の実態に即した計画です。日々の生活に沿った計画で，週間指導計画（週案），

一日指導計画（日案）があります。また，1日の保育の流れを時間軸に沿って記すデイリープログラム（日課表）もあります。一日指導計画（日案）はデイリープログラムに基づいて，その日の子どもの興味に合わせた活動を行うために作成するものです。事例13-2で短期指導計画の様子をみてみましょう。

【事例13-2　短期指導計画の作成にあたって】

　A保育園では週間指導計画（週案）や一日指導計画（日案）の作成にあたっては，1か月単位で計画を作成しています。その際，日々の保育活動は天候に大きく左右されるので，晴れの場合，雨の場合と2パターンの主活動を準備しています。また，園内でのチーム保育を大切にするため週に1回のミーティングを各クラスで実施して活動を決めています。このミーティングは経験の浅い保育者にとっては大きな安心感につながっています。

（出所：筆者作成）

第3節　個別の指導計画と集団の指導計画

1　計画の作成に向けて

　クラス集団としての保育を計画するうえで，乳児期における個人差を大切にして一人ひとりの子どもに対し援助や配慮をする必要があります。保育者は子どもたちがどのように集団の中で過ごし，どのようなことを体験するのか，そのねらいを明らかにすることが大切です。

　その際に，一人ひとりの子どもの世界を温かなまなざしで見ることが大切です。佐伯（2007）はこのまなざしについて，「横並びのまなざし」を提案しています。これは，あなたが見ている世界を「一緒に見ましょう，共に喜び，共に悲しみましょう」として関わったり，「私が見ている世界をあなたも一緒に見てください」として関わるまなざしです。これは発達心理学では**共同注意**（joint attention）と呼ばれています。

　たとえば，虫が苦手な保育者もいるでしょう。それでもダンゴ虫を捕まえて嬉しそうに話しかけてくる子どもがいるなら一緒に発見を喜んでみましょう。そうすることによって子どもたちは，自分が受け止められたと安心感を感じてその子の世界はさらに広がっていくことでしょう。

2　個別的な配慮の必要性

　乳児保育では，月齢差や発達差が著しいので，年齢ごとの年間指導計画やクラスごとの月間指導計画のほかに個別の指導計画も作成する必要があります。個別の指導計画の様式は，各園によって様々です。子どもの発達状態を児童チェック表（表13-1）を用いて評価したり，児童チェック表にあわせて児童票（表13-2）を作成して子どもの発達を評価して，保育者自身の課題を明らかにしている園もあります。表13-2の児童票をよく読んで子どもの様子に対応している保育者の援助のあり方を確認しておきましょう。ここでは，1歳7か月でできることをチェックしています。ここから保育者が発達の**最近接領域**

ことば

共同注意（joint attention）
相手の視線の先を追跡して同じ対象に注意を向けること。

ことば

発達の最近接領域
子どもがこれから発達するであろう段階，範囲のこと。心理学者ヴィゴツキーによって提唱された。

表13-1　児童チェック表

1歳7か月から2歳未満・発達の姿		月齢				
		7	8	9	10	11
健康生活	寝つく前に，ひとり言を言ったり，歌ったりする		✓			
	促されれば嫌いなものでも食べようとする			✓		
	促されてトイレに行き排泄する					
	排泄した後で，動作や言葉（シーシー，チッチなど）を教える		✓			
	手や顔を自分でなんとか拭く			✓		
	手が汚れたのがわかる	✓				
	簡単な衣服は，保育者に手伝ってもらいながら脱ごうとする	✓				
	パンツに足を通してやると前の方だけあげたりする			✓		
	首を通してやると自分で手を通そうとする	✓				
	靴を脱ぐことができる					✓
	ボタン，スナップに興味をもってひっぱってはずそうとする					✓
	自分のかごまたは箱に脱いだものを入れる			✓		
	人形を抱いたりおぶったりする			✓		
	玩具などをひとり占めしたがる	✓				
人との関わり	自分で見つけたものを保育者に見せる	✓				
	保育者が仲立ちするとしばらくの間，他児と一緒に遊ぶ	✓				
	大きい子どものあそびを興味深く見る			✓		
	保護者に促されると友だちと手をつなぐ			✓		
	「まっててね」と言われてがまんして待つ		✓			
言葉	言葉の最後の音だけを言う			✓		
	保護者の言葉をところどころオウム返しに言う		✓			
	簡単な指示であぶないことをやめる	✓				
	要求語や否定語を使う	✓				
	身近な話を喜んで聞く			✓		
	「おはよう」「ありがとう」などはっきり言えないが挨拶をする				✓	
	友だちの名前が言える				✓	
	保育者の語りかけや指示をほとんど理解して行動しようとする		✓			
	代名詞が出てくる（アッチ，ココなど）				✓	
	短い話を喜んで聞く	✓				
	保育者の言葉をオウム返しする			✓		
	二語の文章が言える（ママ，オシッコなど）					✓
	新しく覚えた言葉を繰り返し使う				✓	
知的働き	紙や粘土をちぎる			✓		
	積み木を2～3個積む			✓		
	絵本の頁を1枚ずつめくる	✓				
	ブロックをはめる	✓				
	自分のものと他児のものがわかり始める	✓				
	鉛筆やクレヨンでぐるぐる丸を描く			✓		

出所：東京都M保育園

表13-2　児童票

			児童氏名
年月日	ねらい	子どもの様子	保育者の反省と評価
R3.4.30 （1歳7か月）	新しい環境や職員に少しずつ慣れる。	保護者と離れる際や，生活の節目に「ママ」と泣いて求める姿が見られる。その際には保育者の抱っこを拒んでいる。歌やダンスが好きで，音楽が聞こえると泣いていても一緒に踊り始め，笑顔になっていた。保育者の声かけや，絵本を見て単語をよく話している。歌ってほしい歌を単語で伝える姿も見られた。食事では自分でスプーンを持ち，手づかみと併用しながら食べている。	まだ保護者を求める姿も多いので，本児に対しての言葉かけやスキンシップをしっかりと安心感につなげていきたい。言葉を真似して話すことも多いので繰り返して楽しめるような言葉かけを意識していく。絵本を持ってくるが，保育者の膝に他児がいると自分で読み始めているので本児との読み聞かせの時間をもっとつくっていく。
R3.5.31 （1歳8か月）	・保育者との信頼関係を築く。 ・単語でのやりとりが増える。	途中体調を崩し，下旬頃まで父母を求め泣いている姿も多く見られたが，体調が回復するとともに涙する姿も減り，他児との関わりの中で笑顔も見られるようになった。走ることも好きなようで，追いかけっこで声を出して笑いあそぶ姿も見られた。食事面では好き嫌いがはっきりと出てきて，苦手なものは口に入れようとせず残しているので，無理はせず声かけを続けていく。また排尿が少ないということがあったので，水分をしっかりと補給できるように援助していく。	本児が安心して過ごせるよう，引き続き声かけや本児の好きな歌遊びなどを通して信頼関係を形成していく。普段は周りの児から少し離れていることも多いので，本児のペースで楽しめるようあそびに誘っていきたい。
R3.6.30 （1歳9か月）	保育者や友だちと身体を動かしてあそぶことを楽しむ。	生活の中で父母を求めて泣く姿がなくなり，笑顔が増えてきた。走ることを好み，走るあそびを始めると声をあげて笑いながら楽しんでいる。お散歩では保育者や他児と手をつないで歩き，歩行も安定していた。水分をあまり自分でとらず，一口飲み，コップを置いて座っていることが多い。	本児が自ら保育者に関わろうとしてくることが少ないので，関わりをもてるよう言葉かけを意識していった。排尿が長時間ないといったことがあったので，保護者と様子を共有しながら，しっかりと水分補給の際に一定量飲めるように援助していった。
R3.7.31 （1歳10か月）	衣服の着脱を自分で行おうとする。	ズボンを少しだけおろすと自分で脱ごうとする姿が見られた。また自分ではこうとする姿もある。Tシャツも保育者が促すと，自分で着脱しようとしていたので，やり方を伝えながら援助していった。言葉数が一気に増え，二語文で話すことも多くなった。繰り返しや，見たものを単語で話すだけでなく，自分の思いや経験を話す様子が見られるようになった。	本児の自分でやりたいという気持ちを伸ばしていきたいと考えている反面，保育者が着替えなどをやってしまうことも多かったので，本児がじっくりと取り組める時間を考え，設定していくべきであった。言葉が文章で出てきているが，自ら積極的に話すことが多い子どもではないので，保育者とのやりとりを楽しめるよう今後もたくさん話しかけていきたい。
R3.8.31 （1歳11か月）	二語文や文章での言葉のやりとりを楽しむ。	二語文以上の言葉で気持ちを表す姿が見られるようになった。言葉でのコミュニケーションが盛んになり，本児自身もとても楽しそうで，積極的に話す姿が見られるようになった。同時に自ら他児に関わっていく姿も増えた。数日間休みが続いた後から，登園時に涙する姿が見られるようになった。	言葉でのやりとりを一緒に楽しみながら，本児が言葉にならない部分も簡単な単語で伝えることで，気持ちを表現できるよう援助していった。登園後は保育者と少し廊下を散歩するなど1対1でゆったりと関わり，本児の気持ちを受け止めながら，気持ちを切り替えられるよう対応し，保護者とも登園後の様子を共有していった。

出所：表13-1と同じ

に働きかけることを念頭に置いて1歳8か月，1歳9か月と乳児期における個人差を大切にしながらねらいをたて，子どもの心身の発達を支えているのです。

第4節　記録の方法と子ども理解の視点

1　保育の記録とその活用

　保育の記録の活用を図るうえでは，記述内容がわかりやすいものとなるよう配慮する，整理の仕方や置き場所などを工夫するといったことも重要です。工夫のポイントとして以下の3つがあります。

　①わかりやすい示し方や記述内容（経緯・事実・考察の書き分けなど）

　②読み返しやすい整理の仕方（様式の統一，ファイルの作成など）

　③手に取りやすい置き場所や見やすい掲示（職員間・子ども・保護者）

　また保育の記録には，何について書かれるものなのか，その対象によって様々な種類があります。保育の全体的な展開についてまとめるもの（日誌），個々の子どもの育ちの経過などを記録するもの（個人記録）などが挙げられます。その形式・方法のポイントとして以下の3つがあります。

　①文章にまとめる（時系列・原因やきっかけから収束までの過程・子どもの行動や言葉とそのときの状況等）

　②写真や動画の活用（題材として選んだ理由・評価の観点と関連の説明を合わせて示す）

　③保育の環境やあそびの展開過程等の図示化

　このようにすることで新担任への引継ぎもスムーズになります。

2　子ども理解に向けて

　保育者が日々の保育における子どもとの関わりの中で，その姿や周囲の状況等をとらえ，思いや考えを受け止めるとともに，一定期間にみられた育ちや一人ひとりの「その子らしさ」を理解しようとすることは，**保育内容等の評価**を行う際の前提となります。

　子どもの理解にあたっては，保育者が自身の枠組みに当てはめた固定的な見方をしていないかと振り返ることが重要です。

　倉橋（1976）は振り返りについて次のように述べています。

　「『子どもらが帰った後』

　　子どもが帰った後，その日の保育が済んで，まずほっとするのはひと時。大切なのはそれからである。

　　子どもといっしょにいる間は，自分のしていることを反省したり，考えたりする暇はない。子どもの中に入り込みきって，心に一寸の隙間も残らない。ただ一心不乱。

　　子どもが帰った後で，朝からのいろいろのことが思いかえされる。われながら，はっと顔の赤くなることもある。しまったと急に冷汗の流れ出ることもある。（中略）大切なのは此の時である。此の反省を重ねている人

プラスα

保育内容等の評価
2017年3月に改定された保育所保育指針では，「保育内容等の評価」とともに，「評価を踏まえた計画の改善」が示された。

　　だけが真の保育者になれる。翌日は一歩進んだ保育者として，再び子ども
　　の方へ入り込んでいけるから」（倉橋，1976）。
　保育者が保育における子ども（個人・集団）の実際の姿を通してその心の動
きや育ちを理解しようとすることが，常に起点となるものだということをおさ
えておきましょう。

演習課題

①　保育計画の作成に向けて，保育者は一人ひとりの子どもに配慮しながら，
　クラス集団としての生活やあそび，環境づくりにも配慮し，集団としての体
　験や育ちの見通しを立てることが重要ですが，どのようなことを大切にした
　らよいと思いますか。
②　保育の記録の活用を図るうえでは，記述内容がわかりやすいものとなるよ
　う配慮する，整理の仕方や置き場所などを工夫するといったことも重要です
　が，工夫のポイントを3つ挙げてください。

【引用・参考文献】

帆足英一監修，諏訪きぬ・吉田弘道・帆足暁子・大橋愛子・西智子編著『実習保育学』
　日本小児医事，2004年
入江礼子・小原敏郎編著『子ども理解の理論及び方法——ドキュメンテーション（記
　録）を活用した保育』萌文書林，2019年
石原栄子・庄司順一・田川悦子・横井茂夫『乳児保育』南山堂，2004年
厚生労働省「保育所における自己評価ガイドライン（2020年改訂版）」2020年
　https://www.mhlw.go.jp/content/000609915.pdf（2022年3月10日閲覧）
倉橋惣三『育てのこころ（上）』フレーベル新書，1976年
森眞理『ポートフォリオ入門』小学館，2016年
森上史郎・阿部明子編著『幼児教育課程・保育計画総論（第3版）』建帛社，2005年
内閣府・文部科学省・厚生労働省『平成29年告示　幼稚園教育要領　保育所保育指針
　幼保連携型認定こども園教育・保育要領』チャイルド社，2019年
尾野明美・小湊真衣・菊地篤子編著『乳児保育Ⅱ』萌文書林，2019年
佐伯胖編『共感——育ち合う保育のなかで』ミネルヴァ書房，2007年
咲間まり子編著『コンパス乳児保育』建帛社，2018年
千羽喜代子編著『乳児の保育——0・1・2歳の生活と保育内容』萌文書林，2005年
柴田義松『ヴィゴツキー入門』寺子屋新書，2006年
髙内正子・豊田和子・梶美保編著『健やかな育ちを支える乳児保育Ⅰ・Ⅱ』建帛社，
　2019年
谷口征子・竹内直美「教育ドキュメンテーションの役割と可能性——多文化共生社会へ
　の期待」日本保育学会第75回大会ポスター発表，2022年
津守真『保育者の地平』ミネルヴァ書房，1997年

第14章　保護者への子育て支援

学習のポイント

●保育の専門性を生かした子育て支援について考えていきましょう。
●特別な配慮を必要とする保護者への支援の基本を学びましょう。

第1節　保育者が行う子育て支援

1　子育て家庭を取り巻く環境と子育て支援の必要性

　近年の子育てにおいては，子どもの貧困や児童虐待などが深刻な社会問題となっています。児童虐待の相談件数は増加の一途をたどり，虐待により幼い命が犠牲になってしまうこともあります。死亡した子どもたちの年齢は0歳が49.1％と半数近く（厚生労働省，2021）になっています。その事例の中には，10代という若さで誰にも相談できないまま孤独に出産し，乳児を遺棄したケースもあります。家庭内だけではなく家庭外の誰からも気づかれずに手を差し伸べられなかったことに心が痛みます。

　このような問題は，その背景にある子育て家庭を取り巻く環境に目を向けていく必要があります。地域のつながりが希薄化し，家庭や地域の養育力の低下が指摘されています。相談する相手がいない，頼れる人が身近にいない状況での子育ては，保護者の孤立感を高めていきます。また，**核家族化**，**ひとり親家庭**の増加など家族を構成する人数は減少し，子育てにおける個への負担も増大しています。このような孤立感や負担感が軽減されないまま蓄積していくと，虐待等の不適切な養育につながる可能性もあります。このような状況を踏まえ，悲惨な事件を未然に防ぐためにも，子育て家庭への妊娠期から子育て期にわたる**切れ目のない支援**が実施されています。保育者は，主に子育て期の支援を担っており，その役割は保育所保育指針に明記されています。そこで，**子育て支援に携わる専門職**としての保育者の心構えについてふれていきます。

　山野・武田（2015）は，母親が子育てに行き詰まりバランスを崩していく過程の影響要因に，「子どものためのとらわれ感」を挙げています。「子どものために」と常に周囲から言われ，他者の評価や批判が保護者のプレッシャーになっていることを指摘しています。とりわけ「母親らしく」という母親規範は現代でも根強くあります。このような規範意識があると，保護者の言動を問題だと感じ非難したくなるかもしれません。専門職として，保育者は子育ての問題の原因や責任を家族や個人に押しつけるのではなく，社会構造の変化の中で起こりうることだという意識が必要です。

ことば

核家族化
産業構造の変化に伴い，労働と生活の場が分離し，就労のために地方（農村）から都市部へ移住する。近年は，進学や就職など自分のライフスタイルを確立するために親から独立し，その土地で家庭を築いていくことになる。

ひとり親家庭
20歳未満の児童と母親または父親で構成される世帯。ひとり親家庭になった理由としては離婚が最も多く（母子世帯79.5％，父子世帯75.6％），次いで父子家庭では死別（19.0％），母子世帯では未婚（8.7％）となっている（厚生労働省，2021）。

切れ目のない支援
子育て世代包括支援センターを中心に様々な機関が連携し，「母子保健サービス」と「子育て支援サービス」を一体的に提供できるようにしている。

プラスα

子育て支援に携わる専門職
本章では，保育所だけではなく認定こども園や幼稚園など，乳幼児期の子どもをもつ保護者への子育て支援を担う保育者を想定している。

2　保育の専門性を生かした子育て支援

　保育者が行う子育て支援は，安定した親子関係の構築と養育力の向上を目的としています。そして，そのために子どもの成長を喜び合う共感的な支援や保護者の主体性，自己決定の尊重を大切にしていきます。ここで，保育の専門性を生かした子育て支援について考えていきましょう。

　近年，共働き家庭が増加しており，1，2歳児の入所率は年々高くなっています。保護者は子どもを保育所等に預け，子どもと長時間離れる生活をスタートすることになります。泣いて登園するわが子をみると，仕事をすること自体に罪悪感や自責の念をもつ保護者も多くいます。また，子どもは疾病にかかりやすく体調も急変しやすいため，保護者はしばしば仕事を休んだり，急に早退したりすることにもなります。このように子育てと仕事の両立の第一歩から，多重役割による疲労感，不安やストレスなどを抱えやすくなります。保育者は子どもを預けて働く保護者の心情を理解し，寄り添う丁寧な対応が求められます。次に，子育て支援につながる保育者の対応をみていきましょう。

【事例14-1　登園時のエピソード（2歳児クラス）】

　朝，保育所に子どもを送ったときのことです。その日は急いでいたため，私が息子の靴下を脱がせたところ，保育者の前で息子が「いやいや」と泣いてしまいました。時間がなかったためイライラしながら，泣いている子どもを預けました。降園時，保育者に呼び止められ，朝の"いやいや"は，自分で靴下を脱ぎたかったこと，自分でしたいという子どもの自我の成長について話してくれました。それだけではなく，母親の忙しさをねぎらってくれ，いつでも頼ってくださいと言ってくれました。帰り道，息子に謝り，少し優しくなれたように思います。

（出所：保育所に子どもを預ける母親より聞き取りしたエピソード）

　事例14-1の保育者の対応は，子どもの言葉にならない思いを代弁するだけではなく，子どもの育ちを肯定的に伝えています。さらに，保護者に寄り添う言葉かけがよりよい親子関係の構築にもつながっていることがわかります。このように保育の専門性を生かした子育て支援としては，たとえば，**ドキュメンテーション**を活用した子どもの記録，給食サンプル（離乳食の形状や量）などもあります。日常の保育の中で**子育て支援につながる環境構成**を工夫していくことも大切です。

　また，子育て支援には保護者と保育者の**ラポール**（信頼関係）が基盤となります。ラポールを構築するためには，保育者の**カウンセリングマインド**が必要不可欠です。これは近年，学校教育のみならず，保育の場においても重視されています。カウンセリングの基本的態度は，「**無条件の肯定的受容**」「**共感的な理解**」「**純粋性・自己一致**」の3つで示されており，これらを心がけて実践することが大切です。そのような日々の対応の積み重ねによってラポールが形成されると，子育ての悩みや疑問を気軽に相談できる環境をつくることができます。

　では，3歳未満児の子どもの保護者はどのような悩みを抱えやすいのでしょうか。基本的生活習慣においては，離乳食の進み具合や偏食，排泄の自立などに関する悩みが出てきます。また，運動機能や言語の獲得など発達が著しい時期でもあります。そのため，他児や育児書等と比較し，子どもの育ちに不安を

プラスα

1，2歳児の入所率
2020年4月，就学前児童の保育所等利用率は47.7％となっている。3歳未満児の利用率は39.7％となり，そのうち1，2歳児の利用率は50.4％となっている。

プラスα

子育て支援につながる環境構成
具体的には，子ども理解や親子のコミュニケーションを支える環境等（亀崎，2018）がある。

ことば

ラポール
保育者と保護者の間に築かれる信頼関係のことであり，その信頼関係が基盤にあると保護者は安心して保育者に相談できる。

カウンセリングマインド
カウンセリングにおける態度，考え，心構え（受容，傾聴，共感）である。

無条件の肯定的受容
受容的態度ともいわれ，保護者の感情，考え，言動に対して，非難や否定することなく無条件に受容すること。

共感的な理解
相手の立場に立って，保護者の感情（内面）を推測し理解しようとする姿勢であり，その共感的な理解が保護者に伝わっていることも大切である。

純粋性・自己一致
保育者自身が感じた率直な気持ちを保護者に伝えること。

プラスα

保育の専門的な知識と技術
①発達を援助する知識および技術，②生活援助の知識および技術，③保育の環境を構成していく知識および技術，④遊びを豊かに展開していくための知識および技術，⑤関係構築の知識および技術，⑥保護者等への相談，助言に関する知識および技術。

感じやすくなります。そこで，保育者としては，発達の個人差があることや育ちのプロセスを丁寧に伝えていきます。保育者は，**保育の専門的な知識と技術**を生かした子育て支援を行っていきます。

3　子育て支援の場における保育者の役割

　保育所等では，入所している子どもとその保護者だけではなく，地域の子育て家庭も支援の対象として，地域の子育てセンターとしての役割も担っています。

　図14-1に示されているように，3歳未満の子どもを家庭で子育てしている人は多くいます。地域全体で子育てを支えていくために，子育て家庭の親子の交流の促進や育児相談や情報提供が行われています。

　次に，地域の子育て支援の場における保育者の役割について考えていきます。まず，0，1，2歳児の子どもとその保護者を対象とした絵本の読み聞かせの講座に参加していた親子の様子（事例14-2）と保育者の対応をみていきます。

図14-1　地域子育て支援拠点事業

28年度	29年度	30年度	R1年度	R2年度
7,063	7,259	7,431	7,578	7,735

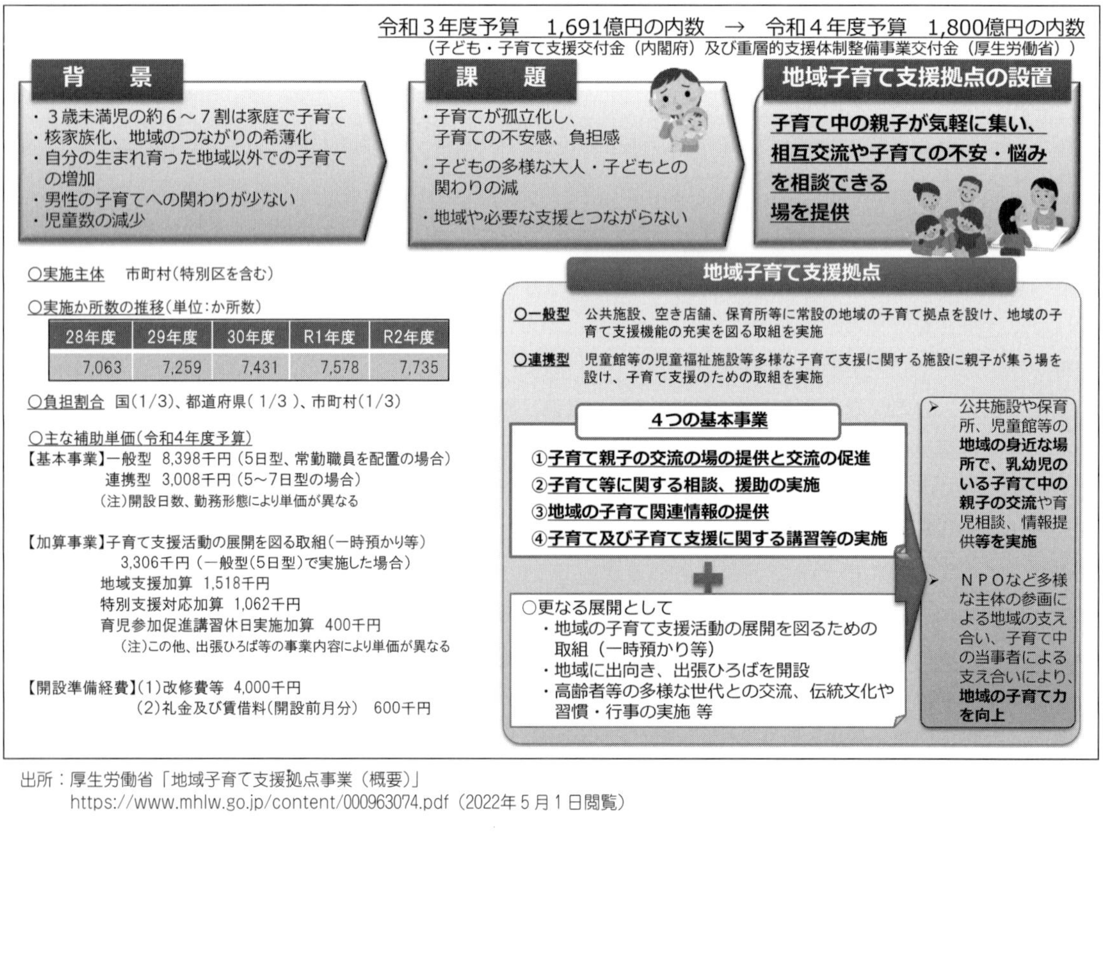

出所：厚生労働省「地域子育て支援拠点事業（概要）」
https://www.mhlw.go.jp/content/000963074.pdf（2022年5月1日閲覧）

【事例14-2　子どもの思い】
　妹（6か月）を抱っこしている母親の膝の上になんとか座ろうとする兄（2歳）でしたが，母親から「危ないからやめて」と手で払われます。渋々，母親の足にふれるように座ったとき，兄は「かわいい」と言いながらも妹の耳を強くつねっていました。言葉では言い表せない兄の葛藤を感じました。
　そこで，弟が生まれた姉の葛藤を描いた絵本『ちょっとだけ』の読み聞かせをしたところ，兄はじっと聞いていました。読み終わったところで，兄は絵本を手に取り，母のところに持っていきました。保育者は，兄と母親の2人だけの時間をつくるため，妹を抱っこします。短い時間ですが，兄は満足した様子です。そして，保護者も兄の気持ちに気づいたようで，兄を強く抱きしめていました。
（出所：筆者が担当していた講座における親子の様子（筆者の記録より））

　保育者は保護者に直接的な助言をすることはなかったのですが，よりよい親子関係の構築につながる“きっかけづくり”となる意図的な関わりをしています。講座の中では，子どもの遊んでいる姿を微笑ましく見つめる保護者の姿に子どもへの愛情や子育てへの充実感などのポジティブな感情を筆者が感じることが多くあります。時折，保護者から「子どもにイライラすることがある」などと自責の念を吐露されることがあります。子育てや子どもへのネガティブな感情も話すことができ，それを受け止めてくれる環境が必要です。日常の子育ての些細な疑問や悩みなどを誰かに話せることは，孤立感を和らげ，子育てへの意欲にもつながっていきます。

　次に，地域の子育て支援事業の中の育児サークル「双子の会」の保護者の様子から，多胎児を子育てする家庭への社会的支援の必要性をみていきます。双子の子どもをもつ保護者は，妊娠・出産から不安感・孤立感が高く，出産後も2人同時に空腹で泣く，寝ないなど，睡眠時間の確保が難しく疲労感も高くなっています。保護者の「1日が子育てであっという間に終わる」という言葉からは，日々の子育てにおける負担感の大きさを感じます。

　また，当事者だからこそわかり合える悩みを語り合い，必要な情報を交換し，保護者同士の交流を深める姿もみられました。印象に残っているのは，「ふたごというだけで仲間という心強い出会いがあった場所」という参加者の言葉でした。子どもと保護者が気軽に安心して集うことができる場が，地域にあることの大切さをあらためて感じた言葉です。

第2節　特別な配慮を必要とする保護者への支援

1　不適切な養育の疑いがある保護者への支援

　児童虐待の相談件数は2020年には20万件を超え，心理的虐待の割合（全体の59.2%）が最も多くなっています。保育所等は，子どもと保護者の双方に支援ができるため，児童虐待防止において重要な役割を担っています。ここでは保育者の役割として，発見，対応，予防の段階に分けて考えていきます。
　まずは，発見の段階です。虐待は，「虐待をしている保護者（加害者）のみな

プラスα
双子の会
大学内で実施していた子育てサークルで，市の保健福祉センターとも連携。

プラスα
不適切な養育
身体的虐待，性的虐待だけではなく，ネグレクト，心理的虐待を包括した呼称であり，子どもに対する大人の不適切な関わりを意味した，より広い概念（友田・藤澤，2018）である。
また，明らかに心身に問題が生じていなくても，子どもが傷つくような行為は不適切であり，マルトリートメント（不適切な養育）と考えられる。

チェックリスト
倉石 (2018) は，保護者の様子を養育態度，養育環境，言動，保護者との関係の中で推察される状況，対人関係，経済基盤に分けてチェックリストを作成している。また，大分県教育委員会の「教職員・保育従事者のための児童虐待対応の手引き」の中の「早期発見のためのチェックリスト（保育所・幼稚園）」も参照のこと。

年齢別
0～2歳児はネグレクトの割合が高く，3～5歳児は身体的虐待の割合が高くなってくる。

ことば

受容
保護者の受け入れがたい言動も否定するのではなく，そう考えていること，思っていることとして認めること。

虐待の世代間連鎖
幼少期に不適切な養育や虐待などを受けた子どもが親となり，自分自身の子どもに自分が親にされたような不適切な養育を繰り返してしまうこと。

ペアレント・トレーニング
ペアレント・トレーニングのプログラム内容は，①わかりやすいコミュニケーション，②ポジティブな結果とネガティブな結果，③効果的な褒め方，④落ち着くヒント（怒りのマネジメント），⑤子どもの成長と親の役割，⑥自分自身をコントロールする教育法で構成されている。

行動見本の提示
保育の専門性（子どもの発達や心情理解）を生かし，子どもとの関わりを言葉で説明するのではなく，保護者の前で子どもとの関わりの見本を示す方法。

らず，被害者である子どもからも，"相談されること（親告）が少ない"という特殊性があり，周りが気づくことで初めて手を差し伸べられる『隠れた病理』」（倉石，2018）といわれます。保育者は日常的に子どもと保護者とに関わりがあるため，虐待の兆候に気づき，早期発見しやすい立場にあります。そこで，**チェックリスト**を活用し，気になる子どもの姿や保護者の姿をよく観察しましょう。**年齢別**（3歳未満児と3歳以上児）にどのような虐待が起こりやすいかを知ることも大事です。また，保護者もしつけと称して自分の行いを虐待と認めないことがあります。虐待は，保護者の子どもへの愛情や子どものためにといった教育的な意図は関係ありません。虐待かどうか迷うときには，子どもの権利が侵害されていないかといった視点からみていくことが大切です。

　次に，対応の段階です。保育所等には，虐待を受けたと思われる児童を発見した場合には，児童相談所等へ通告する義務があります。虐待を疑った場合には，重篤化・深刻化しないためにも園内ですぐに情報を共有し，チームとして親子を支えていくことが大切となります。

　支援を必要とする子どもが通園を継続する場合，保育者の対応として，園とのつながりを途絶えさせないことが重要です。そのためには，保育者と保護者の関係づくりが大切です。保護者の子どもへの対応を不適切な養育だと即座に指摘してしまうと，保護者は問題を隠そうとし虐待の現状がみえづらくなってしまいます。保護者との関係性の悪化は，支援が進まなくなり，結果的に子どもに悪影響を与えかねません。まずは，専門職として保護者を**受容**することを心がけ，保護者の置かれている状況や心情を理解する姿勢が大切になります。

　最後に，予防の段階です。友田・藤澤（2018）は，悲惨な虐待だけではなく，実際の児童虐待は日常的に起こっていること，傷ついている子どもの存在を指摘しています。子どもの人格を否定するような叱責が日常的に続けば，子どもは恐怖心や不安感を高めていきます。このような不適切な養育が身近に起こっている可能性があります。倉石（2018）は，「子どもの特徴を理解できていないために，しつけが厳しくなるという悪循環を繰り返している」ことを指摘しています。ここに，保育者が子どもの発達課題や子どもとの関わり方などを保護者に伝えていくことの意義を感じます。

　また，虐待の要因の一つに，**虐待の世代間連鎖**がいわれます。虐待を受けていた保護者の3分の1が自ら虐待をする事実と，その逆に3分の2は虐待をしないという事実（友田・藤澤，2018）に目を向ける必要があります。そこで，参考にしたいのがペアレント・トレーニングです。このトレーニングは，虐待をしていた保護者を対象に児童養護施設で実施され，その効果が報告（野口，2003）されています。養育スキルの習得は，子どもと保護者の虐待的交流を少なくし，子どもの置かれている状況も改善されていきます。それだけではなく，保護者の育児ストレスの軽減や虐待の再発予防にもつながっていきます。日常的に保護者に関われる保育者は，子どもとの関わり方の**行動見本の提示**を行い，保護者の不適切な養育を修正・改善するきっかけづくりができます。

　次に，虐待要因の一つとなる，「貧困」についてみていきます。

2　貧困家庭に対する支援のあり方

　子どもの貧困は，「子どもが経済的困難と社会生活に必要なものの欠乏状態におかれ，発達の諸段階におけるさまざまな機会が奪われた結果，人生全体に影響を与えるほどの多くの不利を負ってしまうこと」（秋田ほか，2016）と定義されています。子どもの貧困率は，2015年には13.9％，2018年には13.5％となり，ひとり親家庭の50.8％が相対的貧困状態にあります。相対的貧困は見えづらい貧困といわれています。そのため，保育者は貧困家庭のニーズに気づき，適切な支援に結びつけていく福祉的な役割が求められています。保育者としては，第15章で詳しく学ぶ**社会資源**の知識を深め，保護者に様々な社会制度の手続きの仕方など適切な情報提供を行っていきましょう。

　子どもの貧困の中心にある経済的な困窮は，不十分な衣食住や家庭内外での体験の不足などにつながっていきます。さらには，貧困を起因としたネグレクトや子どもの自己肯定感の低下なども危惧されています。秋田ら（2016）は，「乳幼児期の貧困はその後の**ライフチャンス**を最も深刻に脅かす」ことを指摘しています。他方，「子どもの貧困対策に対する大綱」には，幼児期における質の高い教育を保障することが貧困を防ぐ有効な手立てであることを示しています。保育所等では安心して基本的生活を送ることができ，多様な活動を平等に保障できます。乳幼児期の養護と教育が一体的に展開される保育には，貧困状態にある子どものライフチャンスを広げ，貧困の世代間連鎖を断ち切る可能性があります。

　では，保育者はどのような支援ができるでしょうか。まずは，見えづらい貧困だからこそ，保育者の気づきが大切となります。子どもの衣服（サイズ感や清潔感），空腹状況，健康管理などの視点から観察していきましょう。また**支援の実際**として，洋服の貸与，給食配膳での配慮などの対応もなされています。

　貧困状態に置かれている保護者は，ストレスを抱えやすく心のゆとりをもてなくなり，ときには子どもの養育態度にも影響を与えます。そのため，保護者の心のケアも大切です。保護者の様子が気になった場合には声をかけて見守り，保護者の自尊心を傷つけないように配慮していきましょう。

3　障害がある（疑いがある）子どもをもつ保護者への支援

　子どもの障害や発達の課題がみられる場合には，個別の支援を行うことが求められています。ここでは，0，1，2歳児の子どもをもつ保護者支援において，どのような点に配慮することが必要なのかを考えていきます。

　まず，障害の発覚および診断時期は，障害の種別によって異なってきます。目に見えやすい障害は，保育所等に入所する前には診断を受け，関係機関と連携して支援が始まっています。他方，目に見えにくい障害は，その兆候が子どもの発達過程の中で徐々に現れ始め，乳幼児健康診査や集団生活における指摘で発覚します。次の事例は障害がわかりにくく，診断告知に至るまでに長い期間を要する発達障害の子どもをもつ保護者の声です。

ことば

ライフチャンス
進学や就職などにおいて選択肢があり，自ら自分の人生を選ぶことができること。

プラスα

支援の実際
社会福祉法人全国社会福祉協議会全国保育士会「保育士・保育教諭として，子どもの貧困問題を考える」の対応の流れ（気づき，状況把握，情報共有，対応など）を参照のこと。

> **【事例14-3　当事者の声】**
>
> 　子どもが1歳半頃，自動車の玩具を並べる遊びが大好きで，毎日，同じ遊びを続けていました。ある日，その自動車の列にぶつかってしまい，並べていた自動車の列が崩れたことがありました。列が壊れたのが嫌だったようで，また，黙々と並べ直していました。その姿を見て，こだわりを強くもっているのかなと感じました。この出来事を機に，まずは，身近な専門機関（市の子ども相談窓口など）に相談に行き，様子をみることにしました。
>
> 　自分の判断でわが子を病院に連れていくことに罪悪感のようなものを感じていました。病院の受診を決心したのは，通っていた保育園の先生から受診を勧められたからです。そして，医療機関を受診し，子どもが4歳のときに診断されました。
>
> （出所：自閉症スペクトラムの子どもをもつ保護者へのインタビュー）

　事例14-3のように，1歳後半から2歳過ぎの頃からこだわりの強さがみられることがあります。また，言葉の遅れ，落ち着きがないなどの行動特性がみられる場合もあります。しかし，この時期の保護者は子どもの行動に疑問を感じていても，すぐに障害とは結びつかない（結びつけない）こともあります。3歳未満の子どもをもつ保護者にとっては，わが子の気になる行動をみて障害を疑い，その不安を打ち消すといった感情が揺れ動く時期です。また，子どもの行動の原因が子育てにあるように言われ悩んでいる保護者もおり，診断告知されたときには子育てのせいじゃなかったと安堵の思いを口にされることもあります。保育者としては保護者の心情に寄り添い，障害を認めさせることが最優先課題にならないようにします。

　では，わが子に障害があるとわかったときに，保護者はそれをどのように受け止めていくのでしょうか。**障害受容**のプロセスをみていきましょう。

　ドローター（1975年）の障害受容の段階説です。ショック→否認（認めたくない）→悲しみと怒り→再起（新しい価値観）の過程が示されています。しかし，障害を受容し，再起したかにみえても悲しみや不安が存在するなど感情が揺れ動くことに留意する必要があります。

　子どもの育てにくさを感じている保護者の悩みに寄り添い，今の子どもの育ちにともに向き合っていくことが大切です。最後に，療育機関で支援を受けていた保護者の声を紹介します。

> 　「療育機関に行くのが楽しみでした。療育では，子どもの日頃の頑張りだけではなく，母親の悩みも受け止めてくれました。そういう場所があることが嬉しかったです。」（事例14-3の保護者）

　子どもの育ちをサポートしてくれ，わが子の成長をともに喜んでくれる存在がいることが保護者の子育てへの意欲を高めていることを感じます。

4　日本語を母語としない保護者への支援

　日本に在留する外国人の増加に伴い，保育所等においても外国籍の子ども，外国にルーツをもつ子どもを受け入れています。そこで，外国籍の保護者への対応で保育者が抱えている課題と対応の工夫について，言語，文化や宗教の視

プラスα

障害受容
障害受容のプロセスには，中田（1995）のらせん型モデルも参考にしよう。

点からみていきましょう。

①言語について

　言語の問題が起因となっている課題は，保護者とのコミュニケーションが十分にとれないことです。具体的には，入園準備や園のルールなどについて保護者に伝えることの難しさが挙げられます。また，在園時には，日々の子どもの体調把握や園での子どもの様子が共有できない等が課題となっています。そこで，通訳の活用や翻訳機の活用，写真や絵・実物など視覚資料の活用などがなされます。また，石原ら（2020）は，日本語でのあいさつに続けて，保護者の母語（第一言語）でのあいさつをすることを勧めています。母語でのあいさつに，保護者は笑顔になり，安心感が育まれていくようです。それを機に，徐々に園生活にも関心をもったり，家庭での生活の様子を伝えてくれたりするようになり，保育者との関係性が深まるきっかけとなります。

②文化や宗教について

　保育所等が抱えている課題としては，文化的背景に対しての配慮の仕方がわからないこと，文化的な背景への個別配慮の知識不足などが挙げられています。日本の文化や習慣を強いるのではなく，その国の文化を共有し違いを認め合い，お互いに理解を深めていくことが大切になります。

　また，宗教上の理由から，保育行事や食事面での個別の配慮が必要となってきます。宗教による食事の制限に関しては，十分な配慮を行い，保護者への丁寧な確認をしていきます。

　保育所保育指針解説書において，その家庭への個別支援の必要性が明記されています。今後も保育所等における外国にルーツをもつ子どもの受入れが進む中で，国籍を問わず，子育てに困難さや不安を抱えていることを踏まえ，保育者は保護者の状況を理解し，どのようなニーズがあるのか，どのような手立てが有効なのかを考えて支援をしていくことが大切です。

> **プラスα**
>
> **母語**
> 母語は最初に習得される言語であり，国籍と一致しないこともある。得意な言語という意味合いもある。母国語は，国籍のある国の言語である。

演習課題

① 　子どもの送迎時に笑顔がなくあいさつをしない保護者，苦情が多い保護者がいます。保育者としてどのような視点や関わりが大切でしょうか。
② 　不適切な養育をしてしまう保護者の思いを考えてみましょう。

【引用・参考文献】

秋田喜代美・小西祐馬・菅原まさみ『貧困と保育——社会と福祉につなぎ，希望をつむぐ』かもがわ出版，2016年

井村圭壯・今井慶宗編『保育と子ども家庭支援論』勁草書房，2020年

亀崎美沙子『保育の専門性をいかした子育て支援——「子どもの最善の利益」をめざして』わかば社，2018年

小沼豊・山口豊一「保育者によるカウンセリング・マインドを生かした保護者支援——保育現場における臨床心理的援助」『跡見学園女子大学附属心理教育相談所紀要』第12号，2016年，49-62頁

厚生労働省「子ども虐待による死亡事例等の検証結果等について（第17次報告）の概要」2021年

倉石哲也『保育現場の子ども虐待——対応マニュアル　予防から発見・通告・支援のシ

ステムづくり』中央法規出版，2018年

中田洋二郎「親の障害の認識と受容に関する考察──受容の段階説と慢性悲哀」『早稲田心理学年報』第27巻，1995年，83-92頁

野口啓示「児童虐待への取り組み──ペアレントトレーニングを用いた親へのアプローチ」『行動療法研究』第29巻第2号，2003年，107-118頁

咲間まり子監修，石原弘子ほか『保育者のための外国人保護者支援の本』かもがわ出版，2020年

社会福祉法人全国社会福祉協議会『保育士・保育教諭として，子どもの貧困を考える──質の高い保育実践のために』全国保育士会，2017年

友田朋美・藤澤玲子『虐待が脳を変える──脳科学者からのメッセージ』新曜社，2018年

山野則子・武田信子編『子ども家庭福祉の世界』有斐閣アルマ，2015年

第15章 乳児保育における連携と協働

学習のポイント

●保育に連携・協働が求められる理由について考えてみましょう。
●地域社会の一員として保育所が果たすべき役割を理解しましょう。

第1節 職員間での連携・協働

1 連携と協働の意義

　小さな命を預かる保育所，認定こども園や乳児院では複数の職員が働いています。しかし，ときとしてその関係性に問題がある場合もみられます。たとえば次の事例を考えてみましょう。

【事例15-1　誤嚥　心肺停止で搬送　園側，過失認める】

　6月15日に起きた誤嚥事故で，男児（1歳9か月）は意識のない状態で集中治療室での治療が続いていることがわかった。園の関係者によると，この男児はそしゃくする力が十分ではなく，飲み込むまでに時間がかかることを園側は理解し，食材を細かく刻んで提供することを求められていた。しかし，今回はパンを細かくせずに提供していた。

　6月27日に行われた保護者説明会で，同園は職員間でこれらの情報共有が不十分だったこと，配膳時に男児から目を離していたこと，そして119番通報の判断が遅れたことなどの事実から「未然に防げた事故で，過失があった」ことを認めた。

（出所：『十勝毎日新聞』2021年7月6日の記事を要約して抜粋）

　この事例では，一緒に働く職員同士の関係性に問題がありました。皆さんはどこにその原因があると思いますか。人がある目的のために他者と一緒になって何らかの作業をすることを一般的に連携や協働といいます。この2つの言葉はこれまでほとんど同義として使われているようですので，この章ではこれらを1つにまとめて「連携・協働」としますが，これは保育に限らず仕事をするうえでとても重要な事柄です。なぜならば，一緒に働く人の間で十分な連携・協働が図られなければ思わぬ事態が発生するからです。特に保育の場合では，ときとして事例15-1にみられるように子どもの生命に危険が生じる場合もあります。では，ここから職員間での連携・協働のあり方について考えましょう。

2 職場における人間関係の形態

　保育所や乳児院に限らず複数の人が互いの立場で働く職場には，大きく分けて2つの形態があります。1つはボトムアップです。これは現場で働く部下が

プラスα

保育士の処遇改善

近年，保育士の早期離職や低賃金が問題となっており，保育士の処遇を改善しようとする社会的な動きがみられる。

情報や提案などを上司に伝え，上司が全体の判断や方針などを決定していく職場形態です。たとえば保育所の場合でしたら，登園時に気になる子どもの症状や様子を担当保育士が上司である園長に伝えることなどがこれに当てはまります。これは各々の保育士が自分の意見や考えを取り入れてもらえる雰囲気から意欲的になり，職場が活性化するという長所がありますが，その反面，全体の意思決定が遅くなるという短所もあります。

　そして，もう1つはトップダウンです。これはまず上司が全体の判断や方針を決めてから，現場で働く部下に指示を出して仕事を進めていく職場形態です。たとえば，保育所の場合でしたら，上司である園長が子どもへの対応の仕方などを決めたうえで，その実行を各々の保育士に求めることなどがこれに当てはまります。これには方針が一貫していることから意思決定が速くて連帯感が生まれやすいという長所がありますが，その反面，自分で物事を決められず常に上からの指示を仰いで行動に移るために各々の保育士の積極性が弱くなるという短所もあります。

　このようにボトムアップとトップダウンにはそれぞれ長短がありますので，どちらか片方だけで事足りるというわけではありません。また，このほかにも勤務形態が交代制である保育所においては，子どもの様子や健康状態などの情報を上司と担当保育士だけではなく，同じ立場の職員間で共有することも大切です。たとえば子どもの健康状態に関して，早番の人は知っているのに遅番の人は知らないということがあれば，事例15-1でもみたようにその子どもに対する適切な対応ができないでしょう。こうして保育の職場では効果的な職務遂行のためには図15-1に示すように上下の関係だけではなく，職員同士の横の関係，そしてさらには子どもの食と健康について一緒に考える同じ職場内の**栄養士**，**調理師**，**看護師**のような他職種との連携・協働も必要となります。

図15-1　職場での人間関係（ボトムアップと
トップダウン＋横の関係）

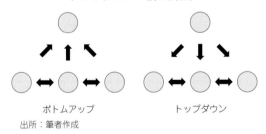

ボトムアップ　　　　トップダウン
出所：筆者作成

3　連携・協働の基本

　どんな仕事でも何らかの目標または目的があります。連携・協働は，その目標または目的の実現のために人々が一緒に物事を考えたり，行動をともにすることでなされます。したがって，組織の中で各自が自分の役割をしっかりと自覚して，一緒に働く相手のことを常に考えながら仕事をしていく必要があります。特に，保育の現場では交代制で働く場合がほとんどですので，引継ぎはしっかりとしなければなりません。そのためには「情報共有」をすることが大切です。次に複数の人と一緒に働く場合には，個人プレーではなくて，チーム

プレーで行動するということを意識する必要があります。以前には小・中学校などにおいて，担任教諭が保護者対応を含めて様々な問題を一人で解決するように求められる風潮がみられましたが，これは心身に過度の負担を抱えるものであり，本人の自信喪失やバーンアウトの原因にもなるものです。一人の問題は，その人だけの問題ではなくて職員全員の問題として**保育カンファレンス**などを行い，働く者同士お互いの意見を尊重して助け合いながら一緒に解決していきましょう。話し合いの技法としては，**ブレインストーミング**や**KJ法**などがあります。働く者同士の間で共感性に欠ける職場では，職員の休職や早期離職が相次ぎます。たとえば管理職の立場にいる人が「人の代わりならいくらでもいるから」といって働く人の気持ちを考えないで職員に接していれば，それを感じ取った人はだんだん職場に対する愛着や仕事への熱意を失くします。このように自分の思いを相手に押し付けるだけで仲間の「思い」とその人の「人権」を蔑ろにするような職場では，いくら建物が立派でもその場所でなされる保育や教育に質の高さなどを望めません。その結果が**不適切な保育**につながることも考えられます。

　ところで，保育における連携・協働は，何も保育所や乳児院内で働く職員だけでまかなえるものではありません。そこで，次に保護者や地域社会との連携・協働について考えていきたいと思います。

第2節　保護者との連携・協働

1　保護者と保育者の関係性

　保護者や地域社会との連携・協働に関して，保育所保育指針には以下の記載がみられます。

> 第2章　保育の内容　4　保育の実施に関して留意すべき事項
> 　(3)　家庭及び地域社会との連携
> 　子どもの生活の連続性を踏まえ，家庭及び地域社会と連携して保育が展開されるよう配慮すること。その際，家庭や地域の機関及び団体の協力を得て，地域の自然，高齢者や異年齢の子ども等を含む人材，行事，施設等の地域の資源を積極的に活用し，豊かな生活体験をはじめ保育内容の充実が図られるよう配慮すること。

　毎日関わる子どもの状況を正しく把握するには，園内だけではなくて家庭内での様子も知る必要があります。そのためには保護者を保育者から支援を受ける対象としてだけではなくて，保育者と一緒に子どもを支える協力者としてとらえましょう。その点では，保育者と保護者とはお互いが対等な**パートナー**であるといえるでしょう。そして，そこから保護者との連携・協働が必要となってきます。しかし，家庭の状況は実に様々です。そこで家庭内外に祖父母などの育児協力者がいるのか，乳幼児の兄弟姉妹の有無などの基本的情報を把握して，各家庭事情に合わせた無理のない協力関係を構築していく必要があります。では，具体的にどのように保護者と関わっていけばよいのでしょうか。

2　保護者との連携・協働の方法

　たとえば子どもが園内で「けが」をした場合には，すぐに傷の手当てをするとともに，保護者にもそのことを伝えて一緒に症状の回復を図ります。こうした保育者と保護者間での連携・協働を効果的なものにするためには，まず保護者との間に第14章でも学んだ**ラポール**（信頼関係）を構築しましょう。そのためには保護者が育児のことなどで困ったときに，**カウンセリングマインド**の観点から保育者に気楽に相談できるような環境をつくることが大切です。たとえば保護者に**受容的態度**で接したり，いつでも相談しやすいように事務室の入り口を開放的にしたりします。

　保育者が子どもの様子について保護者とやりとりするには，様々な方法があります。たとえば登園時には子どもに変わったことはないかなど，家庭での様子や健康状態について保護者に確認します。降園時にも保護者と接する機会がありますが，保護者は帰宅を急いでいます。そのために大抵の場合は十分な時間をとることができませんので，保育所内での子どもの1日の様子を**連絡帳**に書いて渡します。そうすることで，保護者は家に帰ってからゆっくりとその内容を確認できます。

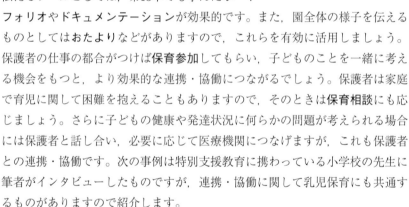

　そのほかに保育所内での日々の子どもの様子を伝えるツールとしては，第13章でも学んだ**ポートフォリオ**や**ドキュメンテーション**が効果的です。また，園全体の様子を伝えるものとしては**おたより**などがありますので，これらを有効に活用しましょう。保護者の仕事の都合がつけば**保育参加**してもらい，子どものことを一緒に考える機会をもつと，より効果的な連携・協働につながるでしょう。保護者は家庭で育児に関して困難を抱えることもありますので，そのときは**保育相談**にも応じましょう。さらに子どもの健康や発達状況に何らかの問題が考えられる場合には保護者と話し合い，必要に応じて医療機関につなげますが，これも保護者との連携・協働です。次の事例は特別支援教育に携わっている小学校の先生に筆者がインタビューしたものですが，連携・協働に関して乳児保育にも共通するものがありますので紹介します。

【事例15-2　特別支援教育に携わる教員へのインタビュー】

　子どもへの支援について，親御さんって「これをしなさい」と言っても難しいから「こんな選択肢がありますよ」とか，相当数の選択肢を提示しました。「いきなりは難しいかな」と思った場合は，「冬休みに4日間，この間で是非来てください」って言ったら，4日間全部来たケースがあります。こうすればお母さんもついて見ることができるじゃないですか。そしたら「あぁ，こうやって教えればいいんですね」って納得されて，お母さんもそこから変わってきました。すごい**チック**が激しいお子さんだったんですけど，かなり落ち着いてきて……。やっぱり，何か成果を出さないと親は変わらないと思います。何か成果がみえたときにもっとやりたいと思うし，「あぁ，こうやってやればできるんだ」と気づくところが大事ですね。

（出所：大浦賢治「特別支援教育における教師と学習支援員の関係はどうあるべきか」より要約して一部抜粋）

受容的態度
何らかの問題を抱えた子どもや保護者の悩みや不安などを受け止める姿勢のことをいう。

チック
突発的で不規則に速い運動や発声が繰り返し生じる症状のこと。

このように保育者は保護者の意識を高めてともに協力しながら子どもの育ちを促していきます。しかし，注意点として各家庭の個人情報は**守秘義務**の観点から，無関係な第三者に口外してはなりません。

＊ことば

守秘義務
ある一定の職業についている者が職務上知りえた個人情報，社内の秘密などを他者に漏らしてはいけないとする職務上の義務のこと。

第3節　自治体や地域の関係機関との連携・協働

1　社会的ネットワークの重要性

保育所は地域の中で子どもとその保護者に適切な援助を提供すべき拠点です。しかし，特に近年では子どものあそびに適切な場所がない，あるいはあっても狭いなどの問題が指摘されており，ときとして保育所だけでは十分な環境を提供することが困難な場合もあります。また，さらに虐待や貧困などの諸問題に対して，保育所だけでは適切な対応ができない場合もあります。その場合には保育所だけで問題を抱え込むのではなく，行政や医療などの関係機関に協力を求めることが重要です。そして，そこから地域の様々な人々との間に親密な関係性，すなわちネットワークを構築する必要性が出てくるわけです。このことに関して保育所保育指針には以下の記載があります。

> 第4章　子育て支援　3　地域の保護者等に対する子育て支援
> (2)　地域の関係機関等との連携
> ア　市町村の支援を得て，地域の関係機関等との積極的な連携及び協働を図るとともに，子育て支援に関する地域の人材と積極的に連携を図るよう努めること。

乳児保育について特に保育所と連携・協働の関係にある専門機関としては実に様々なものがありますが，以下にはその主なものを挙げます。

○ 児童相談所

児童福祉法に基づく行政機関であり，都道府県と政令指定都市では設置が義務づけられており，2006年からは中核市などでも設置ができることとなりました。その主な業務として，相談，診断，調査，判定，児童の一時保護などがあり，児童虐待，非行問題など子どもに関わる様々な事案を取り扱います。近年ではその役割がますます大きくなっています。

○ 福祉事務所

社会福祉法に規定されている行政機関であり，都道府県および市と特別区には設置が義務づけられています。その主な業務として，福祉六法（生活保護法，児童福祉法，母子及び父子並びに寡婦福祉法，老人福祉法，身体障害者福祉法，知的障害者福祉法）で定められている援護と育成，または更生の措置に関する事務を司っています。

○ 家庭児童相談室

家庭における児童の養育や家庭福祉の向上を図るために1964年に設置されたものです。福祉事務所が行う家庭児童福祉に関する業務のうち，専門的技術を必要とするものを取り扱います。また，児童相談所と比較して家庭児童相談室では，地域に密着した比較的軽易な相談事例を取り扱います。

◯ 保健所

　地域住民の健康や衛生を促進するために地域保健法に定められている公的機関であり，地域住民の健康に関わる主要機関です。これは，都道府県，政令指定都市，中核市，その他政令で定める市，または特別区に設置されており，その主な業務としては災害医療，感染症，食品衛生，環境衛生などがあります。このほかに市町村が設置主体になったものとして**保健センター**があります。

◯ 子育て世代包括支援センター

　これは母子保健法に規定される母子健康包括支援センターの通称であり，市町村が設置しています。その主な業務としては，母子の生命の安全と子どもの健やかな育ちを促すために妊娠，出産，子育てという各段階において相談に応じ，支援プランを作成して，母子保健と子育て支援サービスを包括的に取り扱います。

◯ 児童家庭支援センター

　これは児童福祉法に規定された児童福祉施設です。子どもの保護者などからの相談に応じ，適宜助言や指導を行って福祉の向上を図るとともに，児童相談所や児童福祉施設などとの連絡調整を総合的に行います。また，そのほかには里親などへの支援も行います。

◯ 児童発達支援センター

　児童福祉法に規定され，医療型と福祉型の2種類があります。医療型は地域の中で障害がある就学前の子どもとその家庭を通所によって支援する医療を備えた児童福祉施設であり，福祉型は主に知的障害のある子どもに対して日常生活における基本的動作の指導や集団生活への適応のための訓練を行います。

　このほかに子育てに関わる専門機関ではありませんが，公共機関として保育所との連携・協働に取り組む警察，図書館，市町村役場などの関係機関があります。そして，さらに豊かな保育実践を行うために，保育所はこれら以外の人々と交流をすることも効果的です。次の事例をみましょう。

【事例15-3　砂場施工にわくわく】

　建設業の魅力を子どもたちに伝えたいと鳥取県中部建設業協会青年部が倉吉市の幼稚園で園児と一緒に園庭を整備し，建設業の魅力をPRした。子どもたちは自分たちが使う砂場づくりを体験し，新しくできた砂場に大喜びだった。同部の園児向けの事業は2回目であり，園にあった砂場を一回り大きくし，木製の枠を周囲に張って新しくつくった。園児はシャベルを手に砂をならすなどして手伝った。園内には，高所作業車や建設機械なども運ばれて乗車体験も行われた。園児の一人は「土を広げるお手伝いをした。いい感じの砂場になった」と満足そうだった。

（出所：『日本海新聞』朝刊，2021年5月29日の記事を要約して抜粋）

　この事例では，地域の民間業者が主体となって園庭を子どもと一緒に整備しています。子どもたちは園庭が見違えるほど綺麗になる様子を目の当たりにして，普段の生活とは全く異なる一種の職業体験をすることができました。こうした取り組みは保育所だけでは実施が困難だと思われます。この事例にみられるように，地域の人々と連携・協働をすることで，子どもたちは保育所だけでは学べない貴重な体験をすることが可能になります。

❀**ことば**

保健センター
主に保健師がサービスを展開しており，1997年に多くのサービスが市町村に一元化されて以来，その役割が大きくなった。

これまで述べてきたような人々が生活上の様々な問題を解決したり，ニーズを満たしたりするために活用される施設，制度，サービス，情報，人材などのことをまとめて**社会資源**といいます。そして，さらにある特定の地域の中で活用可能な資源のことをその場所における**地域資源**といいます。こうした社会資源の活用事例としては，このほかにも以下のようなものが挙げられます。

- ・PTA役員，老人会の人ともちつき
- ・地域の方の指導を受けてお茶をたてる
- ・地域探索カルタをつくる
- ・小学校5年生と節分豆まきをする

（出所：田口鉄久「地域連携保育の教育的意義と課題」より引用）

2　社会における保育所の役割

保育所は地域の中でコミュニティの一員として親子と社会資源をつなぎ，ともに連携・協働する存在です。子どもが高齢者などと関わって逆に地域の人々に対して影響を及ぼすように，保育所は地域にとっても社会資源の一つであるといえます。図15-2はこうしたネットワークを表したものです。少子高齢化が社会問題となっている現代の日本社会では，人々のつながりがしだいに薄れており，孤立や孤独に悩む人々が多くみられます。こうしたネットワークの構築は地域の活性化にもつながるものです。

最近では不審者による犯罪の懸念がありますので，防犯上の理由などから，地域との連携・協働に関しては受け入れの負担が大きいといった問題もあります。しかし，お互いにプラスの側面もあるわけですから，地域の人々との交流をできるところから深めていきましょう。そのためには保育所保育指針の「第5章　職員の資質向上」にもある通り，保育者としての専門性を高めることが大切です。すでに保育カンファレンスが重要であることは述べましたが，このほかにも**保育士等キャリアアップ研修**などのような保育所外の研修にも積極的に参加して，地域の人々から信頼される保育者を目指してください。

プラスα

社会資源としての公共機関や公共施設
このほかに公民館，地区センター，公園，商店街，銀行，病院などがある。

インフォーマルな社会資源とフォーマルな社会資源
家族的なグループや私的で制度化されていないものをインフォーマルな社会資源といい，児童相談所，法律などのように公的なものをフォーマルな社会資源という。

ことば

保育士等キャリアアップ研修
保育現場において，初任後から中堅までの職員の専門性を向上させる目的で実施される研修制度である。8つの専門分野別研修がある。

図15-2　地域におけるネットワークの一例

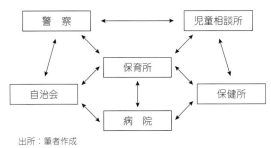

出所：筆者作成

演習課題

① テキストの事例を参考にして地域資源を活用した保育実践を考えてみましょう。

② 関心の低い保護者の保育参加を促すにはどうすればよいでしょうか。

【引用・参考文献】

秋田喜代美・馬場耕一郎監修，矢萩恭子編『保育士等キャリアアップ研修テキスト6　保護者支援・子育て支援（第2版）』中央法規出版，2020年

橋本好市・直島正樹編著『保育実践に求められる子ども家庭支援』ミネルヴァ書房，2019年

實川慎子・髙木夏奈子・栗原ひとみ・山田千愛・高野良子「保育現場の地域連携事業──千葉市内の保育所等の実態調査から」『植草学園大学研究紀要』第11巻，2019年，41-51頁

今井和子・近藤幹生監修，今井和子・矢島敬子編著『MINERVA 保育士等キャリアアップ研修テキスト1　乳児保育』ミネルヴァ書房，2019年

厚生労働省「子どもを中心に保育の実践を考える──保育所保育指針に基づく保育の質向上に向けた実践事例集」2019年

香﨑智郁代「保育現場における地域連携保育の現状と課題」『VISIO』No. 50，2020年，49-54頁

松本峰雄監修，池田りな・才郷眞弓・土屋由・堀科『よくわかる！ 保育士エクササイズ5　乳児保育 演習ブック（第2版）』ミネルヴァ書房，2019年

森上史朗・柏女霊峰編『保育用語辞典（第8版）』ミネルヴァ書房，2015年

中坪史典・山下文一・松井剛太・伊藤嘉余子・立花直樹編『保育・幼児教育・子ども家庭福祉辞典』ミネルヴァ書房，2021年

名須川知子・大方美香監修，馬場耕一郎編著『MINERVA はじめて学ぶ保育7　乳児保育』ミネルヴァ書房，2019年

『日本海新聞』朝刊「砂場施工にわくわく」2021年5月29日

大浦賢治「特別支援教育における教師と学習支援員の関係はどうあるべきか──障害者問題に関する質的研究」『東京立正短期大学紀要』第40号，2012年，22-42頁

汐見稔幸・無藤隆監修，ミネルヴァ書房編集部編『〈平成30年施行〉保育所保育指針 幼稚園教育要領 幼保連携型認定こども園教育・保育要領 解説とポイント』ミネルヴァ書房，2018年

田口鉄久「地域連携保育の教育的意義と課題」『鈴鹿大学短期大学部紀要』第37巻，2017年，115-124頁

Take Action「トップダウン」と「ボトムアップ」の違いとメリット・デメリットについて紹介，2021年8月14日記事
　　https://thanks-gift.net/column/engagement/topdown-bottomup/htm（2022年2月10日閲覧）

『十勝毎日新聞』「誤嚥　心肺停止で搬送　園児意識不明　園側，過失認める」2021年7月6日

谷田貝公昭編『改訂新版　保育用語辞典』一藝社，2019年

第Ⅱ部

||||||||||||||||||||||||||||||||||||||||||||||||||||||||||||||||

演習編

　子どもは一人として同じ存在ではありません。みな違った個性や可能性があります。そのためにすべての子どもが主体性を備えて自分らしく健やかに成長できる環境をつくっていくことが必要です。しかし，現在の日本社会では，子どもを取り巻く環境に様々な問題があり，ときとして子どもは困難な問題に直面します。そして，そんなときにそうした子どもの支えとなる存在が保育者です。演習編である第Ⅱ部では，第Ⅰ部で学んだ事柄を土台にして主に「乳児保育Ⅱ」の内容を中心とした，より実践的なお話を展開していきます。ここでは乳児保育に役立つヒントやアイデアが満載ですので，しっかりと身に付けて子どもの最善の利益を実現できるようにしましょう。

第16章 0歳児保育の実際

●事例から乳児の気持ちを読み取り関わり方を考えてみましょう。
●保育で活用できるあそびを実践してみましょう。

第1節 0歳児保育の事例

1 基本的生活習慣

　0歳児クラスのあそびや生活は，月齢や個人の発達の差によって，その援助や関わりは大きく異なります。ここでは，食事，排泄，睡眠，着替えなど，基本的生活習慣に関する事例から子どもに合った具体的な関わり方について学びましょう。

【事例16-1　授乳「ミルク，おいしいよ」生後3か月Sちゃん】

子どもの状況	お腹が空いたと泣いてミルクを要求するものの，授乳中に乳首を離し，キョロキョロするなど遊び飲みをします。
保育者の対応	できるだけ特定の保育者がSちゃんを抱いて授乳します。授乳中は優しく語りかけSちゃんのあそび飲みに目を見て声をかけ応じました。授乳後は排気（げっぷ）を行います。
対応の結果	特定の保育者が関わることで，Sちゃんの満腹感が予想でき，安心してミルクを飲むようになりました。
援助のポイント	ミルクの調乳は37℃程度に冷します。授乳時間はあまり長いと体力的に疲れてしまうため，15分くらいにします。授乳中に乳首を離してあそび出しても，お腹がいっぱいの可能性もあるため無理に飲ませないようにします。授乳後の排気が出ずに寝た場合は，睡眠中の嘔吐による窒息の可能性があるため，左右どちらかに向け目を離さないようにしましょう。

【事例16-2　食事「自分で食べるよ！」生後10か月Tくん】

子どもの状況	保育者に援助してもらい，「もっと，もっと」といわんばかりに「あー」と声を出し，催促する食欲旺盛なTくん。最近では手づかみで自分の口に入れようとします。
保育者の対応	Tくんが手でつかんで食べることが経験できるように，手でつかみやすい形状の食材は，大きさに配慮し皿に置きました。保育者はTくんの前に座り，Tくんのペースに合わせてスプーンで口に運びました。Tくんが自分で口に入れられたときには「上手ね，おいしいね」「パクってできたね」などと声をかけました。

対応の結果	Tくんは自分で口に入れられるようになり，自分で食べる喜びを感じています。
援助の ポイント	保育者は，子どもの自分で食べたい気持ちを理解し，子どもがこぼしたり，汚したりすることばかり気にしないようにし，手づかみ食べが十分に経験できるようにしましょう。食事の時間は，楽しい雰囲気になるようにゆとりをもって関わるように配慮します。

【事例16－3　排泄「おむつ，替えるのイヤ～」生後 8 か月 R くん】

子どもの 状況	おむつを替えようとすると，あそびたいのか嫌がるようになり，最後には泣いて体をねじるようになりました。
保育者の 対応	無理に替えるのではなく，Rくんのあそびのタイミングをみて，おむつを見せながら「きれいにしようね」などと声かけをしました。お気に入りのおもちゃを手に持たせるなどして，手早く替えました。おむつ替えの後，足を持ってリズムよく動かすなどスキンシップの時間になるようにし，「きれいになったね」と心地よさを感じられるように声かけをしました。
対応の結果	おむつを見せておむつ替えを促したことで予測できるようになりました。また，おむつを替えた後のスキンシップを喜ぶようになり，おむつを替えるのを嫌がることが徐々に減ってきました。
援助の ポイント	保育の場面では，みんな同じタイミングでおむつを替えようとしがちですが，個々に合わせて対応することが大切です。また，ゆったりと関わることでタイミングがみつかるはずです。保育者の焦りは子どもに伝わるので，「みんなと同じときに替えなければ」「今，替えなければ」と思わずに子どもの様子をみて関わるようにしましょう。

※つかまり立ちができるようになり便が出ていなければ，子どもは立った状態で紙パンツを替えることもできますが，子どもへの関わりとして，おむつ替えが作業にならないように留意しましょう。

次は午睡の場面です。皆さんはどう考えますか。

【事例16－4　睡眠「眠いよー」生後 4 か月 A ちゃん】

子どもの 状況	入所間もないAちゃんは登園時間が 7 時30分。午前中 2 回午前寝をします。
保育者の 対応	園の環境や生活に慣れていないAちゃんの生活リズムに合わせました。Aちゃんの様子をみて，授乳後すぐに寝かせるのではなく，外気に触れたり，あそんだりしながら徐々に起きている時間が長くなるようにしました。
対応の結果	園の生活に慣れ，午前中に保育者とのあそびを楽しむようになり，徐々にAちゃんの生活リズムが整ってきました。
援助の ポイント	子どもの生活リズムに合わせて関わることが大切です。入所当初は，みえないストレスも感じていることも考慮しましょう。午前寝を無理に 1 回にする必要はなく，まだ午前寝の必要な時期でもあるので，少しずつ園の生活リズムを整えていくような関わりを心がけましょう。

※午睡中の事故として，乳幼児突然死症候群（SIDS）について理解しておきましょう。保育者は，午睡中，子どもから目を離さず，呼吸や体位などを確認し，睡眠チェック表などに必ず記入しましょう。

【事例16－5　睡眠「抱っこしていて」生後10か月Dくん】

子どもの状況	眠くなると機嫌が悪くなり，決まってぐずりだすDくん。抱っこしないと寝ません。布団に寝かそうとすると起きてしまいます。
保育者の対応	Dくんが安心して寝ることができるように，可能な限り特定の保育者が関わるようにしました。また，抱っこで寝かし様子をみてDくんに保育者の体をつけたまま布団にそっと寝かすようにしたり，添い寝し体をなでたりしました。
対応の結果	特定の保育者が寝つくまで関わることで安心感につながり，保育者がいれば布団で寝られるようになりました。
援助のポイント	寝つきの悪い子や反対に寝起きの悪い子，子どもによって様々で個人差があります。一人ひとりの子どもに合わせた対応を心がけましょう。保育者は抱いて寝かすことはいけないことではないと理解し，少し暗くする（子どもの表情がみえる程度で暗くしすぎない），湿度や室温に配慮するなど安心して睡眠できる環境を工夫しましょう。また，早く寝かそうと焦らず，昼間にしっかり体を動かす活動をするなど，あそびを工夫することが大切です。

※園生活において一斉に同じ時間に寝かせるのではなく，個々に合わせて，保育者同士が連携し，起きている子とあそぶなどして関わるようにします。

【事例16－6　着脱「脱げるかな？」生後9か月Jくん】

子どもの状況	着替えのときに，洋服から顔が出ると，「バァー！」と嬉しそうに声を出すJくん。保育者が脱がそうとするとJくんも自分で洋服を持ち上げようとしました。
保育者の対応	保育者は，Jくんが「バァー！」と言ったときには「びっくりしたー！」と応え，関わりを楽しみながら着替えをしました。また，自分で洋服を持つようになったので「お顔はどこかな〜」「おてては出るかな〜」などと声をかけることで保育者と一緒に着替えを楽しみながらできるようにしました。
対応の結果	指先を使って洋服を持ち上げたり下ろしたりするようになり，給食のエプロンなど，自分で首から外したりする姿もみられるようになってきました。
援助のポイント	この時期の着替えなどは，自分でできるようにすることを目的とするのではなく，保育者との関わりを楽しみながら少しずつ指先や手を使って保育者と一緒に着替えられるように援助しましょう。

2　言葉とヒトとの関わり

　保育者は，自分の欲求を伝えようとする喃語や子どもの表情から，子どもの気持ちを汲み取り，言葉にして返します。保育所保育指針第2章「保育の内容」1「乳児保育に関わるねらい及び内容」⑴基本的事項，ア「（前略）乳児保育は，愛情豊かに，応答的に行われることが特に必要である」と示されているように，保育者は子どもの気持ちや欲求を言葉にして返すことで，子ども自身が主体であることを感じられるように関わることが大切です。ここでは，乳児が保育者の愛情豊かで応答的な関わりにより，モノや他児との関わりを広げていく事例から，言葉とヒトとの関わりについて学びましょう。

【事例16-7　保育者との関わり「先生，どこ？」生後7か月Iちゃん】

子どもの状況	入所間もないIちゃんは，特定の保育者の姿が見えなくなると，探すようにキョロキョロと見回します。戻ってくると，手を伸ばし，甘えた声を出して呼びます。
保育者の対応	「Iちゃん，先生，ここにいるよ」「Iちゃん，待っててくれたの！　嬉しいな」などと言いながら，Iちゃんの気持ちに応えるように近くにいって優しく話しかけました。Iちゃんが安心した表情をみせたら，笑顔で抱きしめたり，抱き上げたりしました。
対応の結果	特定の保育者が丁寧に関わることでIちゃんの気持ちの安定につながり，他の保育者にも笑顔をみせるようになりました。
援助のポイント	入所間もない頃は，特にIちゃんのように特定の保育者を慕って後追いしたり，姿が見えないと不安になったりする子がいます。保育者同士で連携し，できるだけ特定の保育者が関わり安心できるような環境を整えましょう。

【事例16-8　保育者との関わり「みて！　入ったよ！」生後10か月Yくん】

子どもの状況	Yくんがポットン落としであそんでいるとき，保育者の方を見て，入ったことを知らせようとします。
保育者の対応	Yくんの気持ちに共感し，「入ったね！」「これはどうかな？」と，もう1つ入れるものを渡すなど，Yくんのあそんでいる行動を言葉で伝えながらあそびを促しました。
対応の結果	その後も1つ入れては保育者の顔を見て，満足そうに笑顔であそびを繰り返し楽しみました。
援助のポイント	たとえば，「できたね！」と言いながら手をたたくと，子どもも保育者の真似をして手をたたいて喜びます。同じ動作の反復を楽しむ時期でもあるので，保育者は子どもの予測に応え，表情や言葉かけで応答的な関わりを心がけましょう。

次は，他児との関わりの場面について考えてみましょう。

【事例16-9　他児との関わり「一緒にあそぼう」生後11か月Kくん】

子どもの状況	おもちゃに興味を示し，よくあそぶKくん。Kくんがお気に入りのおもちゃであそんでいると，1歳6か月のAくんが近寄って，Kくんの持っているおもちゃを触りました。その瞬間，Kくんは大きな声で泣き出しました。
保育者の対応	保育者は「びっくりしたね！」「Aくんが一緒にあそぼう！　って」と言いながら，Kくんを膝にのせて，その後，同じおもちゃで一緒に3人であそびました。
対応の結果	保育者の仲立ちによりKくんは保育者と一緒に安心して，Aくんと3人でしばらくあそぶことができました。
援助のポイント	言葉のコミュニケーションがなくても，保育者が代弁し，一緒にあそぶことで子ども同士が関わりあそぶことができます。保育者は，子どもと子どもをつなぐ存在でもあり，子ども自身が安心できる存在でもあります。応答的な関わりを心がけ，他児との関わりを楽しいと感じられるようにしましょう。

第 2 節 ## 0 歳児保育のあそび

1　手づくりおもちゃ

　乳児にとっておもちゃは，五感を働かせる重要なあそび道具です。保育所保育指針第2章「保育の内容」1「乳児保育に関わるねらい及び内容」(2)ねらい及び内容のうち，ウ「身近なものと関わり感性が育つ」の(ウ)「内容の取扱い」において，「玩具などは，音質，形，色，大きさなど子どもの発達状態に応じて適切なものを選び，その時々の子どもの興味や関心を踏まえるなど，遊びを通して感覚の発達が促されるものとなるように工夫すること」と明記されています。ここでは乳児が夢中になってあそぶ簡単な手づくりおもちゃを紹介します。

　写真16‐1・16‐2は，「ポットン落としおもちゃ」です。タッパーの蓋にいくつかの穴をあけておき，その穴にストローを落としてあそびます。はらぺこあおむしのポットン落としは，あおむしを立てて，口の中にすいかなどを食べさせてあそびます。写真16‐2の食べ物の土台はペットボトルのキャップを2個合わせてフェルトをくるんでつくっています。この中にはビーズ等を入れて振ると音が鳴るようになっています。

写真16‐1　ポットン落とし

　他にもタッパーの蓋に動物の顔を貼り，口の部分を落とすモノのサイズに合わせて穴をあけ，動物にご飯を食べさせる，というあそびにするなど，いろいろなバリエーションをつくると乳児が喜んであそびます。

写真16‐2　はらぺこあおむし

　写真16‐3は，布絵本です。中身は，1ページごとに一つの絵になるように作成し，たとえば，りんごの木のページでは，マジックテープでりんごが脱着できたり，動物の顔のページでは，動物の鼻を押すと音が出たりするなど，感触や音などが楽しめる工夫をするとよいでしょう。

写真16‐3　布絵本

写真16‐4　ひも通し

　写真16‐4はフェルトでつくったひも通し遊びのおもちゃです。この他，五感を刺激するおもちゃとして，板にゴムをくっつけ引っ張ったり，押すと蓋が開いたりするものがあります。五感を刺激する様々なものをくっつけると，楽しいおもちゃが出来上がります。どのおもちゃも手指の発達を促します。

2　絵本がもたらす育ち

　赤ちゃんは，言葉を使って話すことができなくても絵本を見るのが大好きです。大好きな大人の優しい語りかけで絵本を読んでもらうことは，とても心地よいと感じています。絵本の読み聞かせはいつからとは決まっていませんが，認知の始まる5，6か月頃が適当（福岡・礒沢，2009）といわれています。「読み聞かせ」という表現が一般的にされていますが，昨今は「読み合う」という表現がなされるようになってきています。なぜなら，赤ちゃんが興味を示すと指さしをします。これは「これなあに」「あ！　これ！」と絵本を読んでいる姿であり，一方的に大人が読んで聞かせるのではなく，赤ちゃんの表現に応答しながら絵本を一緒に読み合う共同活動ととらえるからです。1冊の絵本は読み手と聞き手の相互作用の中で読み進められていくことから，「読み合い」という言葉を生み出しています（福岡・礒沢，2009）。赤ちゃんは，大好きな大人の膝の上に座って，絵本を一緒に読み合うことで世界を共有し，心を響き合わせることで**共感体験**をします。この共感体験の積み重ねが，人と関わる力，言葉の発達を支える力を育んでいきます。

　では，絵本にはどのような要素が含まれているのでしょうか。福岡（福岡・礒沢，2009）は，絵本について次のように述べています。

　①絵（美術）＋言葉（文学）＋装幀（デザイン）の総合芸術である。

　②絵本をめくることから物語は生まれる。

　③絵本は境界を越えることができる（見たことがないモノ，行ったことがないところを知ることができる）。

　④絵本の中で他者に出会う。

　⑤絵本は年齢を超えて共有することができる（双方の伝え合い）。

　昨今はデジタル絵本も出回っていますが，紙の絵本は表紙から裏表紙に向かって連続性を意識しながら，赤ちゃんのペースでめくっていくこと自体も楽しみの一つになっています。赤ちゃんが自分でめくることができるようになると，1ページを持ったまま行ったり来たりさせ絵本の世界を行ったり来たりして楽しむ姿がみられます。

　では，赤ちゃんにはどのような絵本を選ぶとよいでしょうか。赤ちゃんが好む絵本の特徴として，擬態語・擬音語などの**オノマトペ**が中心の絵本が挙げられます。意味世界のお話絵本に入る前に，リズミカルなオノマトペを使って大人も赤ちゃんとやりとりを楽しむ絵本は，赤ちゃんの情緒を豊かにします。脈絡がないようなナンセンス絵本やユーモアな絵本を読むときは，既成概念を取っ払って赤ちゃんとともにその絵本の世界を楽しむことが大切です。初めて出会う絵本は，オノマトペやリズミカルな繰り返しの言葉があるもの，赤ちゃんにとって日常生活に密着した絵が描かれているものを選ぶとよいでしょう。

❀ことば

オノマトペ

様々な状態や動きなどを音で表現した言葉のこと。オノマトペの種類には，擬音語と擬態語がある。擬音語は音を描写した「ニャーニャー」「ゴクゴク」などであり，擬態語は「キョロキョロ」「イライラ」「シーン」など実際に音はしていないが，言語によって状態や動作などを表現している。オノマトペの語源は，古代ギリシャ語のオノマトポイーア（onomatopoiia）に由来する。古代ギリシャ語のonoma（名前）とpoiein（つくる）という言葉が融合し，オノマトポイーア（言葉をつくる）という言葉が生まれた。古代ギリシャ語のオノマトポイーアを語源とし，英語ではオノマトピア（onomatopoeia），フランス語ではオノマトペ（onomatopee）という言葉になっていき，日本ではフランス語を用いていることになる。

また，１ページに描かれている絵は１つとなっているもの，顔は正面を向いているものが赤ちゃんにとって望ましいです。簡単なストーリーの絵本では，「いないいないばあ」をテーマにした絵本，身近なものがテーマになっている絵本，ごあいさつの繰り返しを楽しむ絵本，言葉のやりとりを楽しむことができる絵本を選ぶとよいでしょう。絵本は，大人と赤ちゃん双方のコミュニケーション（伝え合い）の１つであることを忘れずにいたいものです。表16－１に代表的な絵本をテーマ別に紹介します。

表16－1　テーマ別の０歳児向け絵本

テーマ	タイトル	作者	出版社
オノマトペを楽しむ	もこもこ じゃあじゃあびりびり ごぶごぶ　ごぼごぼ だっだぁー もいもい てんてんてん	谷川俊太郎 まついのりこ 駒形克己 ナムーラミチヨ 市原淳／開一夫 わかやましずこ	文研出版 偕成社 福音館書店 主婦の友社 ディスカヴァー・トゥエンティワン 福音館書店
繰り返し言葉を楽しむ	きんぎょがにげた いない　いない　ばあ いやだ　いやだ ころころころ きたきたうずまき やさいさん しましまぐるぐる	五味太郎 松谷みよ子 せなけいこ 元永定正 元永定正 tupera tupera 柏原晃夫	福音館書店 童心社 福音館書店 福音館書店 福音館書店 学研プラス 学研プラス
食べ物	おたんじょうび くだもの ブルーナの０歳からの本　2　たべもの・おもちゃ	まついのりこ 平山和子 D・ブルーナ	偕成社 福音館書店 講談社
言葉のやりとりを楽しむ	ごあいさつあそび だるまさんシリーズ「が・の・と」 あかちゃん ばいばい	木村裕一 かがくいひろし tupera tupera まついのりこ	偕成社 ブロンズ新社 ブロンズ新社 偕成社
簡単な繰り返しのストーリー	しろくまちゃんのほっとけーき くっついた おつきさまこんばんは かにこちゃん	わかやまけん 三浦太郎 林明子 きしだえりこ／ほりうちせいいち	こぐま社 こぐま社 福音館書店 くもん出版
動物	ブルーナの０歳からの本　3　どうぶつⅠ・Ⅱ どうぶつのおやこ どうぶつのおかあさん とっことっとこ	D・ブルーナ 藪内正幸 藪内正幸 まついのりこ	講談社 福音館書店 福音館書店 童心社
乗り物	がたんごとんがたんごとん ぶーぶーじどうしゃ	安西水丸 山本忠敬	福音館書店 福音館書店

出所：筆者作成

> **コラム**　なぜ赤ちゃんの絵本は横顔より正面顔がよいの？（ミッフィーちゃんは
> いつも正面顔ですね〜）

　皆さんは，赤ちゃんの絵本には横顔よりも正面顔で描かれた絵本の方が多いこと
をご存じですか。どうしてなのか，考えたことはありますか。これについては科学
的に証明されています。

　市川ら（2018）の共同研究チームによって，赤ちゃんが横顔を顔としてみる力は
いつ頃から始まるのかが明らかにされています。生後3〜8か月の間の向きに依存
しない顔処理の発達について研究がなされており，赤ちゃんは，遅くとも正面顔は
生後5か月以降に顔としてみることができる一方，横顔は生後8か月にならないと
顔としてみることができないことがわかっています（2009年中央大学と生理学研究
所のグループによって報告）。その後，2018年では14人の赤ちゃんを生後3か月か
ら8か月まで毎月1回ずつ計測するという縦断的な研究を行うことで，正面顔と横顔
とでは顔をみる力の発達の仕方が違うことを明らかにしました。正面顔をみる力と
比べ，横顔をみる力が生後5か月以降により速く発達すること，赤ちゃんの顔をみ
る力には個人差があること，一方で生後8か月に向けて個人差が小さくなってくる
ことが示されました。

　さて，ミッフィーの生みの親であるディック・ブルーナ氏は，赤ちゃんが横顔を
みる力が発達的に遅いことに気づいていたのでしょうか。ブルーナ氏が描くミッ
フィーたちは，体が横向きであっても顔は必ず正面を向いています。これは，どん
なときも目をそらすことなく，読者の子どもたちと正直に対峙していたいというブ
ルーナ氏の思いの現れだそうです。私たちも赤ちゃんから目をそらすことなく，常
に心を向き合わせたいものです。

3　わらべうた・スキンシップ遊びがもたらす育ち

　皆さん，わらべうたといえばどのような歌を思い浮かべますか。
わらべうたには以下のような特徴があります（木村・蔵田，2009）。

①うた（唱え）に行為（あそぶ，あそばせるなど）が伴う。

②口承されたものであり作者はわからない：子どもたちがあそび，歌い続け
　ることによって伝承されてきたものであり，近年まで文章や楽譜に書かれ
　ることなく口から口へ，耳から耳へと伝承されてきた「口承」による。

③地域性がある：日本中に似たわらべうたが分布している一方，地域の独自
　性がみられる。

④常に変化：歌い継ぐうちにメロディや歌詞やあそび方を変えている。

⑤日本語から出発した旋律リズム：ほとんどの歌は5種類の音で半音が入ら
　ない5音音階で構成され，日本語のもつリズム，等拍感はどの地域にも共
　通している。

⑥文化が反映されている。

⑦子どもの成長，発達と深い関わりがある：子ども同士があそぶ中で運動
　的・社会的・言語的な刺激となっている。

　このように，わらべうた遊びは，子ども同士がやりとりしながら生活に合わ
せてあそび方を変えていることから，身体のふれあいを通してコミュニケー
ション能力を育む要素を含んでいます。また，大人は赤ちゃんと目を合わせ，
言葉をかけ，あやしたり，子守歌を歌ったりしますが，伝承された子守歌やわ

♣ことば

5音音階
1オクターブに5つの音が含
まれる音階のこと。ペンタト
ニック・スケールとも呼ばれ
る。スコットランド民謡（ス
コットランド音楽）などに現
れる。日本の民謡や演歌にみ
られるヨナ抜き音階，および
琉球音階も5音音階の一つで
ある。東アジア（日本，朝鮮
半島，中国（漢民族），モン
ゴル，チベット，ブータンな
ど），東南アジア（ベトナム，
タイ，ミャンマー，カンボジ
ア，インドネシア（ジャワ島，
バリ島）），アフリカ（スーダ
ン，エチオピア，ウガンダな
ど），南アメリカ（アンデス）
の音楽では，1オクターブの
音域内で5つの音をもつ音階
に基づくものがある。通常の
スケール（音階）は7音だか
らペンタトニック・スケール
は2つ音が少ないことになる。

らべうたは日本語のリズムやイントネーションの影響を受け成り立っています
ので，人とのコミュニケーションツールの一つであり，言葉の獲得につながっ
ていきます。

　うた（唱え）に行為が伴うあそびであることから，赤ちゃんと大人が1対1
で向かい合ってあそばせあそびを楽しみます。あそばせあそびはスキンシップ
遊びとして主に愛着形成を意図して行われるあそびでもあります。わらべうた
は，赤ちゃんに語りかけるような口調で必ず生の声で歌います。

　ここでは，代表的なわらべうた遊びを紹介します。

☆「いちりにりさんり　しりしりしり！」（自由なリズムで♪）
　赤ちゃんを寝かせてあそびます。♪いちりにりさんり　しりしりしり～
　～あそび方～
「いちり」で足の両親指をつまみます。「にり」で両足首，「さんり」で両ひざをつか
み，「しりしりしり」で両わき腹をくすぐります。
☆「たけんこがはえた」（図16-1）赤ちゃんを抱っこしてあそびます。

図16-1　たけんこがはえた（わらべうた）の楽譜

図16-2　たけんこがはえたのあそび
　　　方のイラスト（0歳前半・
　　　0歳後半）

～あそび方（図16-2）～
　0歳前半：左の腕に赤ちゃんの頭をのせ，
横抱きにしてゆっくり左右に揺らします。
　0歳後半：後ろから乳児の両脇に手を入れ
て支え，左右に揺らしてあそびます。

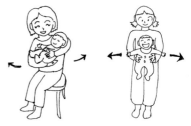

0歳前半のあそび方　　　0歳後半のあそび方

☆「おふねはぎっちらこ」
　♪おふねはぎっちらこ　おふねはぎっちらこ～
　～あそび方～
　両足を伸ばしてその上に赤ちゃんを座らせます。両脇の下を両手で支えながら前後に
ゆっくりゆらゆら揺らしてあそびます。月齢に応じて体を揺らす速さを調節しましょ
う。
☆「くまさんくまさん」（図16-3）
　赤ちゃんを寝かせたままであそびます。
　①くまさんくまさん：赤ちゃんの両手を握って優しく揺らす
　②両手をあげて：両手を優しく上にあげる

③くまさんくまさん：①と同じ
④こんにちは：保育者が顔を近づけて「こんにちは」と言う
　２番の②片足上げて：足をもって少し上げる
　２番の④さようなら：両手を振りながら「さようなら」

図16 - 3　くまさんくまさん（わらべうた）の楽譜

◇その他のわらべうた
　・ちょちちょちあわわ
　・めんめんすーすー
　・とうきょうのがりがりさん
　・にんどころ
　・こりゃどこの地蔵さん（乳児を抱っこして大人は立った状態であそぶ）

演習課題

①　10か月のAちゃんが，この頃，食事のときに手づかみで食べようとして
　います。あなたは，どのような声をかけ，どのように関わりますか。
②　寝返りができるようになった７か月のHくんは，おむつを替えるとき，
　あそびたくて動いてしまいます。あなたはどのような声をかけ，どのような
　ことに心がけておむつを替えますか。

【引用・参考文献】

福岡貞子・礒沢淳子編著『乳児の絵本・保育課題絵本ガイド』ミネルヴァ書房，2009年
市川寛子・仲渡江美・山口真美ほか「横顔を見る力は，正面顔より後に速く発達――赤
　ちゃんの顔認知の発達を縦断的研究から明らかに」生理学研究所，2018年
　https://www.nips.ac.jp/release/2018/12/post_380.html（2021年２月20日閲覧）
木村はるみ・蔵田友子『うたおうあそぼうわらべうた』雲母書房，2009年
鬼頭弥生「０歳から１歳児の理解と援助」大浦賢治編著『実践につながる　新しい子ど
　もの理解と援助――いま、ここに生きる子どもの育ちをみつめて』ミネルヴァ書房，
　2021年，27-57頁
厚生労働省「保育所保育指針解説」汐見稔幸・無藤隆監修，ミネルヴァ書房編集部編
　『〈平成30年施行〉保育所保育指針　幼稚園教育要領　幼保連携型認定こども園教育・
　保育要領　解説とポイント』ミネルヴァ書房，2018年

第17章　1歳児保育の実際

学 習 の ポ イ ン ト

● 1歳児の実際の姿を発達を踏まえて理解しましょう。
● 1歳児の発達を支えるあそびとその意義について学びましょう。

第1節　1歳児の生活

1　基本的生活習慣

基本的生活習慣を獲得するには，日々の経験と体験の積み重ね，そして，保育者の継続した丁寧な関わりが大切です。

【事例17−1　「香りで味わおう」
食事（1歳児クラス5月のケース，8月生まれKくん）】

子どもの状況	Kくんは緑色の野菜が苦手です。ある日の給食でごま和えのサラダに緑色の野菜（白菜の緑部分）が入っていることに気づくと，顔をしかめてお皿を自分から遠ざけ，しばらく他のおかずや白米を食べていました。
保育者の対応	サラダからいい香りがしていたため「Kくん，とってもいい匂いがするよ」と，Kくんが好んでいる人参をスプーンにのせました。Kくんは香りをかいだ後に食べました。続いて，白菜もスプーンにのせ「おんなじいい匂いする？」とおなじようにみせました。
対応の結果	Kくんは再び香りをかぎ，ためらう様子もなく白菜も食べました。その後は自らサラダをすべて食べ，笑顔になっていました。
援助のポイント	Kくんは野菜が苦手であったため，見た目ではなく香りで食事を楽しめるよう保育者は配慮しました。また，子どもの食べようとする気持ちが継続されるよう，食事中の「頑張ったね」などの保育者からの言葉をあえて最小限にし，食事に集中できるような環境を意識しています。子どもが，食材を見たときの印象で食べることを躊躇することはよくあります。その際は，子どもが苦手としないものから食べ始める，苦手意識から気が紛れるような言葉かけをしてみる，子どもたちがおいしそうに食べている様子を見てみるなど，スモールステップで援助していくことができます。しかし，何かのタイミングで自ら食べてみようとする様子がみられたり，本当に嫌だったりすることもあるため，無理強いをしてはいけません。

保育所保育指針第2章「保育の内容」2「1歳以上3歳未満児の保育に関わるねらい及び内容」(2)ねらい及び内容，ア「健康」(イ)「内容」④には，「様々な

食品や調理形態に慣れ，ゆったりとした雰囲気の中で食事や間食を楽しむ」，さらに，(ウ)「内容の取扱い」②には，「(前略) ゆったりとした雰囲気の中で食べる喜びや楽しさを味わい，進んで食べようとする気持ちが育つようにすること」と記されています。事例17-1のように，保育者の意図的な配慮により，たとえ嫌いなものがあっても楽しく食べられる経験につながります。

【事例17-2　「行きたくないけど，行ってみようかな」
排泄（1歳児クラス5月のケース，11月生まれTくん）】

子どもの状況	排泄を確認するタイミングでTくんの紙パンツが濡れていたため，保育者が「Tくん，トイレ行っておしっこしない？」「きれいきれいしない？」と声をかけると，Tくんはトイレに視線を向けた後，トイレから離れていきました。
保育者の対応	Tくんはトイレから離れながらも気にしている様子だったため，保育者はTくんを離れた場所から見守っていました。見守りながら，他の子どもたちにもトイレに行く提案をしました。
対応の結果	Tくんは友だちが次々とトイレに行く様子を5分ほど見て，自らトイレに向かいました。Tくんがトイレに座り紙パンツの交換も終えた後，保育者が「Tくん，自分でトイレ来れたね，かっこいいね」「すっきりしたね」と伝えると，Tくんは笑顔になり満足した様子であそびに戻りました。
援助のポイント	保育者はTくんの様子を見守りながら「待つ」ということをしました。また，Tくんがトイレに来てすぐに声をかけると気持ちの切り替えを阻害する可能性があるため，すべてを終えてから保育者はTくんが頑張ったことを褒めています。排泄することですっきりする気持ちの経験，排泄への苦手意識が生まれてしまわないようにするために，子どもの様子を見極めて「待つ」という選択，タイミングを図りながら子どもの頑張りを認めることが大切です。子どもは保育者の援助により意欲が出てくることもありますが，自ら気づいたり，気持ちを切り替える力ももっています。

　保育所保育指針第2章「保育の内容」2「1歳以上3歳未満児の保育に関わるねらい及び内容」(2)ねらい及び内容，ア「健康」(ア)「ねらい」には，③「健康，安全な生活に必要な習慣に気付き，自分でしてみようとする気持ちが育つ」と記されています。また，(ウ)内容の取扱い④には，「生活に必要な基本的な習慣については，一人一人の状態に応じ，落ち着いた雰囲気の中で行うようにし，子どもが自分でしようとする気持ちを尊重すること」と明記されています。

　子どもの自我の芽生え，自己主張を認めつつ，子どもの「できた」につながる関わりをすることは，子どもの自立に向けた援助につながります。

　保育所保育指針第2章「保育の内容」2「1歳以上3歳未満児の保育に関わるねらい及び内容」(2)ねらい及び内容，ア「健康」(イ)「内容」②には，「食事や午睡，遊びと休息など，保育所における生活のリズムが形成される」と明記されています ((ウ)「内容の取扱い」は，事例17-2に同じ)。午睡においても，一人ひとりの子どものリズムに応じた関わりを心がけることで，子どもの主体性を育

【事例17-3　「楽しんだあとは，夢の世界へ」
午睡（1歳児クラス5月のケース，12月生まれZくん）】

子どもの状況	Zくんは保育所で眠ることにまだ慣れていません。午睡の際，布団に近寄らずあそんでいました。しばらくすると絵本を持ってきて保育者にわたしました。
保育者の対応	Zくんがあそんでいる様子を離れたところから見守り，その後Zくんが差し出した絵本を受け取り「お布団で読む？」と伝えました。
対応の結果	Zくんは保育者の提案に納得した様子で自ら自分の布団に移動し，その後，絵本を読んでもらううちに眠たくなり，入眠しました。
援助のポイント	眠ることを無理強いせず，Zくんがあそびたい気持ちを尊重しています。そして，Zくんが絵本を持ってきたことで，あそびながらも眠るきっかけとなるように「お布団で読む？」と伝えています。子どもがまだ午睡に慣れない，あそんでいたい，眠りたくない，ということはよくあります。子ども自身で気持ちを切り替えるまで待つことや，この事例（あそぶために自分の布団に移動したこと）のように，無理強いすることなく午睡へと向かう環境を整えることが大切です。

【事例17-4　「どれにしようかな，自分で選ぶもん」
着替え（1歳児クラス4月のケース，10月生まれAちゃん）】

子どもの状況	Aちゃんは，服が汚れたら着替えるということを理解しています。食後にAちゃんの服にご飯粒がついていたため，保育者が「お着替えする？」と尋ねると，Aちゃんは「いや！」と言いました。
保育者の対応	保育者は「Aちゃん頑張ってご飯食べたから，お洋服にもごはんついてるね。ピカピカのお洋服にお着替えしない？」と服を見せながら提案しました。すると，Aちゃんは自分が着ている服をしばらく見た後，再び「いや！」と言いました。そこで保育者は，Aちゃんの服が入っている引き出しを開け，「Aちゃん，お洋服どれにする？」と尋ねました。
対応の結果	Aちゃんは引き出しを覗いて自分が着る服を選び，自ら着替えようとしました。保育者が，「おてて出たね」「Aちゃん自分でお着替えできたね」「気持ちいいね」などと優しく声をかけながらさり気なく援助すると，Aちゃんが笑顔で意欲的に着替える様子がみられました。
援助のポイント	着替えを拒否しているAちゃんが自ら着替えたいと思えるような提案を保育者はしています。また，Aちゃんが着替えを楽しいと感じられる言葉を選んでいます。子どもが着替えることの楽しさや気持ちよさを感じ，自ら「やりたい」「できた」と思える援助を，その子どものペースに合わせて繰り返し行うことが大切です。子どもが達成感を味わい，次の活動への意欲につながるような援助も必要です。

むことにつながります。

　事例17-4を保育所保育指針に照らし合わせると，事例17-2と同じようになるでしょう。

2 言葉とヒトとの関わり

1歳児頃は，言葉を活用したコミュニケーションが成立し始めますが，思ったことをすべて言葉で表現することができないことも多々あります。そのため，ものを投げたり，泣いたり，叩いたり，**嚙みついたり**等の行為を通して気持ちを表現することもあります。

【事例17-5 「Rちゃんが嚙んだ」
嚙みつき（1歳児クラス10月のケース，4月生まれRちゃん）】

子どもの状況	1歳児クラスでは，SちゃんとMちゃんが電車のおもちゃであそんでいます。少し離れたところで，Rちゃんが2人のあそびを見ています。Sちゃんが黄色い電車を動かして電車ごっこをしていました。青い電車を持っていたMちゃんがその様子を見ていましたが，黄色い電車が欲しくなったのでしょう。Sちゃんが使っている電車を奪ってしまいました。Mちゃんに電車を取られてしまったSちゃんは，泣いてしまいました。この様子を見ていたRちゃんは，Mちゃんの腕を嚙んでしまいました。
保育者の対応	保育者はすぐに2人の間に入り，Mちゃんの傷を確認しました。そして，RちゃんとMちゃんそれぞれの話を聞いて状況を把握して，Rちゃんには，「Mちゃんにおもちゃを取ってはだめよと言いたかったのね。それで嚙んでしまったのね。今度は，嚙まないで"だめよ"って言ってね」と伝えました。また，Mちゃんには，「嚙まれて痛かったわね。手当てをしましょうね。Sちゃんが使っているおもちゃを取ってしまうことはいけませんね。"かして"って聞いてみましょうね」と伝えました。
対応の結果	繰り返し保育者が伝えていった結果，Rちゃんの言葉の発達が進むにつれて，同じような場面に遭遇すると，「め！（だめよ）」と言葉で表現できるようになりました。
援助のポイント	0歳児，1歳児クラスを担任すると，子ども同士の嚙みつきの場面に出会います。「嚙む」という行為だけをみると嚙んだ者だけが悪いように思いがちです。しかし，子どもの様子をよく観察してみると，そこにはなぜ嚙んだのか，理由がみえてきます。これは，RちゃんがMちゃんを嚙んだという事例です。嚙んだRちゃんだけが悪いのでしょうか。MちゃんがSちゃんのおもちゃを奪った場面を見ていたのです。言語発達途上のRちゃんは，まだこの状況にふさわしい言葉がわからなかったのだと理解することができます。この事例の望ましい解釈として，まずは，現象だけで物事の善悪を決定しないことです。なぜそのような行為に及んだのか，その理由を客観的に見極めることは，適切な援助をするために必要なことです。状況を把握し，Rちゃんに対して「Mちゃんにおもちゃを取ってはだめよと言いたかったのね。それで嚙んでしまったのね。今度は，嚙まないで"だめよ"って言ってね」と，嚙む代わりにどうすることが最善なのかを伝えましょう。また，Mちゃんに対しては，「嚙まれて痛かったわね。手当てをしましょうね。Sちゃんが使っているおもちゃを取ってしまうことはいけませんね。"かして"って聞いてみましょうね」と，伝えることが望ましいでしょう。このような保育者の援助によって，子どもは他者との関わり方や状況にふさわしい言葉を学ぶことができます。

🍀ことば

嚙みついたり（嚙みつき）
10か月頃からみられるようになる。この時期は，なんでも口で確認をする時期であり，嚙みつきは，保育所では1歳児クラスに多くみられる行為である。自分でやりたいことや，ほかの子どもへの興味・関心が芽生えるが，言葉でうまく気持ちが伝えられないために起こる。

　保育所保育指針第2章「保育の内容」2「1歳以上3歳未満児の保育に関わるねらい及び内容」(2)ねらい及び内容，イ「人間関係」(ア)「ねらい」②には，「周囲の子ども等への興味や関心が高まり，関わりをもとうとする」，(イ)「内容」④には，「保育士等の仲立ちにより，他の子どもとの関わり方を少しずつ身につける」，(ウ)「内容の取扱い」③には，「保育士等が仲立ちとなって，自分の気持ちを相手に伝えることや相手の気持ちに気付くことの大切さなど，友達の気持ちや友達との関わり方を丁寧に伝えていくこと」と記されています。この時期には，子どもの育ちを支えるために，保育者の存在が欠かせません。

第2節　1歳児のあそびのワーク

1　1歳児の育ち・生活とおもちゃ

　1歳児頃は，「なんだろう」「触ってみようかな」といった，**探索行動**（第7章第1節第3項参照）がきっかけとなり，具体的な活動が生まれてきます。子どもの発達や，興味・関心にふさわしい環境を構成することが求められます。子どもは日々成長していきます。子どもの発達に応じて環境を再構成することも，子どもの知的好奇心を満たすためには必要でしょう。この時期の子どもが興味・関心を示すあそびには，ボール遊び（転がす，追いかける等），水遊び，リズム遊び（音楽に合わせて全身を動かす），スロープや階段遊びなどの，全身を使うあそびに加え，つまむ，引っ張る，拾う，重ねる，並べるなどの，手指を使うあそびも好みます。

写真17-1　ボールが転がるよ！

写真17-2　ボールが落ちた！

写真17-3　上手く動くかな？

写真17-4　どうやって組み合わせようかな

写真17-5　足の裏が不思議

写真17-6　上ったり下りたり

・写真17-1：手づくりおもちゃ。透明なホースとペットボトルを活用。自分で，ボールをホースやペットボトルに入れると，転がっていく様子が見られて楽しそうです。自分が選んだおもちゃが，ペットボトルやホースに入るかどうかを試している様子もうかがえます。

・写真17-2：段ボールを活用した手づくりおもちゃ。穴にボールを入れると下のカゴに落ちてきます。ボールを入れる穴の高さを工夫して挑戦しようとする意欲を育んだり，ボールの色を変えることで色に対する興味・関心を引き出したりすると，楽しみが増すようです。

・写真17-3：自分で乗せた車が下り坂を走っていく様子をじっと見て楽しんでいます。車を自分で上手にスタート地点に置くことができるか，集中している姿が見られます。

・写真17-4：ソフトブロック。1歳児が手に持ちあそびやすい大きさ，重さのソフトブロックです。色遊び，形遊び，並べる，重ねる等，様々なあそび方をしています。見立て遊びもみられます。

・写真17-5：コルク製，木製の段。1歳児は，身体全体を使ってあそぶことにも興味をもちます。バランスを取りながら，足の裏で感触を楽しんであそびます。

・写真17-6：牛乳パックを活用した手づくりのアスレチック。つかまったり，登ったり下りたり，くぐったりと，全身を使って楽しめます。

・写真17-7：実際に子どもがあそんでいる様子です。保育士に見守られながらバランス遊びをしています。

・写真17-8～9：ペットボトルのキャップを活用した手づくりおもちゃ。子どもが棒部分をねじって，はずしたりはめたりして楽しむことができます。色やマークがついているため，それらを合わせてあそぶこともできます。

・写真17-10～11：カードやペットボトルのキャップを，ケースの蓋にある穴の開いた箇所から入れるおもちゃ。つまむ，みる，動かす，離すなど，様々な動きができます。

・写真17-12：洗濯ばさみをつけたりはずしたりしてあそびます。力を込めながらつまんで開く，つけたい位置に移動して離すなど，意外と難しいです。お箸を使う，正しく鉛筆を持つなどの，指先で道具を扱うことにつながるあそびです。

・写真17-13：ファスナーを開け閉めしてあそびます。日常生活に必要なファスナーに

写真17-7　バランスとって歩けるよ！

写真17-8　ペットボトルのキャップの手づくりおもちゃ

写真17-9　ねじってキャップはずし

写真17-10　穴に入るかな？①

写真17-11　穴に入るかな？②

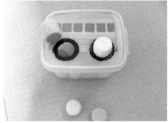

写真17-12　洗濯ばさみ，つまめたよ

写真17‐13　開けたり閉めたりで　写真17‐14　パチンとはまるかな
　　　　　　　きるかな

触れたり，腕を動かす方向を意識したりできます。また，袋の端をつかみファスナーを
動かすという，左右で異なる動きをするため，協応性も高まります。
・写真17‐14：スナップボタンをはめて，電車を連結するおもちゃ。ボタンをしっかり
と見ることや，押す，引っ張るといった力加減を意識することができます。

　ここまで，あそびの一例を紹介してきました。あわせて大切にしたいことは，
子どもが安心して楽しくあそぶために，意図的な環境構成と，子どものありの
ままを受け入れる保育者の温かなまなざしと存在が欠かせないことです。これ
らを常に意識することが大切です。

2　1歳児の育ち・生活と絵本など

　1歳児は，指さしをする，簡単な単語が言える，まねをするなどの発達的特
徴のみられる時期です。また，集中できる時間も短時間です。このような特徴
を踏まえて，絵本を選びましょう。
　絵本を選ぶ際のポイントは，①簡単な単語で構成されている（「ママ」「ブー
ブー」「ころころ」など），②色や形がはっきりしている，③子どもがまねをしや
すい文章・内容，④ページ数が少ない，です。また内容は，①着替えやトイレ
など子どもの生活に結びつくもの，②あそびに結びつくもの，③子どもの発語
を促すもの（思わず真似したくなる文章や内容）などが喜ばれるでしょう。1歳
児に好まれる絵本を表17‐1に示しました。そのほかにも，乗り物や生き物，
食べ物，植物などの図鑑など，子どもの生活に関連があるものが好まれます。
ここでは1歳児向けの絵本として紹介しましたが，年齢にかかわらず，子ども
の発達段階や興味・関心に応じて絵本を選ぶことで，子どもたちは絵本を楽し
むことができます。
　絵本の時間は，保育者と子どもとがゆったりと向かい合える時間でもありま
す。絵本を通して子どもとのコミュニケーションも楽しむと，子どももお話を
することに興味をもつことができるでしょう。

・写真17‐15：1歳児クラスの絵本コーナー。子どもが自分で絵本を選べるよう，表紙
が見えるように配置しています。絵本は，子どもの興味・関心，保育者の願い，季節等
によって入れ替わります。
・写真17‐16：各自好きな絵本を手に取って見ています。
・写真17‐17：子どもの要求に応じ，保育者が絵本を読んでいます。子どもと会話をし
ながら，子どものペースに合わせて絵本を読み進めています。

絵本
児童文化財の一つ。本来は，
家庭で大人が子どもを膝にの
せて読むような，個人向けの
文化材。

写真17-15　絵本コーナー　　　写真17-16　絵本を自分で読む　写真17-17　絵本を保育者が読む
　　　　　　　　　　　　　　　　　　　　　　様子　　　　　　　　　　　　　　　様子

出所：写真はすべて，逗子市立湘南保育園，逗子市立小坪保育園，社会福祉法人ふたば会，双葉保育園，社会福祉法人誠志
　　　の谷戸，北鎌倉保育園さとの森より提供

3　1歳児の育ち・生活と，手遊び・リズム遊び

　歌に合わせて手や指を動かすあそびを手遊び，手遊びに加えて身体を動かす
とリズム遊びとなります。ヒトは，胎内にいる頃から，母親の心臓の音や声，
血流などの音やリズムを感じ取りながら生きています。子どもにとって音やリ
ズムは身近なものなのです。

　まず，手遊び・リズム遊びの効果を考えてみましょう。手遊び・リズム遊び
を通して子どもたちは次のような感性や能力を磨くことが期待されます。

①音感やリズム感が養われる

　音楽を聴きながら音やスピードの変化に触れ，曲の雰囲気を感じながら身体
を動かすことで，リズム感が養われるでしょう。

②表現力が身に付く

　音楽に合わせ，身体を動かすことは，十分に言葉で表現できない時期の子ど
もにとって，自分の感情を表現できる手段の一つになります。

③協調性や集中力が養われる

　手遊びやリズム遊びを行うために，保育者や友だちとタイミングを合わせよ

表17-1　1歳児に好まれる絵本の例

題　名	作　者	出版社
かおかおどんなかお	柳原良平作	こぐま社
あーんあん	せなけいこ作・絵	福音館書店
ねないこだれだ	せなけいこ作・絵	福音館書店
あけてあけてれいぞうこ	新井洋行作	偕成社
わたしのワンピース	にしまきかやこ作	こぐま社
ぐりとぐら	中川李枝子作／大村百合子絵	福音館書店
おおきなかぶ	ロシア民話／A・トルストイ再話／内田莉莎子訳／佐藤忠良画	福音館書店
はらぺこあおむし	エリック・カール作／もりひさし訳	福音館書店
てぶくろ	ウクライナ民話／エウゲーニー・M・ラチョフ絵／内田莉莎子訳	福音館書店
パパ，お月さまとって！	エリック・カール作／もりひさし訳	偕成社

出所：筆者作成

うとします。ヒトと合わせようとすることで，協調性や社会性が育まれます。そして，タイミングを合わせるために，保育者の動きを観察しますから，自然と集中力も養われます。

④心身の発達を促す

　身体全体を使い楽しみながら，手足を動かすタイミング・コツなどを学ぶことにつながるでしょう。

　次に，子どもと楽しめる手遊び・リズム遊びを紹介します。保育者も，子どもと一緒に楽しみながら行いましょう。

☆「手をたたきましょう」

　保育者が手をたたいたり，足踏みをすると子どもも真似をして楽しむでしょう。

☆「むすんでひらいて」

　グー・パーの動きは子どもも真似をしやすいでしょう。「その手を～」の部分では，両手を上にして「おひさま　きらきら」と動かしたり，両手を横に伸ばして「ひこうき　ぶんぶん」などと動いて楽しむことができます。

☆「パンダうさぎコアラ」

　それぞれのポーズをとりながら楽しんで踊れます。慣れてきたら速度を変えてあそんではいかがでしょうか。

☆「ひげじいさん」

　両手でグーをつくり，トントンしながらリズムに合わせて動かします。子どもが真似をしやすい動きです。

☆「いとまき」

　手をぐるぐる回したり，トントンして楽しみます。手をまわす動作は難しいかもしれません。子どもの様子を見ながら，最初はゆっくりしたテンポから始めましょう。

☆「大きな栗の木の下で」

　動きが大きいので，真似しやすいでしょう。

☆「グーチョキパー」

　手をグー・チョキ・パーにして様々なものをつくることができます。想像力が広がります。

　まだたくさんの手遊び・リズム遊びがあります。手遊び・リズム遊びは，簡単にでき，子どもが喜びます。子どもの育ち，興味や関心に応じて様々なあそびが提供できると，子どもの心身の育ちの支えになります。

　本章では，1歳児に好まれるおもちゃや絵本などを紹介しました。それぞれの興味や関心は，その子一人ひとりによって異なりますし，成長とともに変化もします。また，どんなに素晴らしいおもちゃや絵本があっても，子どもだけではその素晴らしさに気づくことができない年齢です。この時期の子どもは大人の姿を観察しています。それを真似ることで学習をしているのです。子どもは大人とともにあそび，そこからおもちゃや絵本の楽しさを学ぶでしょう。やがて自分であそぶようになります。わらべうたは，子どもが心地よさを感じるあそびの一つです。道具がなくても簡単に楽しめます。わらべうた遊びを通し

てぜひ子どもと心の交流を図ってください。

演習課題

① 1歳児が給食を食べています。Aちゃんがニンジンを指して「これ，たべたくない」と訴えています。Aちゃんに対する保育者の望ましい関わりについて考えましょう。

② 1歳児のBちゃんとCちゃんが積み木であそんでいます。CちゃんがBちゃんの積み木を奪ってしまいました。このような場面での，保育者の対応について考えましょう。

【引用・参考文献】

加藤ときえ『はじめてうたうわらべうたセレクト50　乳児編「あんよはじょうず」』明治図書，2008年

コダーイ芸術教育研究所『わらべうたわたしたちの音楽——保育園・幼稚園の実践』明治図書，2008年

近藤幹生・寶川雅子・源証香・小谷宜路・瀧口優『実践につなぐ　ことばと保育（改訂2版）』ひとなる書房，2019年

厚生労働省『保育所保育指針〈平成29年告示〉』フレーベル館，2017年

久津摩英子編著『赤ちゃんから遊べるわらべうたあそび55』チャイルド本社，2007年

無藤隆・汐見稔幸・砂上史子『ここがポイント！3法令ガイドブック——新しい『幼稚園教育要領』『保育所保育指針』『幼保連携型認定こども園教育・保育要領』の理解のために』フレーベル館，2017年

西川由紀子・射場美恵子『「かみつき」をなくすために——保育をどう見直すか』かもがわ出版，2004年

汐見稔幸監修『イラストたっぷり優しく読み解く　保育所保育指針ハンドブック　2017年告示版』学研プラス，2017年

第18章 2歳児保育の実際

第1節 2歳児保育の事例

　保育園によってスケジュールはいろいろですが，2歳児保育の1日の流れは
おおむね次のようになっています。

1 2歳児クラス1日の流れ（一例）

　7：00〜順次登園 　（人数が少ない間は合同保育）
　8：30〜自分のクラスに移動
　9：00　朝の会・朝おやつ・午前の活動
　11：15　排泄・手洗い・給食準備
　11：30　給食・手洗い・排泄・着替え・検温など午睡準備
　12：30　午睡
　14：30　起床　排泄・手洗い・着替え・検温
　15：00　おやつ（補食）
　15：30　午後の活動・帰りの会
　16：30　順次降園（人数が少なくなると合同保育）
　18：00　延長保育・夕おやつ

2 基本的生活習慣

　食事・排泄・睡眠・着替えや人との関わりについて，いくつかの事例を紹介
します。様々なケースを学びましょう。

【事例18−1　食事（2歳Sちゃん）】

子どもの状況	登園したときの様子が日によって違い，子どもらしい活発さや笑顔がある日と，顔色が悪くあまり元気がない様子の日があります。
保育者の対応	保護者に聞き取りを行いました。家が山中にあること，朝食をとっても，車での移動中に車酔いし吐いてしまうため，朝食を抜いて登園していること，元気のある日は母親の実家など別の場所からの登園で朝食をとってきていることがわかりました。登園後に園で保護者から預かった簡単な朝食（甘いパン1つ等）を与えることになりました。

対応の結果	登園してから朝食をとることで，降園まで元気に過ごす姿がみられるようになりました。
援助のポイント	登園時の子どもの様子が違うことに保育者が気づき，保護者に問い合わせたことから，朝食抜きで登園しているという状況がわかりました。子どもの様子の変化に気づく観察力と保護者への丁寧な聞き取りが重要です。

【事例18-2　排泄（2歳Kくん）】

子どもの状況	保護者によると，家では声かけによりトイレでの排泄に成功するときがあるということです。しかし園のトイレでは排泄をしたがらない様子があります。
保育者の対応	園のトイレの前にいくつかの足形マークを貼りつけ，足形をたどってゲーム感覚でトイレに誘導したり，ほかのお友だちが行くタイミングで列車ごっこをしたりすることで，移動に工夫をし，子どものやりたい気持ちを引き出すよう援助しました。
対応の結果	ほかの子どもたちもゲーム感覚で楽しんでトイレに行くようになり，Kくんも一緒にトイレに行けるようになりました。
援助のポイント	一人のための対応を試行錯誤した結果ですが，いろいろな子どもによい影響を与える結果となりました。一人への対応を真剣に考えることが大切だとわかります。

【事例18-3　睡眠（2歳Aくん）】

子どもの状況	園ではAくんの眠そうな姿があり，無理をさせず寝る時間を多くとっていました。しかしその後，保護者から家ではなかなか寝ず困っているという相談を受けることになりました。
保育者の対応	保育園に滞在している10時間に注目し子どもの欲求に応えていましたが，それを帰宅後も含めた24時間に視野を広げました。Aくんの寝ているトータルの時間を考え，園での睡眠時間を減らしました。
対応の結果	最初こそ，家に帰るまで眠くてぐずる姿がありましたが，しだいに帰宅し食事やお風呂を済ませたあと，連続して朝まで寝られるようになりました。
援助のポイント	保育者の，眠そうだから寝かしていたという対応は間違っていたか，というとそうではありません。子どもは個々に発達が違い，たくさん睡眠（休息）を必要とする子どももいるのです。相談内容のしっかりとした聞き取りと，ケースに合わせた対応が大切です。

【事例18-4　着替え（2歳Fくん）】

子どもの状況	午睡前の排泄が終わり，おむつとズボンをはくという場面で，何もはきたくないと嫌がる姿がありました。
保育者の対応	裸で布団に入るわけにもいかず，はきたい気持ちになるように保育者が話をしたり，お着替えセットの中からいろいろなズボンを出して選ばせてみたりと，働きかけました。
対応の結果	ゆっくりと話を聞いてみると，排泄の前に転んで口のあたりをぶつけたこと，「痛かった」という気持ちを話し始めました。保育者が痛かった

気持ちを受け止め，唇のそばにワセリンを塗ると納得したようでスッと
ズボンをはきました。

写真18－1　ズボンをはこうとする
子ども

援助の ポイント	２歳児は自分の気持ちを，うまく言葉にできない時期です。今回はズボンをはかないという行動で，口が痛いという自分の気持ちを示そうとしました。保育者が焦ってとにかくズボンをはかせようとしていたときには，うまく気持ちを伝えられなかった様子です。保育者が子どもの気持ちを受け止める余裕をもつことが大切だとわかります。

3　言葉とヒトとの関わり

【事例18－5　保育者との関わり（２歳Mちゃん）】

子どもの 状況	Mちゃんには場面緘黙があるため，園ではほとんど話す姿がみられません。
保育者の 対応	保護者に聞き取りを行いました。Mちゃんには小学生の兄がおり，家庭内では兄と問題なく話しているといいます。保護者が，なんとか家の外でも話すようになってほしいと願っていることがわかりました。
対応の結果	子どもの様子と保護者の問題意識については，クラス担任だけでなく，園全体として共通認識をもつこととなりました。園医に相談したところ，この時期の緘黙は一過性であることが多く，大袈裟に対応すると悪化することもあるとのことでした。そこで園としては，言い直しや注意を与えるなどを避けて様子をみるという対応を職員間で共有し，保護者にもその方針を伝えました。このケースの場合は，約１年後に園での発語がみられました。
援助の ポイント	何か気になることが起こったとき，クラス担任だけでは解決できない場合があり，園全体で考える必要性も出てきます。今回のように一気に解決とはいかないケースもあります。園長や園医等との協力体制をとることが大切です。

【事例18－6　友だちとの関わり（２歳Nちゃん）】

子どもの 状況	午睡をしないと主張し，一人で起きているのも寂しいのか寝ている友だちを起こそうとします。保育者が「お友だち寝ているからね，起こさないでね」と優しく注意をすると，激しく泣き出しました。
保育者の 対応	「注意されて悲しかったね，いやだったんだね」と，Nちゃんの気持ちを受け止めました。

ことば

場面緘黙
家などでは話すことができるのに，たとえば幼稚園や保育園，学校のような「特定の状況」で，１か月以上声を出して話すことができない，またその状況が続いている状態を指す。

写真18-2　午睡をいやがる
子ども

対応の結果	保育者がしっかりと子どもに向き合う時間をつくったこと，午睡をしたくない気持ちや，友だちとあそびたい気持ち，注意されていやだったという気持ちを受け止めたことで，子どもは気持ちを切り替え午睡に入ることができました。
援助の ポイント	保育者は忙しいと「寝る時間だから寝るの！」と子どもの気持ちを受け止める余裕をもてない対応をしてしまいがちです。なぜぐずっているのか，と子どもの気持ちを推し測りながら対応していくことが大切です。

第2節　2歳児保育のあそび

1　玩具がもたらす育ち

　0歳児が小さな手でおもちゃを握る姿を想像できるかと思いますが，2歳児ともなると小さなものを指でつまむなど，**目と手の協応動作**がスムーズになっていきます。

　写真18-3は，ちょうど給食でお箸を使い始めていることから，お箸を模倣したおもちゃであそんでいるところです。ウレタンのクッション材をお箸（お箸の上部に洗濯ばさみがついている手づくりおもちゃ）でつまもうとしている子ども，ウレタンを撒いて楽しむ子ども，それぞれの発達に合ったあそび方をしていることが見て取れます。

　この園では，安全対策として，クッション材は3歳以上の幼児クラスのものより大きめのものを使っています。

　以下に，目と手の協応動作の習熟に役立つ手づくりおもちゃを紹介します。

　写真18-4のひも通しは，はらぺこあおむしがテーマになっており，ひもの先にはあおむしがついています。りんごやアイスクリームを順に食べていく様子を表し，穴にひもを通していきます。写真18-5は，フェルトで作成したパズルで，一つひとつ取り外せます。同じ形の枠に，動物をはめていくおもちゃ

🍀**ことば**

目と手の協応動作
環境にある情報を目で見て，脳の中で認知された情報をもとに，手を動かすこと，つまり視覚の働きと手の動きを連動させることを指す。

写真18-3　クッション材であそぶ2歳児

写真18-4　ひも通し　　　　写真18-5　パズル

です。皆さんもこれらをヒントに，2歳児の発達にふさわしいおもちゃを考えてみましょう。

2　絵本がもたらす育ち

　絵本はどのように選ぶか，ご存じでしょうか。絵本によっては「1歳児向け」とか「2歳児向け」と対象年齢を表記したものも売られています。また絵本紹介の雑誌などでも，何歳児にはこういう絵本がよいですよと記載されていることが多いです。

　しかし実際に保育園で子どもたちを前にし，どんな絵本が好きなのかを毎日の生活の中で感じることができたなら，子どもたちが好む絵本が何歳児向けの絵本なのかはあまり関係ないことがわかります。

　2歳児向けとされる絵本ももちろん大好きですが，1歳まで読んでいた絵本も大好きです。また3歳でも難しいかもしれないと感じる長い物語絵本があったの

写真18-6　読み聞かせをくつろいで聞く2歳児

ですが，その絵本の読み聞かせが始まったとき，3歳児クラスにあがる前の子どもたちは集中して聴けたことがありました。これには驚きました。ですから，何歳児向けと書いてあっても，それだけを頼りにせず，皆さん自身の目で，子どもたちが楽しめる絵本を探してみましょう。

　以下に，手づくり絵本を紹介します。この布絵本は，左ページの食材をはがし，右にあるお弁当のふたを開き，お弁当に食材を詰めることができます。マジックテープをうまく使った布絵本です。読むだけでなく，こうして子どもが

写真18-7　布絵本①　　　　写真18-8　布絵本②

 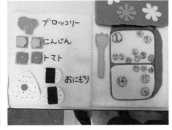

写真18-9　手づくり絵本①　　　写真18-10　手づくり絵本②

手にとって操作できる絵本も楽しいですね。

　次に示す絵本は，しずくが一つひとつ増えていく絵本です。写真18-10は，しずくが6つ出てくる最後のページです。しずくが一つひとつ増えていくという単純で繰り返しのある内容となっています。

　子どもは，「おおきなかぶ」や「きんぎょがにげた」などのような，単純で言葉の繰り返しがある絵本が大好きです。そういった既存の絵本からヒントを得て，絵本を創作してもいいですね。

　白い画用紙に折り紙を貼り付け，文字を入れるだけで絵本になりますよ！2歳児の発達にふさわしい，オリジナルな絵本をつくってみましょう。

3　音やリズムがもたらす育ち

　この項では，あそびの中でも特に「音・リズム」に焦点をあてて考えます。

　子どもは音楽が大好きです。必要なときにCDをかけることもあるでしょうが，CDに頼りすぎずピアノを弾いたり，保育士自身が歌ったりして，子どもたちとしっかり向かい合い音楽リズムを指導することが望ましいです。

　NHKなどの子ども向けTV番組を家で見ている子どもは多いでしょう。しがって保育者は伝統的な童謡やわらべうたなどを歌いながらも，子ども番組で人気になった新しい曲やダンスに敏感である必要があります。また小学生の兄姉のいる園児はその影響から，流行りの歌を知っている場合もあります。しかし保育者は，そればかりに惑わされず，子どもにとってリズムがとりやすい曲を選ぶことが大切です。

　2歳児は全身運動機能や微細運動機能も発達してくることから，リズム遊びやダンスなども楽しんで行えるようになる時期です。複雑な踊りの振り付けも覚えられるようになってきます。

　またピアノの音に合わせて，動いたり止まったり，跳ねたりという動作もできるようになるため，リトミックを行うと，楽しく運動発達を促せるのではないでしょうか。

　以下に2歳児クラスの初めてのリズム遊びの様子を紹介します（写真18-11）。

　4月，初めてのリズム遊びの様子です。まず保育者が鈴の鳴らし方の見本を

写真18-11　リズム遊び　　　　　写真18-12　マラカス

出所：写真はすべて，筆者提供

見せます。「トントントン」と3回鳴らします。次に子どもたちに鈴を配り，自由に触ったり音を鳴らしたりしてもらいます。音を鳴らさずじっくりと鈴を見ている子どももいます。最後に子どもたちが慣れ親しんでいる朝の会の歌や手遊び歌などに合わせて，リズムをとる練習をします。

　このように順を追って，リズムをとる楽しさを伝えます。秋になると，拾ったドングリを使って楽器をつくるなどして，身近なものを使いながら1年を通じて音楽リズムにふれあっていきます。

　次に手づくりおもちゃを紹介します。

　中身が見えるマラカスも楽しいですが，写真18-12のマラカスは，中に入っているものが見えないようになっています。その理由は，振ったときの音の違いを耳で確かめるあそびも兼ねているからです。音の違いを聞き分けるだけでなく，同じ音を聞き分けて，音のマッチングをすることもできます。

　この章では，たくさんの事例と発達に合わせたあそびについて考えました。皆さんでしたら，どう考えどう行動するか，自分のこととして考えてみてください。

🍀ことば

マッチング
組み合わせること。この事例においては，同じ音を耳で聴き分けて，いくつかのボトルから，同じ音のペアを探すこと。

演習課題

① 音の出る手づくりおもちゃを考案してみましょう。何をねらいとして，どんな素材でつくるか考案図を書きましょう。
② マラカスを使って，どんなあそびができるか考えましょう。どんな歌と合わせるとよいでしょうか。

【引用・参考文献】
ロックシュタイン，マルギッタ著，小笠原道雄監訳『遊びが子どもを育てる』福村出版，
　2014年
山本陽子「保育学生の保育教材研究に関する一考察」『聖セシリア女子短期大学紀要』
　第44号，2018年，31頁

第19章 心身の健康・安全と情緒の安定を図るための配慮

学習のポイント

●子どものこころと体の健康を支援するための対応と環境づくりについて考えてみましょう。
●子どもを事故や災害から守るための方法を理解しましょう。

第1節 こころと体の健康を支援する

1 子どもがかかりやすい病気を理解する

　子どもは大人に比べて病気にかかりやすく，症状が重くなりやすい傾向があります。脱水になりやすいことや，鼻道や気道が狭いことから息苦しくなりやすいことも特徴です。また，集団保育の場では，感染症が広がりやすいことが考えられます。

　次に挙げる発疹の出方についての文章を読んで病名を考えてみましょう。

　1）かぜの症状の後いったん熱が下がり，頬の内側の粘膜に白い斑点（コプリック斑）がでる。再発熱してから全身に赤い小さな発疹が広がる。3〜4日後，発疹は色素沈着を残して回復する。

　2）発熱と同時に初めは小さな丘疹（盛り上がった赤い発疹）が出現しそれが水疱となる。水疱はしだいに膿疱（水ぶくれに膿がたまった状態）になり乾燥し痂疲化（かさぶたになる）する。同時期にいろいろな段階の発疹が認められる。すべての発疹が痂疲化することで治癒したと認められる。

　それぞれの正解は，1）麻しん（はしか），2）水痘（水ぼうそう）となります。乳幼児期にかかりやすい感染症はそのほかにも，風しん，突発性発疹，流行性耳下腺炎（おたふくかぜ・ムンプス），インフルエンザ，手足口病，咽頭結膜熱（プール熱），伝染性紅斑（りんご病），ヘルパンギーナ，結核，百日咳などがあります。あなたが子どものときにかかった感染症の種類を母子健康手帳などで調べてみましょう。

　以下に記す各ホームページで最新の感染症流行情報を知ることができますので，あなたの住んでいる地域で最近流行した感染症を調べてみましょう。

●厚生労働省ホームページ：医療感染症情報，感染症発生動向調査等
●国立感染症疫学センターホームページ：感染症情報，予防接種情報等
●各都道府県感染症情報センター：県内の感染症発生情報

🍀ことば

脱水
発熱による発汗や不感蒸泄（皮膚や呼気から水分が失われること），下痢や嘔吐，食欲不振や水分摂取量不足により，体内から多量の水分と電解質が失われた状態。

●各市区町村のホームページ：新型コロナウイルス感染症関連情報等

2　子どもの体調が悪いときの対応を学ぼう

　いつもとの違いからいち早く子どもの異常に気づき，適切な対応をして子どもの負担を軽減し，必要な場合は早期に医療機関への受診につなげます。

　①子どもの**バイタルサイン**（体温・脈拍数・呼吸数）は次のように計測します。

1）体温測定「わきの下での測定」（図19-1）

・声かけをしながらやさしく抱き上げ，わきの下をタオルで拭きます。

・体温計の先が，わきのくぼみの深いところにあたるように30〜45°の角度で入れ，子どもの腕を軽く押さえてわきの下を固定します。

・電子音が鳴ったら，ゆっくりわきの下から体温計を取り出し数値を読み記録します。

・衣服を直し，上手に測定できたことを褒めましょう。

・体温計はアルコール消毒し，所定の場所に戻します。

2）呼吸の観察

　子どもは主に横隔膜を使った腹式呼吸をしています。3か月までの子どもは，口で呼吸をせずに鼻で呼吸をしていますので鼻づまりに注意しましょう。乳幼児突然死症候群（SIDS）発見のため，睡眠中は姿勢（寝返りができない乳児はうつぶせ寝を避ける）と呼吸のチェックを5〜10分おきにします。

・腹部の上下を見て呼吸の数を数えます。規則正しく呼吸しているか，苦しそうにしていないか，**喘鳴音**がしないか観察します。

・顔色を見て，唇が紫色になっていないか（**チアノーゼ**）確かめましょう（寝返りができる乳児でも，顔の様子が観察できないときは仰向けに姿勢を変える）。

3）脈　拍

　脈拍を測定できる部位は，図19-2の通りです。手首の親指側の動脈を橈骨動脈（図19-3参照）といいます。脈拍の数，リズム，大きさ，強さをみます。

　②**止血の方法**は次の2つがあります。

❀ことば

バイタルサイン(TPR BP)
体温，脈拍数，呼吸数，血圧のこと。生きている徴候。

❀ことば

喘鳴音
ぜいぜい，ひゅーひゅーという呼吸するときの雑音のこと。

チアノーゼ
血液中の酸素の不足が原因で，くちびるや指先などの皮膚や粘膜が赤紫色に変化した状態を指す。

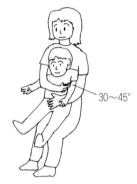

図19-1　腋窩体温測定

出所：松本峰雄監修『よくわかる！ 保育士エクササイズ7　子どもの保健と安全 演習ブック』ミネルヴァ書房，2020年，50頁をもとに作成

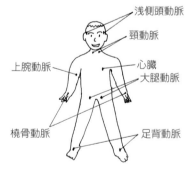

図19-2　脈拍を測定できる部位

浅側頭動脈
頸動脈
上腕動脈
心臓
大腿動脈
橈骨動脈
足背動脈

出所：図19-1と同じ，56頁をもとに作成

図19-3　橈骨動脈脈拍測定

親指

出所：大澤眞木子監修『保育者・養護教諭を目指す人のための子どもの保健——健康と安全』へるす出版，2022年，54頁をもとに作成

図19-4　乳児の気道
内異物除去　背部叩
打法

図19-5　年長児の気
道内異物除去　ハ
イムリック法

出所：図19-1と同じ，155頁をもとに作成

図19-6　心肺蘇生法と自動体外式除細動器の使用

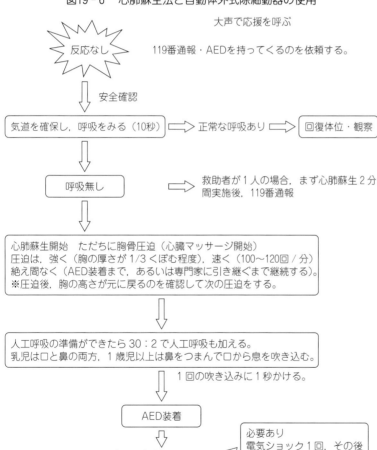

大声で応援を呼ぶ

反応なし　　　　119番通報・AEDを持ってくるのを依頼する。

安全確認

気道を確保し，呼吸をみる（10秒）⇨ 正常な呼吸あり ⇨ 回復体位・観察

呼吸無し　　　⇨ 救助者が1人の場合，まず心肺蘇生2分
間実施後，119番通報

心肺蘇生開始　ただちに胸骨圧迫（心臓マッサージ開始）
圧迫は，強く（胸の厚さが1/3くぼむ程度），速く（100～120回／分）
絶え間なく（AED装着まで，あるいは専門家に引き継ぐまで継続する）。
※圧迫後，胸の高さが元に戻るのを確認して次の圧迫をする。

人工呼吸の準備ができたら30：2で人工呼吸も加える。
乳児は口と鼻の両方，1歳児以上は鼻をつまんで口から息を吹き込む。

1回の吹き込みに1秒かける。

AED装着

心電図解析
電気ショックの必要性

必要あり
電気ショック1回，その後
ただちに胸骨圧迫から再開

必要なし
ただちに胸骨圧迫から再開

出所：図19-1と同じ，156頁をもとに作成

　直接圧迫法：傷口に直接，ハンカチなどを当てて強く押さえながら数分間圧迫します。ビニール手袋やビニール袋を使用して感染予防に注意します。出血部位を心臓より高くすると，血液が止まりやすくなります。

　間接圧迫法：傷口よりも心臓に近い動脈（脈拍を測定できる場所）を指や手で圧迫します。

　③骨折・脱臼・捻挫では，激しい痛み，腫れ，変形，皮膚の変色などの症状が出ます。RICE で応急処置を行います。

RICE

R （Rest）安静：悪化を防ぐ

I （Icing）冷やす：痛みの軽減

C （Compression）圧迫：出血や腫れを防ぐ

E （Elevation）挙上：けがをしたところを高い位置にたもつ

図19 - 7　室内の温度湿度

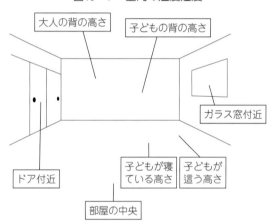

出所：厚生労働省「保育所における感染症対策ガイドライン（2018年改訂版）」，松本峰雄監修『よくわかる！保育士エクササイズ7　子どもの保健と安全 演習ブック』ミネルヴァ書房，2020年，121頁をもとに作成

図19 - 8　タッピング　　図19 - 9　起坐呼吸　　図19 - 10　咳が出るときの寝かせ方

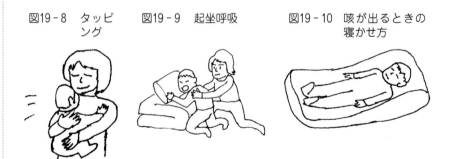

出所：鈴木美枝子編著『これだけはおさえたい！保育者のための「子どもの保健」』創成社，2019年，79頁をもとに作成

④気道内異物の除去は次のような方法で行います。

直ちに救急車を呼び，異物の除去を行います（図19 - 4・19 - 5参照）。反応がなくなったときは，胸骨圧迫から心肺蘇生法を開始します。

⑤心肺蘇生法の手順を学びましょう。

呼吸停止，心停止，もしくはこれに近い生命の危機に陥っている子どもを救命するための救急処置を心肺蘇生法といいます（図19 - 6）。

⑥与薬の仕方を練習してみましょう。

保育所等では原則として与薬は行わないようにしますが，どうしても必要な場合は，医師の指示で，与薬指示書に基づいて行います。

グループで順番に，粉薬・シロップ・点眼薬を飲ませる練習をしてみましょう。甘味のついたシロップ状の薬は，スポイトやスプーンなどでそのまま飲ませます。粉薬は乳児がそのまま飲むことは困難ですから，粉砂糖とともに白湯で練ってペースト状にした後，頬の内側に塗り込めます。幼児は薬の味を嫌がることが多いので，市販の与薬用ゼリー（果汁の味などがついたもの）を用いることで飲みやすくなります。

3　病気にかかりにくい環境をつくる

①エアコン使用時の温度と湿度をはかって気がついたことをまとめましょう。

「学校環境衛生基準」によれば，教室の中央部のみではなく複数か所（図19 - 7参照）で温度測定を行ったうえで，温度：17〜28℃（夏26〜28℃，冬20〜22℃），湿度：60％が望ましい室温基準として設定されています。冬期は特に**垂直温度分布**に注意します。エアコン使用時は床に近いほど温度が低くなります。夏期は室温・湿度・着衣を総合的に配慮して熱中症予防の対応をとります。

②咳が出にくい環境をグループで考えてみましょう。

痰が絡んだ湿った咳が出ているときは，痰を切りやすくするためにこまめに水分補給をします。乳児は立て抱きにして背中をさすりながら軽くたたき（タッピング，図19 - 8），痰を出しやすくします。幼児は前かがみの姿勢をとらせると呼吸が楽になることがあります（起坐呼吸，図19 - 9）。午睡中は上半身を高くして（図19 - 10）寝かせます。部屋の換気をこまめに行い，温度と湿度を適切に調節します。

③汚れたおもちゃを消毒してみましょう。洗えるものは，洗浄後に0.02〜0.1％の次亜塩素酸ナトリウム液に浸してから陽に干し，洗えないものは，汚れをよく拭きとった後，0.05〜0.1％の次亜塩素酸ナトリウム液でふき取り陽に干します。ぬいぐるみ等は，汚れを落とし0.02％の次亜塩素酸ナトリウム液に十分浸してから水洗いをします。色物や柄物には消毒用エタノールを使用します（厚生労働省「保育所における感染症対策ガイドライン（2018年改訂版）」）。

🍀ことば

学校環境衛生基準
「学校における環境衛生に係る事項について，児童生徒等及び職員の健康を保護する上で維持されることが望ましい基準」で文部科学大臣が定めることが「学校保健安全法」で規定されている。保育園で適用される。

垂直温度分布
地面と垂直につながる線で温度の分布を表したもの。室内の様々な場所の温度を比較する場合に使われる。

プラスα

標準予防策（スタンダードプリコーション）
感染症の有無にかかわらず，どんな場合でも適用される感染対策のこと。血液，汗に加えて，すべての湿性生体物質（血液，汗以外の体液，分泌物，排泄物，傷のある皮膚，粘膜）は感染性があるものとして取り扱う。

第 **2** 節 ## 子どもの安全を支援する

1　子どもを事故から守る

　①園の室内外の危険を探してチェックリストを使ってチェックしてみましょう（表19‐1）。

表19‐1　園の室内外の危険のチェックリスト

1	子どもの周囲に鋭い家具，玩具，箱などがないかを必ず確認し，危険な物はすぐに片付けている。	
2	ベビーベッドの棚とマットレス，敷き布団の間に隙間のないことを確認している。	
3	ドアのちょうつがいに，子どもの指が入らないように注意している。	
4	子どもの周りに，角やふちの鋭いものはないようにしている。	
5	床に損傷，凹凸がないか確認している。	
6	口の中に入ってしまう小さなおもちゃを手の届くところに置かない。	
7	ビニール袋，紙，紐，ゴム風船は，子どもの手の届かない所にしまってある。	
8	園庭の玩具に損傷や不具合がないか確認し，危険な物は片付けている。	
9	子どもが入っている時は，ベビーベッドの棚を必ず上げる。棚には物を置かない。	
10	寝ている子どもの上に，物が落ちてこないよう安全を確認している。	

出所：「教育・保育施設等における事故防止及び事故発生時の対応のためのガイドライン」2016年

　子どもを事故から守るためには，園の屋内，屋外に分けて，複数の目で点検し，実際に子どもが行動することを想定してチェックし対策を行います。実際に起きた事故または**ヒヤリハット**事例について検討することも大切です。
　②身の回りで誤飲誤嚥（窒息）の危険があるものを「**チャイルドマウス**」（図19‐11参照）をつかって探してみましょう。

　誤飲とは，食物以外のものを誤って飲み込んでしまうことをいいます。タバコ・医薬品・洗剤などが多く，中毒を起こします。リチウム電池（ボタン電池）は生命に関わるため特に注意します。

　誤嚥とは，異物が気道に入ることで，激しく咳き込み窒息を引き起こし，気道下部に達すると誤嚥性肺炎を起こします。ピーナッツ・餅・こんにゃくゼリー・ガム・飴・小さな玩具などに注意が必要です。

　3歳児の最大口径は約39mm，乳児は約32mm，のどの奥までは約51mmあります。2つのチャイルドマウスをはさみとのりを使ってつくってください。それぞれの口にすっぽりと入る場合は，窒息の危険があります。危険を防ぐためどのようなことをしたらよいのか考えてみましょう。

2　災害から子どもを守る

　①住んでいる場所，あるいは施設の所在地の**ハザードマップ**を検索して危険に関する情報を把握してみましょう（図19‐12参照）。

　河川の氾濫・土砂災害・地震・火山・津波の恐れなど，周辺地域の地理的特徴によって警戒すべき自然災害は変わってきます。自治体等が作成しているハ

図19-11　チャイルドマウスのつくり方

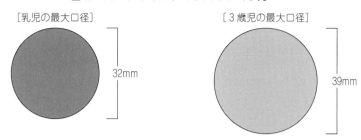

［乳児の最大口径］　　　　　　　［3歳児の最大口径］

32mm　　　　　　39mm

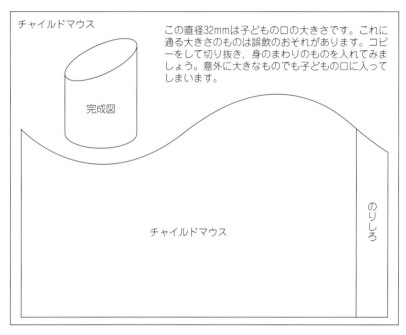

チャイルドマウス

完成図

この直径32mmは子どもの口の大きさです。これに通る大きさのものは誤飲のおそれがあります。コピーをして切り抜き，身のまわりのものを入れてみましょう。意外に大きなものでも子どもの口に入ってしまいます。

チャイルドマウス

のりしろ

出所：吉川はる奈ほか「家庭科教員養成における家庭看護の教材開発」『埼玉大学紀要　教育学部』
　　　第67巻第1号，119頁

ザードマップを活用して，それぞれが避難する際に必要な情報を記入した防災マップを作成するとよいでしょう。

　②災害発生時に備えて準備しておくべき備蓄にはどのようなものがあるでしょうか。話し合ってみましょう。

　災害発生時には何が必要か事前に考え，準備しておく必要があります。場合によっては，子どもと一緒にしばらく園で過ごすことも予想されるので，食糧の備蓄や防寒対策等の準備をしておく必要があります。

〈**非常持ち出し物品**の例〉

　・書類（各種名簿・引き渡しカード・防災マップ・筆記用具・ハサミ）

　・食糧品など（保存食・甘いお菓子・スプーン・紙皿・紙コップ・食品用ラップ）

　・光熱用品（懐中電灯・乾電池・ろうそく・ライター・マッチ）

　・救急用品（常備薬・絆創膏・ガーゼ・包帯・体温計・マスク・湿布・冷却シート）

　・日用品（タオル・ティッシュペーパー・ウェットティッシュ・マジックペン・トイレットペーパー・ビニール袋・軍手・毛布・カイロ・ロープ・新聞紙・非常用簡易トイレ・ビニールシート・アルコール除菌ジェル・万能ナイフ・ホイッスル）

図19 - 12　ハザードマップ

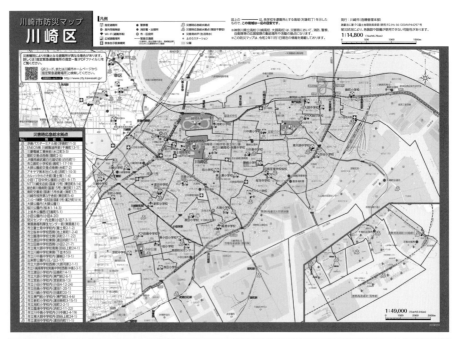

出所：川崎市ホームページ

　　　・乳幼児用品（常温保存可能な液体状ミルク・粉ミルク・固形ミルク・哺乳瓶・ベ
　　ビーフード・紙おむつ・おしりふき・おんぶひも・ミニ絵本・おもちゃ）
　　　・情報機器（ラジオ・携帯電話・携帯電話用電池式充電器）
　　③災害時に身近なものからつくれるお皿とコップをつくってみましょう。
　そしてそれを使って食事をしてみましょう（図19 - 13参照）。
　　　新聞紙・牛乳パックなどの紙を折って食器をつくり，ラップ，アルミ箔，ポ

図19－13　新聞紙を使った食器のつくり方

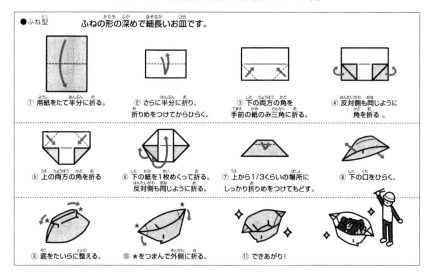

出所：NPO法人プラス・アーツ

リ袋などをかぶせて使います。ラップなどを取り換えれば繰り返し使えます。

演習課題

① 嘔吐物処理の方法を，ロールプレイを通して身に付けましょう。

② 次の子どもの様子から，どのようなことがわかりますか。保育者としてどのような対応をしたらよいでしょうか。また，そのとき不安に感じることはどのようなことでしょうか。話し合ってみましょう。

　　生後8か月のAちゃん。いつもはあやすとよく笑い，哺乳後はよく眠っているが，今日はずっと機嫌が悪くミルクを嫌がっている。ずっと眠らずにぐずっている。

【引用・参考文献】

秋田喜代美・馬場耕一郎監修，今井孝成・堤ちはる編『保育士等キャリアアップ研修テキスト4　食育・アレルギー対応』中央法規出版，2018年

秋田喜代美・馬場耕一郎監修，秋山千枝子編『保育士等キャリアアップ研修テキスト5　保健衛生安全対策』中央法規出版，2018年

医療情報科学研究所『公衆衛生が見える　2022—2023』MEDIC MEDIA，2022年

公益財団法人児童育成協会監修，松田博雄・金森三枝『子どもの健康と安全』中央法規出版，2019年

厚生労働省編『保育所保育指針解説　平成30年3月』フレーベル館，2018年

松本峰雄監修，小林玄・桜井ますみ・長谷川美貴子・堀田正央『よくわかる！ 保育士エクササイズ7　子どもの保健と安全 演習ブック』ミネルヴァ書房，2020年

大澤眞木子監修，小國美也子編著『保育者・養護教諭を目指す人のための子どもの保健　——健康と安全』へるす出版，2022年

鈴木美枝子編著『保育者のための子どもの保健Ⅰ』創成社，2018年

第20章 障害等，特別な配慮を要する子どもに対する支援

学習のポイント

●特別な配慮を必要とする子どもの事例を読み対応方法を考えましょう。
●グローバル教育（保育）実施のために，できることを考えましょう。

第1節 障害のある子どもなどへの対応

　第12章では，様々なタイプの特別な配慮を要する子どもたちについて学びました。この章では，実際の保育現場でどのような事例があり，どのように対応しているのか具体的に学びます。

1 発達に遅れのある子どもの事例

> **【事例20-1　朝ごはんを食べないSくん】**
>
> 　発達に遅れがあり，大学附属障害児教室に通所しているSくん（3歳）ですが，あるとき母親から「この子，あんまり朝ごはんを食べないんです」という相談がありました。そこで教室の主任は保護者と個人面談の時間をもつことにしました。
> 　主任はまず保護者からの話を聞き，それから以下の質問をしました。
> 　①母親の起床時間
> 　②母親が起きたあとの家事の流れ
> 　③家族構成が父母姉と弟（Sくん）であるため，それぞれの朝食の時間
> 　質問への回答をまとめると，父親は毎日帰宅が遅いため，起きる時間も遅く一緒に朝食を食べていないこと，小学生のお姉ちゃんは起床が早いため先に食べさせていること，母親は父親のお弁当の準備などをしながらつまみ食いをしていて，朝ごはんを座って食べていないこと，Sくんは忙しく立ち働いている母親を見ながら一人で朝食をとっていることがわかりました。
> （出所：S大学附属児童相談研究所におけるケース）

　主任は，Sくんが朝ごはんを食べないことへのアドバイスとして，父親に協力をもとめること，すなわち父親とSくんをいつもより少し早く起こし，家族全員で朝食を食べることを提案しました。その結果，父親は帰宅が遅く夕食も一緒に食べていないため，朝の時間が一家団欒のひとときとなり，Sくんもみんなと一緒に食べている楽しさから，前よりも量を食べられるようになりました。家族の生活についての丁寧な聞き取りと的確なアドバイスでうまくいっ

た事例だといえます。

2　重度障害のある子どもの事例

【事例20-2　ロサンゼルスの Pasadena Preschool Academy】

　筆者はロサンゼルス・パサデナにあるプレスクールの3歳児（20名）のクラスを観察しました。担任の名前はレイチェルです。そのクラスには重度の障害をもつ女児（以下，A）がいました。Aには知的な障害だけでなく身体の障害もあり，一人での移動が難しく，保育室に寝そべっている状態で保育に参加をしていました。レイチェルは保育室を担当し，登園後に園庭に出ている子どもたちに関しては，園庭担当のフリーの保育者がみていました。

　全員登園したタイミングで自由遊びを終了し，園庭にいた子どもたちが保育室にもどり，サークルタイム（朝の会）が始まりました。子どもたちは，椅子を使わず，床に円（サークル）を描くように座りました。その中に寝そべりながら参加しているAもいます。サークルタイムが終わり，子どもたちはレイチェルの話を聞きながら主活動に入りました。Aの様子を見ると，疲れたのか眠ってしまっていました。この時点で保育開始から2時間が経過していました。

　この日はランチタイムに園庭にピザのトラックが来る日で，みんなが我先にと紙皿を持ってピザのトラックの周りにあつまり，焼きたてのピザを受け取って保育室で食べ始めました。保育室は一気に賑やかになりましたが，それでもAは目を覚ましませんでした。

（出所：山本陽子「アメリカにおけるインクルーシブ保育についての実践研究」2017年より抜粋）

　筆者はAについて，保育中に早々に寝てしまうくらいの体力で，保育に参加していることに意味があるのかと，レイチェルに質問しました。彼女は「Aの表情を見ましたか，楽しそうな表情ではなかったですか。それこそが保育参加ではないでしょうか」と答えました。

　筆者は，自分が無意識に「子どもが最初から最後まで保育に参加できること」に価値を置いていたことに気づかされました。そして短時間でも楽しめていることを重視する視点，重度の障害があっても受け入れる柔軟性，ここに学びを得ることができました。

3　日常生活に不安のある子どもの事例

【事例20-3　子どもたちを保育園に連れてこない保護者】

　ある保護者は求職中という理由で，1歳と2歳になる2人の娘を保育園に預けていました。しかし週に何度も連絡なしで子どもたちを保育園に連れてこないことがありました。この保護者はシングルマザーなので1人で2人の子どもを育てています。

　保育園は，子どもが来るのか来ないのかわからない状態で保育をするのは，安全管理上問題があると考えました。たとえば決められた9時半までではなく10時半に登園したとしても，全員外に散歩に出ているので対応ができないということもありうるからです。

> 　そこで保護者にたびたび子どもを登園させない理由を聞くため，面談の時間を設定しました。しかし，面談の時間になっても保護者は現れません。待っているだけではだめだと考えた保育園は，家庭訪問をすることにしました。家庭の状況を把握することで保育園にできることを考えるためです。
> 　主任が家庭訪問をした結果，保護者は求職中ではありますが，常に倦怠感があり思うように身体が動かないこと，子どもたちを保育園に連れて行く気力もないことを聞き取ることができました。
> （出所：横浜市Ｐ小規模保育園におけるケース）

　そしてこの事例において，保育園は特別な対応をとることにしました。園として１歳児，２歳児の子どもたちの送迎を行うことにしたのです。その理由は**子どもの最善の利益**のためです。

　保護者に倦怠感があり求職もできない状態で保育園への送迎も難しいのであれば，子どもたちのために買い出しをしたり食事をつくったりすることができるのではと考えたからです。子どもたちを保育園にさえ連れてくれば，栄養士の考えた栄養価の高い給食やおやつを食べることができます。また，毎日の送迎で保護者の精神状態や子どもへの態度を見極めることもできます。

　送迎を行ったうえで，もしも事態が深刻であるならば，児童相談所への通告も視野に入れて動いていたと園長は言っていました。保育園が子どもの命を守る児童福祉の最前線であることがよくわかるエピソードです。

第2節　日本語を母語としない子どもや保護者への対応

　第2章でOECD Education 2030について触れましたが，グローバル化が進む中，OECDは異文化間教育（グローバル教育の一つ）の必要性についても言及しています。

　OECDは**DeSeCo**プロジェクトの成果として「異質な集団で交流する」というだけでは，その交流がうまく機能しないことを示唆しています。相互作用的に道具を用いること，また自律的に活動することが欠かせないということです。このようなOECDの検討などを踏まえ，諸外国ではグローバル教育が進んでいます。

　一方，日本の保育現場にも多くの外国籍児童・生徒，あるいは日本国籍をもっていても日本語を母語としない子どもの在籍数が増えていますが，グローバル教育については，各園での創意工夫の域を出ないのが現状です。それでは，保育現場でできることは，どういったことでしょうか。いくつかの事例をみながら考えていきましょう。

1　日本語を母語としない保護者

　横浜のある保育園は，通園児の8割が中国籍の子どもです。まだ日本に来てまもない家族である場合，両親のどちらもが日本語を話せず，保育園とのコミュニケーションがうまくいかないケースがあります。

ことば

DeSeCo
DeSeCoとはDefinition and Selection of Competencies，コンピテンシーの定義と選択。

【事例20-4　保育園にかかってきた中国語の電話】

　Mちゃん（２歳）の両親はともに中国籍で日本語がほとんど話せません。ある朝，保育園に電話がかかってきました。事務員が電話をとったところ，相手の女性は中国語でいろいろと何かを話している様子ですが，事務員は中国語が話せないため意味がわかりません。

　そのときたまたま登園してきた別の保護者（日本語が話せる中国籍の人）が，電話を代わってくれました。その保護者が「Mちゃん，熱あるから，今日は休みって言ってます」と通訳してくれたため，保育園として，電話の内容を把握することができました。

　その後，出欠席などの連絡をメールでできるようにし，要件伝達を母語で行うことを可能としました。母語で書かれたメールを翻訳サイトにかけて理解する方法です。そのように日頃のコミュニケーションをスムーズにしたり，多言語でのおたよりを作成したりと対策を強化しました。また，中国語を解する事務員の雇用もしたといいます。

（出所：横浜市Ｋ保育園におけるケース）

　これらの努力について，特に国や県などの自治体からの補助はなく，各園における努力に止まっていることが問題であり，この先こういったところに予算が下りることを願っています。

2　文化的な違い

　他国にルーツをもつ子どもが入園してくる中で，文化的・宗教的な違いから給食が食べられないという事例があります。イスラム教を信仰する家族であれば，禁忌とされる豚肉が給食に出た場合，それを食べさせることはできません。今，そのような文化的背景をもつ子どもたちについて，保育現場ではどのような対応をしているのでしょうか。

【事例20-5　イスラム教徒の子どもへの配慮】

　横浜市にあるＫ保育園では，給食について特別な配慮をしています。この日は豚肉と野菜の炒め物でしたが，２人のイスラム教徒の子どもには，ツナで代用しています。このような配慮を実現させるために，月に１回，園と保護者が面談し，あらかじめ献立を確認しています。以前は，保育園の対策として野菜のみを提供し代用となるおかずを保護者に持参してもらう対応をとっていましたが，保護者が忙しくおかずを持たせないことがあり，園のほうで対応することとなりました。

（出所：NHKニュース，2018年５月23日）

　このように，受け入れ側の保育園は試行錯誤をしながら，子どもたちが困らないように対応しています。その他，2020年には社会福祉法人つぼみ会が，日本アジアハラール協会の認証を受け，東京都北区の「LIFE SCHOOL 桐ヶ丘こどものもり」において，イスラム教徒の園児に対し**ハラール食**の提供を開始したとニュースになりました。しかし，こういった対応ができる保育園はまだごく一部です。

ことば

ハラール食

ハラル（英語：halal，アラビア語：حلال Halāl）とは「許されている」を意味するアラビア語である。イスラム教の教えで食べてよいとされている食べ物を「ハラルフード（ハラール食）」と呼ぶ。

3　文化を紹介する方法

> **【事例20－6　インド人の保護者に文化紹介を依頼】**
>
> 　ある園に初めて外国籍（インド）の子どもが入園してきたときのことです。その子や保護者が周りになかなか馴染めない様子をみて，他の子どもや保護者とうまく関係性をつくってもらうにはどうしたらよいかを考えるため，職員会議をもちました。
>
> 　ある保育士から，バザーの機会を使うのはどうかというアイデアが出ました。インド人の保護者に伝統服のサリーを着てきてもらい，インドの文化を知ってもらおうという考えです。また栄養士や調理師とも相談し，インド人保護者からのアドバイスを受け，本場に近いカレーをつくり販売するということも考えました。
>
> 　バザーはとてもうまくいき，カレーも好評でした。しかし，どういうわけかその後もインド人の保護者と周りの保護者との関係は深まりませんでした。後に保育士は日本語が少しできるようになった保護者から，「みんな，話しかけてくれるようになって嬉しかった。でも話すことはカレーのことだけ」と気持ちを聞くことができました。
>
> （出所：神戸市Ｋ認定こども園におけるケース）

　皆さんは，この事例について，どういう感想をもちましたか。そして，皆さんなら代替案として，どういうアイデアを出せるでしょうか。保育園に馴染めるように考えた今回の取り組みですが，失敗だったのでしょうか。実はこういった文化紹介は，**ツーリストカリキュラム**になりがちだといわれています。

　たとえば日本についていうと，外国では，日本といえば「フジヤマ・サムライ・ゲイシャ」といったイメージがついています。この3つの単語は日本文化のエキゾチックな点を伝えているだけで，今の日本への理解につながりません。そういった誤ったメッセージを伝えてしまうこと，それがツーリストカリキュラムなのです。

　今回のように特別な伝統服を着てカレーを振る舞うというのは，バザーの成功にはつながったのでしょうが，インド文化についてはステレオタイプ的な印象しか残せなかったといえるでしょう。園として，文化紹介に終わらせず，たとえばヒンディー語で名前を書く会や簡単な日本料理を教える会をつくるなどし，その人自身を知ってもらう努力が必要なのだと思います。

4　インクルーシブな保育のためにできること

　アメリカやドイツでは，小学校において宗教に関する授業があり，その授業は1日の授業の最後に設定されています。その国における主流の宗教，すなわちキリスト教について学ぶのですが，ほかの宗教を背景にもつ子どもたちは，その授業を受けず「帰宅してよい」ことになっています。決められた課程であっても信教の自由が優先され，各家庭でそれぞれの宗教教育をしてくださいという意図があるのです。

　近年，近畿日本ツーリストではお祈り用の部屋をオフィスに設け，イスラム教の従業員が働きやすいような取り組みを始めています。しかし，日本の学校や社会においては，そのように各自の宗教観に合わせた取り組みや，多文化の受け入れ体制が整っているとはいえない状況です。

ことば

ツーリストカリキュラム
『アンチ・バイアスカリキュラム』を著したルイーズ・ダーマンスパークスが指摘している，ステレオタイプな考え方のことを指す。

その中で，幼児教育や保育の現場において，子どもたちが異文化を知り，今後，多文化社会を生きていくためにどんなことができるでしょうか。

【事例20-7　保育環境に多文化的な視点を取り入れる】

筆者は幼稚園において3歳児を担任していたときに，アフリカ系アメリカ人の友人家族の写真やドイツ系アメリカ人の友人の写真を保育室に飾っていました。また地球儀も保育室に置いていました。

写真20-1　Ibeta & 3 sons

子どもたちは，何にでも興味があるため「だれ？　この人」「なに人？」と聞いてきます。そこで，「この人たちは先生のお友だちだよ」と伝えると，子どもたちは様々な反応を示します。驚いたり嬉しそうにしたりします。子どもたちが興味を示したときに，地球儀や世界地図などを見せながら，「この人が住んでいるところはここだよ。アメリカっていう国はね，こんな国旗なんだよ」と教えたりしました。

（出所：西宮市S幼稚園におけるケース）

このように，自然な形で多様性を知るために，多文化的な要素を保育室のあちこちに仕掛けておく，というのも一つの方法ではないでしょうか。その他，**インクルーシブ**な要素を取り入れるという視点から，以下にインクルーシブなおもちゃをご紹介します。

1つめは，バービー人形です（写真20-2）。いろいろな障害をもつ人形が近年売られ始めました。補聴器を付けた人形も加わりました。そのコンセプトは「多様性」ということです。2020年には今後9種類の体型と35種類の肌色，94パターンの髪型をつくっていくと発表しています。

子どもたちが手に取る人形やおもちゃについても，多様性が求められる時代となってきており，また障害をもつ子どもたちは，自分と似た人形で遊ぶことで，安心感や力を得ることができるのではないでしょうか。

2つめは，TY. BABIESのぬいぐるみです。空港やトイザらス等にどっさりと売られている姿を見たことはないでしょうか。日本で人気なのは動物のシリーズです。

筆者も，写真20-3のような様々な肌の色の人形を日本で見たことはなく，アメリカのおもちゃ売り場でしか目にしたことはありません。

アメリカの**プレスクール**には，多種多様な人種の子どもたちがいるため，それぞれ髪の色や肌の色が違います。そのため，プレスクールに置いてある人形も多種多様です。

🍀ことば

インクルーシブ
ソーシャルインクルージョン（社会的包摂）という言葉からきており，あらゆる人が孤立したり，排除されたりしないよう援護し支え合うという理念。

プレスクール
イギリスやアメリカなどにおいては義務教育前の子どもの教育機関を指す。

写真20-2　義足をつけているバービー人形と車椅子のバービー人形

写真20-3　いろいろな髪色・髪型，肌色，目の色の人形

ことば

ユニバーサルデザイン
年齢，性別，文化，身体の状況など，人々がもつ様々な個性や違いにかかわらず，最初から誰もが利用しやすくするという考えのもとに，設計されたデザインのことである。

　日本においては，在園児のほとんどが日本人であるという園が多いでしょう。その場合，このようなインクルーシブな環境を用意しなくてもよいのでしょうか。決してそうではありません。

　たとえば，絵本に点字シールをつけたとしましょう。その園には点字を必要とする子どもがいなかったとしても，凹凸のあるシールがついている絵本に気づくでしょう。子どもが「これは何？」と興味を示したときが，点字を必要とする目が見えない人の存在を知らせる機会となります。

　皆さんの身近にあるシャンプーやリンスは，**ユニバーサルデザイン**がなされていて，シャンプーとリンスを見分けるための凹凸（触覚認識表示）がついています。駅に続く階段の手すりやエレベーターのボタンなどには点字が貼ってあります。保育環境にある絵本に「点字シールを貼る」という工夫をするだけで，世の中にある点字などに気づくことができる子どもを育てていくことができるわけです。

　このように，保育環境にあるものは子どもたちの興味につながり，また世界が広がる機会となると考えたとき，インクルーシブな人形や絵本などを保育環境に用意することは非常に重要だとわかるでしょう。

●**ワーク１：インクルーシブな環境のためのアイデアを書き出しましょう。**

あそび面	
生活面	

　保育の現場が多様な背景をもつ子どもたちにとって安心できる場となれるよう，柔軟な発想で環境を整え対応していけるといいですね。

演習課題

① 日本の保育園において，発達の遅れのある子どもについて，保育内容の点で工夫できることを書き出しましょう。
② 日本の保育園において，日本語を母語としない親子について，保育を行ううえで工夫できることを書き出しましょう。

【引用・参考文献】
ダーマンスパークス，ルイーズ著，玉置哲淳ほか訳『ななめから見ない保育』開放出版社，1994年
「イスラム教徒も働きやすく　日本企業が礼拝所，食事も」『朝日新聞』2018年7月2日
　　https://www.asahi.com/articles/ASL6S3CL6L6SULFA002.html（2022年8月8日閲覧）
NHK「お友達は外国人　国際化する保育園の現場は」
　　https://www3.nhk.or.jp/news/special/izon/20180523gaijin.html（2022年8月8日閲覧）
「認可保育園社会福祉法人つぼみ会が10月5日より日本初のハラール食の提供を開始」『ドリームニュース』2020年10月2日
　　https://www.dreamnews.jp/press/0000222737/（2022年8月8日閲覧）
西山教行ほか編『グローバル化のなかの異文化間教育』明石書店，2019年
山本陽子「アメリカにおけるインクルーシブ保育についての実践研究」岩谷学園『保育・教育研究紀要』第1号，2017年，30頁
山本陽子「多文化共生保育の現状と課題」『聖セシリア女子短期大学紀要』第45号，2019年，43頁

第21章 集団での生活における配慮と環境の変化や移行に対する配慮

学習のポイント

●一人ひとりを丁寧にみることと集団のとらえ方について考えてみましょう。
●新しい環境に慣れていくための工夫について考えてみましょう。

第1節 集団での生活における配慮

1 一人ひとりを大切にすることを基盤とした保育

多くの子どもにとって，園での生活は初めての社会であり集団生活の場です。それぞれの生育歴をもった子どもが集まっているのですから，たとえば朝の過ごし方1つをとっても当然一人ひとり異なります。皆さんにもきっと自分にしかない生活習慣があることでしょう。3歳未満児について考える前に，まずは普段自分が起床から朝家を出るまでの間，どのように過ごしているのか生活の中身を振り返ってみましょう。始めは自分でワーク1-1に取り組み，記入したら周りの友だちと発表し合いましょう。

●ワーク1-1：私の生活（起床から出かけるまで）

・起床時間 （　　：　　）	・起床の仕方 （自然・アラーム・起こしてもらう）
・朝食時間 （　　：　　）	・定番の朝食内容 （　　　　　　　　　　　　）
・朝食を一緒にとる相手 （　　　　　　　　　　）	・着替え （　朝食前　・　朝食後　）
・持ち物の準備 （前日にする・出かける前にする）	・身支度にかかる時間 （約15分・約30分・約1時間）
・その他済ませること （　　　　　　　　　　）	・家を出る時間 （　　：　　）

いかがでしょうか。朝のみを取り上げてみても，友だちと生活の仕方が異なっていたのではないでしょうか。このように改めて考えてみると，生活の仕方は家庭によって様々であることがわかります。子どもも皆さんと同様に生活の仕方は一人ひとり異なるのです。では，今度は保育所に通う3歳未満児を想定してみましょう。起床から登園までで，個別に異なる生活リズムや習慣が予想されるものにはどのようなことがあるでしょうか。ワーク1-2に取り組み，考えてみましょう。

●ワーク1-2：子どもや家庭によって異なる起床から登園までの生活習慣

例）起床時間	例）起床の仕方	例）顔の洗い方

　想像できたでしょうか。ワーク中の例をみてみると，起床時間とありますね。これは子どもの生活リズムはもちろんのこと，保護者の生活とも連動していることが想像できます。職場も保育所も自宅から近い場合は，少しゆっくりな起床時間かもしれませんし，職場と保育所のどちらも自宅から遠ければ，早起きになるでしょう。起床の仕方でいえば，家族に起こされるか自分で目覚めるかの違いや，機嫌よく目覚めるのか泣きながら目覚めるのかといった違いも想像できます。つまり，家庭によってそれぞれの生活リズムや生活習慣があるのです。ですから，保育の場であっても子どもが快適に過ごせるようにしていきたいものです。ただ，保育所は家庭と違い集団生活が基本となります。集団生活の中でそれぞれのペースをもった子どもが生活をともにしていくには，どのような配慮をしたらよいのでしょうか。次の事例から考えてみましょう。

【事例21-1　気持ちの落ち着かせ方】
　5月生まれのそらくんは，この4月に1歳児で入園してきたばかり。好きなあそびをみつけると，他には目をやらずに長い時間黙々と一つのあそびに集中し，特に絵を描くことを好んでいる。一緒に入園した3つ年上の兄が毎日保育室にあそびに来てくれ，じゃれ合う姿がみられるが，自分から保育者の元へ来ることはまだ少ない。「ゆっくりと慣れていけるようにしよう」と保育者間で話し合い，そらくんとの距離を考えながら過ごしている。お昼前，そらくんが急に泣き出した。何があったのか見当がつかない。さっきまで兄と二人ににこにこしながらあそんでいたのだが，どうしたのだろう。「どうしたの？　何か悲しかったの？」と声をかけると，抱っこを要求してきた。受け止めて抱っこをするが，それでも泣き止まない。眠いのかなと思い，おんぶをするがそれでも落ち着かない。しばらくしてご飯の時間になった。自分で食べることが嬉しいようで，いつもむしゃむしゃ頑張るそらくんだから，もしかしたらおんぶから降ろしたら食べ出すかもしれない。お腹が空いているのかもしれないし。そう思って降ろしたが，なかなか落ち着かない。ご飯の時間だけれど，まずは落ち着く方法を探したい。そして行き着いたのが，「大好きなお絵描きをしたら気持ちが変わるかもしれない」ということ。テーブルに画用紙とペンを用意した。すると，しゃくりあげながらもお絵描きを始めたのだ。間もなくしゃくりあげはなくなり，笑顔になった。しだいに眠くなり，再びおんぶされるとすぐに眠った。食事はとれなかったが，その分はおやつで補塡しよう，そう保育者間で話した。16時頃，母親が迎えに来て一部始終を伝えた。すると，家でも泣くとご飯を食べないことがあるそうだ。そしてお絵描きで気持ちを落ち着かせているとのこと。その話を聞き，次に同じようなことがあったらまずはお絵描きを試すところから始めて，気持ちを落ち着かせることを優先しようと再度保育者間で話し合った。
（出所：筆者の記録より）

　この事例から，子どもが自分の気持ちを落ち着かせるには，思いも寄らない方法があると感じられたのではないでしょうか。まずは情緒の安定を優先し，その後徐々に子どものペースに寄り添いながらクラスの生活リズムに溶け込んでいってもよさそうですね。なかなか解決策がみつからないときや困ったときほど保護者と連携し，子どもをみていくことが大切ですから，焦らずにじっくりと時間をかけて関わっていきましょう。子どもの1日（24時間）を，保育者と保護者が一緒に支えているととらえられると，子どもだけでなく保護者にとっての安心にもつながります。ぜひ，保護者との連携を充実させ，子どもにとって心地のよい生活をつくり出していきましょう。

　では先の事例について，視点をクラス全体に向けてみます。場面は，あそびから食事へと全体の活動が移っていくところでした。子どもたちは皆で楽しく食事をしています。その中であっても，個を丁寧にみることは必要とされます。そらくんのように食事に気が向かない子どももいますし，食の進み具合や食具の使い方，咀嚼の様子など，一人ひとりの子どもが必要とする援助は異なります。子どもの姿や心情の読み取りを丁寧に行い，子どもを生活の流れに乗せようとするのではなく，クラスの流れを意識しながらも，個々のペースに寄り添った関わりを心がけましょう。

　それではここでワークです。全体の流れがある中での個別対応についてワーク2を通して考えてみましょう。次の様々な場面から，「もしこの場に自分がいたら？」と想像し，どのような対応があるか考えてみましょう。

●ワーク2：クラス全体の流れがある中での個別対応

場　面	クラス全体の流れ	個別対応が必要な子どもの姿
片付け～おやつ	おやつを食べる準備をしている	あそびが面白くてやめられない →
散　歩	列になって歩道を歩いている	靴が脱げてしまった →
食　事	食事が運ばれてくるのを待っている	着席すると眠り始めた →
午　睡	布団で眠っている	時間よりだいぶ早く目覚めた →

　どのような対応が考えられましたか。対応のバリエーションは，いくつもあると自分の助けになりますので，ワーク1-1と同様に周りの友だちと発表し合ってみましょう。そして，様々な関わり方をイメージしておきましょう。

　集団での生活であっても，個を丁寧にみることが基本です。集団の中に個が存在しているというよりも，個が集まって集団になっているととらえることが大切です。個別の対応を可能にするために，常に保育者同士は円滑な連携を心がけていきましょう。

　では，ここからは個と個がつながり合って小さな集団になっていく，子ども同士の関わりを見据えた環境設定について考えていきます。

2　子ども同士の関わりを見据えた環境設定

　子どもはしだいに友だちに関心を寄せ，受け入れていくようになります。まずは二人の関係からスタートし，自己を表現したり相手を知ったりしていくようです。ですから保育士には，他者との世界が育まれるような環境を設定することが求められます。

　保育所保育指針では，第1章「総則」1「保育所保育に関する基本原則」(3)保育の方法の中で，「オ　子どもが自発的・意欲的に関われるような環境を構成し，子どもの主体的な活動や子ども相互の関わりを大切にすること」というように環境について示されています。さらに「保育所保育に関する基本原則」(4)の中でも，「エ　子どもが人と関わる力を育てていくため，子ども自らが周囲の子どもや大人と関わっていくことができる環境を整えること」とされ，子ども同士の関わりが育まれる環境の設定が求められています。ここで大切なのは，子ども同士の関わりを見据えた環境を年齢や発達に沿って設定することです。では，具体的に年齢や発達に合った環境をどのように設定したらよいのか考えてみましょう。

　あそびの類型の発達（Parten, M. B.）を踏まえると，3歳未満児には，①何もしない行動（0～3か月），②ひとり遊び（0か月～2歳），③傍観者行動（2歳），④平行遊び（2歳以上）が相応しますので，ここでは①～④までを取り上げて考えていきましょう。

　①の何もしない行動の頃は，興味があるものがあれば触るといった時期です。ですから子ども同士のつながりよりも，子どもが興味を示すモノは何なのかに着目して玩具を用意するとよさそうです。

　②のひとり遊びは，長期にわたって続きます。ほかの友だちが使っているモノに興味は示しますが，子ども同士の関わりはほとんどみられません。ということは，どういった環境の設定がふさわしいと考えられるでしょうか。モノを介した子ども同士の関わりの可能性があるということですから，保育者はひとり遊びがじっくりできる環境に加え，同じモノを複数用意し，あそびの空間が十分にとれる環境の設定を心がけましょう。同じモノを好む子ども同士の関わりがあるかもしれません。

　③の傍観者行動はどうでしょうか。傍観者行動では，友だちのあそびが気になってじっと見たり口を出したりします。ひとり遊びをじっくりと楽しめる空間と，そのあそびを見ることができる空間をつくるとよいですね。友だちに何かアドバイスをする姿も期待できます。

　④の平行遊びに進みましょう。この時期は，友だちの側で同じあそびを楽しみます。友だちとの距離がだいぶ近くなってきましたね。ですから，同じモノを引き続き複数用意しましょう。同時に複数人の子どもが楽しめるからです。同じ空間で同じあそびを楽しむ十分なモノの数量と空間を用意しましょう。

　保育の環境は，室内だけではありません。外には子どもの興味をそそるモノで溢れています。つまりそのモノを囲んで子ども同士の関わりが生まれるチャンスがたくさんあるということです。

　写真21-1は，一人が見つけたタケノコを筆者と一緒に見ていたところにも

ことば

あそびの類型の発達（Parten, M. B.）
アメリカの心理学者パーテンが子どものあそびを6つの発達段階に分類したもの。①何もしない行動，②ひとり遊び，③傍観者行動，④平行遊び，⑤連合遊び，⑥協同遊び。

う一人がやって来て，やがて二人が
タケノコを間にして関わりが生まれ
ていった場面です。

写真21-1　同じモノに興味を示す

出所：筆者提供

　このように，保育者には発達に見
合った子ども同士が同じモノや空間
を共有できる環境づくりを目指し，
子ども同士の関わりを支えていくこ
とが求められます。それは，十分な
あそびの保障が，子ども同士の関わ
りを育んでいくからなのです。まず
は焦らずに，小さな集団を意識するところから始めていきましょう。

　では次に，子ども一人ひとりの生活を充実させる保育の方法をみていきま
しょう。

3　育児担当制と役割担当制

　現在，3歳未満児の保育において担当制というスタイルを取り入れている園
が一般的になっています。保育所保育指針解説においても，3歳未満児の指導
計画の中で「緩やかな担当制」という表現があるように，特定の保育者が子ど
もとゆったりと関わっていくことが求められています。では担当制とはどのよ
うなことを指すのでしょうか。これには育児担当制と役割担当制といった大ま
かな種類があります。育児担当制は，基本的生活習慣にまつわる援助を特定の
保育士が行います。想像してみましょう。いつも一緒にいるのでまるで親子の
ようですね。そして役割担当制は，クラスの生活の流れに沿って保育を進める
リーダーと，リーダーの補助的役割であるサブリーダー，そして保育の前後場
面の整備及び準備を行うフリーという役割をそれぞれの保育者がもって保育を
進めていきます。クラス全体や小さな集団が同じ時間を過ごしているといった
一体感が感じられますね。それぞれの園の解釈の仕方で，その子どもに合った
生活ができるように工夫しています。では担当制を取り入れることで，どのよ
うな影響があるのでしょうか。対象別に考えてみましょう。

●ワーク3：担当制を工夫して子どもに寄り添おう。

	プラス面	マイナス面
子どもとの関わり		
保護者との関わり		
保育者間		
子ども同士		

♣ことば

担当制
主に3歳未満児の保育の方法
であるが，援助の仕方は決
まっていないため，各園の解
釈で実践されている。

　特に育児担当制は，同じような生活リズムの子ども少人数に対して一人の保育者が関わるので，個人のタイミングを見計らって食事やトイレなどに向かうといった配慮に加え，一人の保育者が担当する子ども同士の関わりにも期待ができますね。また保育者間の連携も大切にし，一人の保育士が担当の子どもを囲みすぎないように工夫しましょう。家庭的な雰囲気の中で一人ひとりと丁寧に向き合って関わることができる担当制を上手に取り入れ，集団での生活がスムーズにいくように工夫することが求められます。

第2節　環境の変化や移行に対する配慮

1　新しい環境に慣れていくための配慮

　進級した子どもと新しく入園した子ども，また保育者にとっても心が揺れやすい時期が，年度初めの4月です。進級児にとっては，これまで慣れ親しんできた保育室が変わり担任も変更となれば，進級の喜びと同時に不安な気持ちが生じるのは当然のことです。1年間一緒に過ごしてきた環境が変化するとき，どのような配慮が必要なのか考えてみましょう。

　まず，**人的環境**からみていきましょう。進級による人的環境の変化として，担任保育士と友だちの移動が挙げられます。3歳未満児にとって，1年間一緒だった保育者と離れることは，何よりも大きな変化です。絆を深めてきた関係ですから，まずここに着目した配慮が大切です。3歳未満児のクラスは複数人の保育者で構成されていることがほとんどですから，一人でも子どもと一緒に進級クラスに入る保育士がいると，子どもにとって大きな安心感となります。その安心感は，新しい場所や友だちへと興味・関心が広がっていく原動力になります。また，保護者にとっても同じ保育者が継続して傍にいてくれることは安心です。

　一方で，年度が始まる前からできる配慮もあります。新年度からの担任が，前もって担当する子どもとの関わりの場を意識的につくるということです。たとえば行き来が自由にできる外遊びでは，新年度から担当する子ども一人ひとりに意識して声をかけたり，現在と新年度の担任同士がコミュニケーションをとっている姿を積極的にみせたりと，子どもが安心できる環境づくりに時間をかけていくとよいでしょう。保育者間の引き継ぎも忘れてはなりません。一人ひとりの健康状態や生活習慣，保護者との関係，その他の特徴を共有し，自分のことを理解してくれているという子どもから担任への信頼を少しずつ積み上げていきましょう。

　続いて，保育室などの**物的環境**についてはどうでしょうか。保育室の場所が変わると，これまで使っていた玩具が変わったり，生活の動線に変化があったりします。急な変化は生活に戸惑いを生じさせますから，ここでも徐々に慣れていけるような配慮が必要です。そのため，新年度になってから初めて新しい保育室へ行くということがないようにしたいものです。普段から保育室間の出入りが自由ならば，年度末に近づいたらより意識するとよいでしょう。また，

ことば

人的環境
保育士等や子どもなどヒトのこと。

ことば

物的環境
施設や遊具などモノのこと。

進級後の保育室にある玩具を借りて，自分の安心する場所であそぶという方法もあります。逆に，玩具も一緒に進級クラスに移動させて子どもたちの安心を担保するという保育所もあります。年度末や年度初めはどうしても慌ただしくなりますが，環境の変化を少しでも緩やかにし，新年度の不安がなるべく取り除かれるように努めましょう。こういった配慮がやがて子どもにとって心地のよい生活をつくり出すことになるということを忘れないようにしましょう。

2　慣らし保育

　多くの園では，新入園児が園生活に慣れるまでの一定期間，慣らし保育と呼ばれる準備期間が設けられています。これは「準備保育」とも呼ばれ，新しい生活によるストレスへの配慮となります。これまで家庭の中で保護者と常に一緒にいた生活から一変，見知らぬ場所で見知らぬヒトと一緒に生活をするようになるのですから，初めは泣いたり不安定になったりするのは自然なことです。しかし，この環境の変化によるストレスがなるべく抑えられるように，最初はほんの短い時間から園での生活を始めていきましょう。子どもの様子を保護者に伝え，家での様子を保護者から聞くことによって，保育者にとっても子どもの特徴を知っていくうえで大切な時間となります。好きなあそびをみつけたり，園内や園庭を散歩したりして，園の環境を知っていくことも大切です。まずは保護者から離れてあそぶことから始め，好きなあそびがみつかったら昼食まで，ご飯が食べられるようになったら午睡までなど，子どもが園に慣れるペースに合わせて時間を伸ばしていきましょう。慣らし保育の時間や期間は子どもによって異なって構いません。保護者の事情にもよりますが，この間に保護者と密に情報交換することは，保護者との信頼関係の構築にも役立ちます。また，大好きな母親や父親などが保育者とコミュニケーションをとっている姿を子どもが見たり感じたりすることも，子どもにとって安心につながります。慣らし保育は短期間ではありますが，これから始まる園生活を円滑にスタートさせるためにも，十分に活用しましょう。

3　3歳児クラスへの滑らかな移行

　第10章でも取り上げたように，3歳児クラスへの移行は一般的にいわれている乳児クラスから幼児クラスへの移行となります。幼児クラスへの進級は，子どもにとって期待であふれる出来事です。とても喜ばしいことですが，保育士は，進級のプレッシャーを子どもに与えないように気をつけます。「もうお姉さんだから」「お兄ちゃんになるんだもん」などという子どももいますが，それが逆にプレッシャーとなる場合があるのです。言葉ではそういっても，いつも行けるトイレに間に合わなかったり，完食が当たり前となっていた給食が食べられなくなったり，不意に気持ちの不安定さが現れることがあります。進級を喜び，問題なく過ごせる子どもだけでなく，不安に感じる子どももいるのです。保育者はもう一度丁寧に子どもと関わることを意識し，「いつでもみているよ」といった合図を送ったり，スキンシップをとったりして，子どもが安心して生活できるようにしましょう。

　また，運営基準により，保育士一人に対する子どもの人数が大幅に増えますので，子どもの発信に気づけるよう保育者間の引き継ぎも大切です。一人ひとりのこれまでの園生活を振り返るとともに，ぜひ，今後の育ちについて新旧の担任同士が一緒に考えられる場を設け，4月からの計画にも役立てていきましょう。

演習課題

① 　保育者をひとりじめしたい子どもがいた場合，どのように対応したらよいでしょうか。
② 　新しい環境に不安を抱えていると感じられた子どもに対して，どのような配慮が必要でしょうか。

【引用・参考文献】
厚生労働省「保育所保育指針」2018年
厚生労働省「保育所保育指針解説」2018年
松本峰雄監修，池田りな・才郷眞弓・土屋由・堀科『よくわかる！ 保育士エクササイズ5　乳児保育 演習ブック（第2版）』ミネルヴァ書房，2019年
村野かおり「2歳児クラスの散歩における相互行為の特徴──時期的変容に着目して」『日本保育学会第72回大会発表論文集』2019年，1163-1164頁
名須川知子・大方美香監修，馬場耕一郎編著『MINERVA はじめて学ぶ保育7　乳児保育』ミネルヴァ書房，2019年
西村真美『育児担当制による乳児保育──子どもの育ちを支える保育実践』中央法規出版，2019年
大豆生田啓友・おおえだけいこ『日本が誇る！ ていねいな保育──0・1・2歳児クラスの現場から』小学館，2019年
尾野明美・小湊真衣・菊地篤子編著『アクティブラーニング対応　乳児保育Ⅱ──1日の流れで考える発達と個性に応じた保育実践』萌文書林，2019年
榊原洋一・今井和子編著『今求められる質の高い乳児保育の実践と子育て支援』ミネルヴァ書房，2006年
汐見稔幸・小西行郎・榊原洋一編著『乳児保育の基本』フレーベル館，2007年
汐見稔幸監修，井桁容子・岩井久美子・汐見稔幸『0・1・2歳児からのていねいな保育 第2巻　毎日の保育をより豊かに──保育の基本』フレーベル館，2018年
汐見稔幸監修，井桁容子・汐見稔幸『0・1・2歳児からのていねいな保育 第3巻　ていねいな保育実践のために──保育の実践』フレーベル館，2018年
髙内正子・豊田和子・梶美保編著『健やかな育ちを支える　乳児保育Ⅰ・Ⅱ』建帛社，2019年

第22章 長期的な指導計画と短期的な指導計画

学習のポイント

●長期的な指導計画と短期的な指導計画を実際に立てていくことによって保育活動の全体を見渡せるようにしましょう。
●自らの保育を振り返りながら保育を評価していくことについて理解を深めましょう。

第1節 保育所における指導計画

保育所における指導計画には様々なものがあることを第13章で学びました。まずは指導計画作成の要点について確認しておきましょう。

【指導計画作成の要点】
・保育計画には，まず全体的な指導計画がある。
・長期的な指導計画として年間指導計画や期間指導計画，月間指導計画（月案）がある。
・短期的な指導計画として週間指導計画（週案）や一日指導計画（日案），デイリープログラムがある。
・保育所保育指針では，長期的な指導計画と，それに関連しながら，より具体的な子どもの日々の生活に即した短期的な指導計画を作成しなければならないとしている。

次に，指導計画を書くときの注意点を確認しておきましょう。

【指導計画を書く際の注意点】
①年間指導計画
●1年後の3月に子どもたちがどのようなことをできるようになったり，考えられるようになったりしてほしいかを想像し，そのためにはどのような環境構成等が必要かを具体的に思い浮かべて組み立てる。
●季節ごとの行事などから，そこに付随する子どもの動きと成長段階に合わせた配慮や援助をどのようにしていくかを考える。
　（例）プール遊び→水に慣れる，衣服の着脱，衣服を畳む，自分の物の管理，など。
②月間指導計画
●年間指導計画と実際の子どもたちの姿を照らし合わせ，取り入れたいことや，配慮することを考える。その際に1か月だけで完結させるのではなく，長期スパンで考え，翌月の月間指導計画につなげていく。
●1か月のスケジュールから，派生する動きを思い浮かべ，そこに保育者としてどんな

ねらいをもって保育をするのかを，月間指導計画の項目に沿って考える。その際，子どもの動きや配慮面を細かく具体的にシミュレーションして考える。

③週間指導計画

● 1週間分の計画だが，行事や製作などを含めて考えるため 1 か月分の計画で考えておくと先の見通しまで立てやすい。

●雨が降っても対応できるよう，余裕をもった計画を立てる。

④一日指導計画

●保育者の動きに対する子どもの動きや声を様々なパターンで想像して，それに対する配慮や声かけもシミュレーションして考える。

●時間に余裕のある設定をし，片づけなどの動きまで考えておく。時間がギリギリの設定になると，その通りに子どもを動かそうとしてしまい，子どもの声や気づきを逃してしまうこともある。反対に，早く進んだ場合はどうするのかを考えておくとよい（手遊びや簡単なゲーム遊び，クイズなど）。

1　長期的な指導計画——0，1，2歳児の長期指導計画を考えてみよう

　ここでは実際に指導計画を作成してみましょう。第13章の事例13－1で確認したように，年間指導計画は前年度の指導計画を振り返った後に，保護者の意見や看護師，栄養士の意見も反映して立てていきます。しかし，いきなり年間指導計画を立てる前に，何か軸を決めて作成の練習をしていくことが大切です。そこで，基本的生活習慣を最初の軸として期間指導計画を考えていきましょう。

　生活習慣とは子どもが自立していく過程で求められる生活行動の形のことです。これは，家庭や広く地域社会で，お互いが気持ちよく生活していくための 1 つの共通したルールのようなものです。生活習慣は，生活している社会環境によって大きく左右されます。国家や民族が異なれば，当然のことながらその生活習慣は異なります。このように生活習慣とは文化的，社会的，宗教的な影響を強く受けています。生活習慣には，**基本的生活習慣**（第 1 章第 3 節参照）と**社会的生活習慣**があります。

　基本的生活習慣には，食事，排泄，睡眠，清潔，衣類の着脱衣などがあります。これらはいずれも家族や保育者との関わりの中で経験を通して習得されていくものです。そのため，周囲の大人の日常的な行動や動作などの日々の生活の態度が，子どもにその教育的効果をもたらします。乳児期は，基本的な生活習慣を身に付けていく大切な時期であり，子どもがそれらを身に付けるためには，家族や保育者の援助が必要です。そこで次のことに留意する必要があります。

　①　子どもの発達段階に応じて子どもが次にできそうなことを考える。

　②　叱るより，褒めたり励ましたりする中で，子どもの自立への意欲を育てる。

　③　うまくできなくても，子どもの自分でやりたいという気持ちを尊重して援助する。

　④　毎日の生活の中で，繰り返し教えていくことにより習慣形成を促す。

　乳幼児期の生活習慣の乱れが就学後に影響するケースもあり，子どもにとってのぞましい生活習慣を確立するためには，大人の生活に子どもを合わせないように注意することが必要です。

ことば

社会的生活習慣

社会規範に基づいた社会との接点の中で必要とされる生活習慣。たとえば，ジュースの空き缶や菓子袋を道端に投げ捨てれば，ごみが散乱し，地域の美観や景観を損ねることになる。このような行動をお互いに自制して，環境をきれいに保つというようなことである。

●ワーク１：表22-1に１歳児（秋）の基本的生活習慣を中心とした期間指導計画表を示します。空欄に保育者の配慮を記入し完成させましょう。

表22－1　基本的生活習慣を中心とした期間指導計画（集団）
　　　　　第３期（10〜12月），１歳児

ねらい	・基本的生活習慣を身に付ける。 ・「自分で」という気持ちをもち，身のまわりのことをやろうとする。	
	子どもの生活	保育者の配慮
食　事	・スプーンやフォークを使って自分で食べる。 ・いろいろなものを食べる。	（回答例） ・そばについて食べやすい大きさに切ったりするなど援助する。 ・食事の時間が楽しくなる声かけをする。
排　泄	・おまるやトイレで排泄する。 ・おむつはぬれたら替えて気持ちよく過ごす。	
睡　眠	・スムーズに入眠し，静かにぐっすりと眠る。	
着脱衣	・保育者と着替えをする。 ・月齢の大きい子はパンツやズボンを自分ではいたり，上着を着ようとする。	
清　潔	・戸外から戻ったら手洗いをする。 ・鼻水に気づいて拭いてもらう。	
保護者との連携・支援	・基本的生活習慣についての情報を保護者と共有する。 ・園での取り組みをドキュメンテーションなどで共有する。 ・規則正しい生活リズムの大切さを理解してもらうための掲示をする。 ・メディアとの向き合い方についてクラスだよりなどでお知らせする。	

出所：筆者作成

　この表をみると，基本的生活習慣の確立には，保護者との連携や支援が不可欠です。保護者の方々にも規則正しい生活習慣の大切さを理解してもらえるように配慮していきましょう。

　基本的生活習慣を軸とした指導計画に触れて，少しイメージがつかめたでしょうか。次に，食育を軸として期間指導計画を考えていきましょう。食べることは生きることの源で，心と体の発達に密接に関係しています。乳児期から発達段階に応じて豊かな食の体験を積み重ねていくことが，生涯にわたって健康でいきいきとした生活を送る基礎となります。

　食事は空腹を満たすだけでなく，ヒトとの信頼関係の基礎をつくる営みでもあります。子どもが身近な大人からの援助を受けながら，ほかの子どもとの関わりを通して，楽しく食べる体験を積み重ね，食への関心を育むことが大切です。

　保育所保育指針では，食を営む力の基礎を培うことを目標として食育が実施されます。０，１，２歳児の食育の実施にあたっては，以下のような取り組みがなされています。プチトマトを園で育てて初めてトマトが食べられるようになったり，芋ほり遠足に行くにあたって季節の食材に触れたり子どもたちが興味・関心をもつように絵本などを用いて食への理解を深めたりします。

　農林水産省では，以下の３つの重点事項を柱に，SDGs の考え方を踏まえ，

ことば

SDGs
持続可能な開発目標（Sustainable Development Goals：SDGs）とは，2015年９月の国連サミットで採択された「持続可能な開発のための2030アジェンダ」に記載された，2030年までに持続可能でよりよい世界を目指す国際目標のこと。17のゴール・169のターゲットから構成され，地球上の「誰一人取り残さない」ことを誓っている。

第4次食育推進計画を推進しています。
〈第4次食育推進基本計画の3つの重点事項〉
　①　生涯を通じた心身の健康を支える食育の推進
　②　持続可能な食を支える食育の推進
　③　「新たな日常」やデジタル化に対応した食育の推進
　これらの重点事項を念頭に食育計画を立てていきましょう。

●ワーク2：表22-2に2歳児（秋）の食育を中心とした期間指導計画表を示します。空欄に保育者の配慮を記入し完成させましょう。

表22-2　食育を中心とした期間指導計画（集団）
第3期（9～12月），2歳児

ねらい	・友だちと一緒に食べ，いろいろな食べ物を食べる楽しさを味わう。 ・調理をする人に関心をもつ。 ・季節の野菜（さつまいも）に対する理解を深め，芋ほりや調理法によって季節の野菜に対する親しみをもつ。	
	子どもの生活	保育者の配慮
健　康	・うがい，手洗いなどをし，身のまわりを清潔にして食生活に必要な活動を自分でする。	（回答例） ・うがい，手洗いが楽しくなるような声かけをし，身のまわりを清潔にできるよう援助する。
人間関係	・友だちとともに食事をし，一緒に食べる楽しさを味わう。	
環　境	・調理室を見学したり，調理員と一緒に食事をすることを通して，調理をする人に関心をもつ。	
言　葉	・季節により，様々な食材が収穫されることを知り，様々な食材の名前を覚える。	
表　現	・芋ほりなどの経験を通して，季節の野菜に対して親しみをもち，野菜に対する思いを伝える。	
保護者との連携・支援	・園で用いた絵本などを紹介して，家庭でも食材について話題にしてもらえるようにする。 ・忙しくても食事の時間はテレビ・スマートフォンを使わずに楽しい時間にすることの大切さを情報共有する。 ・家庭でも楽しめるレシピの紹介をする。	

出所：食戦力すまいる株式会社と筆者で協力して作成

　この表をみると，芋ほりを経験していることがわかります。この1つの活動に対して調理室を見学してサツマイモを見たり，サツマイモが出てくる絵本を見たりします。また給食でもサツマイモを食べて深い理解を可能にすることができるのです。集団による保育の長所といえるでしょう。

2　短期的な指導計画——０，１，２歳児の短期指導計画を考えてみよう

一日指導計画（日案）の作成に向けての流れを確認しましょう。

① 子どもの実態を把握する

② ねらいをたてる

③ 子どもの主体的な活動や環境を考える

④ 保育者の援助すべき事項や配慮すべき事項を挙げる

⑤ 環境を再構成する場合もある

上記の①子どもの実態を把握するためにワークを行いましょう。

●ワーク３：表22-3は保護者が記載した子どもの様子です。熟読し子どもの
　　　　　　実態をイメージして，どのような活動を取り入れたらよいか，０歳，
　　　　　　１歳，２歳とそれぞれのグループに分かれて話し合ってみましょう。

表22-3　保護者が記載した子どもの様子

0歳9か月	"いないいないばあ" が大好き。母の陰にかくれたり，出たりして父とあそぶ。ベランダの小鳥にはカーテンの陰から "いないいないばあ"。
0歳10か月	布団や洗濯物をめくって中を見たり，母のエプロンのポケットに手をつっ込む。見えないところに興味しんしん。
0歳11か月	流し台の引き出し，テレビ台のマグネット扉など，開くところに興味を示し，何度そこから連れ出してもまたもどる。引き出しからごみ袋，布巾などをポイポイ放り出して空になるとやっと納得し，機嫌よく去っていく。
1歳2か月	小石を右手に拾い，左手に移す。また右手で一つ拾い，左へ移そうとするがなかなか二つは持てず。
1歳4か月	母と姉がじゃんけんをしていると必ず参加。パーしかできないのだが，一緒にあそんでいる雰囲気が嬉しいらしい。
1歳9か月	小麦粉粘土が大のお気に入り。細かくちぎったり，両手でこねたり伸ばしたり，「コネコネ」と言って，毎日一人でよくあそぶ。
2歳4か月	粘土遊びに夢中で，クッキー，ピザ，お餅をつくり，おもちゃのオーブンに入れてでき上がり。とてもおいしそう。
2歳5か月	買い物ごっこ，ままごとなど「ごっこ遊び」が好き。母や人形を相手にごちゃごちゃしゃべりながらやっている。
2歳10か月	「これおじいちゃんの顔，これ〇〇の顔」と初めて絵らしい絵を描き，丸い輪郭の中に目，鼻，口もそれとわかるように描く。

出所：津守真・津守房江監修，婦人之友社編集部編『子どもの生活 遊びのせかい』婦人之友社，1996
　　　年より抜粋し作成

第2節　保育内容の記録・評価

1　記録の方法としてのドキュメンテーション

次にドキュメンテーション（第13章第1節参照）の一例を紹介します。近年では保育の様子を写真にとり，説明を加えるドキュメンテーションという記録方法が，保護者や子どもとのコミュニケーションツールとして人気が出ています。ドキュメンテーションの目的として以下の3つが挙げられます。

①ドキュメンテーションを手がかりとして，保育者が保育を振り返り，子ども理解を深め，自身の保育を改善していく。

②保護者に子どもの園での姿を伝える。

③ドキュメンテーションを掲示することによって，子どもはそれを見て過去の自分や出来事を思い出し，学びの経験が確かなものとなる。

ここで，ドキュメンテーションについて，以下のワークを行いましょう。

●ワーク4：次の図22-1は保育園での2歳児の様子です。A・Bに当てはまる子どもの声を想像して書いてみましょう。

図22-1　2歳児のままごと場面

> わ　た　し　が　マ　マ　よ

> A

> B

> おふとん　かけてね

> おりこう　さんね

2人でお人形を寝かしつけ。枕がないことに気が付いてお人形の首からスタイを取りはずして枕にしていました。お布団をかけたりトントンしたり。子守歌も歌っています。長い時間お人形のお世話に忙しそうでした。やさしくお世話する姿はまるでママのようでした。

出所：大阪市N保育園

記録による振り返りを確認しました。次に保育の評価について考えていきましょう。

2　保育内容の評価

　保育の中で，多様な方法で観察・記録することで，様々な発見があります。そしてその発見を保育の成果（評価）へとつなげていきます。保育の成果は，一人ひとりの子どもの育ちであり，集団の育ちでもあります。それらをPDCAサイクル（計画，実行，評価，改善）（第13章第1節参照）でしっかりと循環させながら，評価をしていきます。

　このように保育を振り返りながら評価をすることで課題を明らかにし，次の保育活動へとつなげていきます。個や集団の育ちを丁寧にとらえた記録で，保育者の援助と関連させて保育の成果を把握し，次の保育の見通しを立てていきます。

　ここで，第13章で示した児童票（105頁　表13-2）の抜粋を使って演習課題に取り組んでみましょう。

　表22-4に記載されている文章を熟読し，保育の評価について考えます。

●ワーク5：保育者は衣服の着脱の援助についてどのような評価をし，どのような課題を明らかにしましたか。

表22-4　児童票　（1歳児Aくん7月の保育記録）

年月日	ねらい	子どもの様子	保育者の反省と評価
R3.7.31（1歳10か月）・	衣服の着脱を自分で行おうとする。	ズボンを少しだけおろすと自分で脱ごうとする姿が見られた。また自分ではこうとする姿もある。Tシャツも保育者が促すと，自分で着脱しようとしていたので，やり方を伝えながら援助していった。言葉数が一気に増え，二語文で話すことも多くなった。繰り返しや，見たものを単語で話すだけでなく，自分の思いや経験を話す様子が見られるようになった。	本児の自分でやりたいという気持ちを伸ばしていきたいと考えている反面，保育者が着替えなどをやってしまうことも多かったので，本児がじっくりと取り組める時間を考え，設定していくべきであった。言葉が文章で出てきているが，自ら積極的に話すことが多い子どもではないので，保育者とのやりとりを楽しめるよう今後もたくさん話しかけていきたい。

出所：東京都M保育園

　このように保育を振り返りながら評価をすることで課題を明らかにし，次の保育活動へとつなげていきましょう。

【演習課題】

① 　長期的な指導計画として，年間指導計画→月間指導計画（月案）が挙げられますが，短期的な指導計画ではA→一日指導計画（日案）となります。Aに当てはまる指導計画を挙げてください。

② 　基本的生活習慣を5つ挙げてみましょう。

【引用・参考文献】

ボウルビィ，ジョン著，二木武監訳『ボウルビィ　母と子のアタッチメント——心の安全基地』医歯薬出版，1993年

帆足英一編著『子どもの発達と保育（新訂版）』実教出版，2018年

石原栄子・庄司順一・田川悦子・横井茂夫『乳児保育』南山堂，2004年

神長美津子・岩立京子・岡上直子・結城孝治編著『幼児理解の理論と方法』光生館，2019年

厚生労働省「子どもを中心に保育の実践を考える——保育所保育指針に基づく保育の質向上に向けた実践事例集」2019年

厚生労働省「保育所における自己評価ガイドライン（2020年改訂版）」2020年

厚生労働省「楽しく食べる子どもに——保育所における食育に関する指針」
https://www.mhlw.go.jp/shingi/2007/06/dl/s0604-2k.pdf（2022年3月9日閲覧）

森上史郎・阿部明子編著『幼児教育課程・保育計画総論（第3版）』建帛社，2005年

内閣府・文部科学省・厚生労働省『平成29年告示　幼稚園教育要領　保育所保育指針　幼保連携型認定こども園教育・保育要領』チャイルド社，2019年

農林水産省「第4次食育推進基本計画」2021年
https://www.maff.go.jp/j/syokuiku/plan/4_plan/attach/pdf/index-3.pdf（2022年3月9日閲覧）

咲間まり子編著『コンパス乳児保育』建帛社，2020年

千羽喜代子編著『乳児の保育——0・1・2歳の生活と保育内容』萌文書林，2005年

東京都「乳幼児期からの子供の教育支援プロジェクト」2019年
https://www.syougai.metro.tokyo.lg.jp/sesaku/nyuyoji.html（2022年3月9日閲覧）

津守真・津守房江監修，婦人之友社編集部編『子どもの生活　遊びのせかい』婦人之友社，1996年

全国社会福祉協議会編著『保育の友増刊号　私たちの指導計画2006』2006年

全国社会福祉協議会編著『保育の友増刊号　私たちの指導計画2021』2021年

第23章 集団の指導計画と個別の指導計画

学習のポイント

●集団の指導計画と個別の指導計画を学び，保育者としての専門性を高めましょう。
●指導計画や保育内容を保護者支援へとつなげるための連絡帳やクラスだよりに取り組んでみましょう。

第1節 集団と個別の指導計画

1 集団の指導計画

　集団の指導計画を作成するのにあたって，第13章第3節でクラス集団としての保育の計画の中で，乳児期における個人差を大切にして一人ひとりの子どもに対し援助や配慮をするとともに，その子どもたちがどのように集団の中で過ごし，どのようなことを体験するのか，また集団としての保育を保育者はどのように展開するのかなどを明らかにしておくことを確認しました。

　保育の基本は，まず保育者が子どもたちの生活の中での自然な姿をとらえることにあります。そしてその思いや気持ちを理解し，その理解に基づいて子どもの生活がより充実したものとなるよう支え方向づけることにあります。それは子どもとともに生活をつくる営みでもあります。子どもは，まだ小さくてひ弱で一人では生きていけません。そのため，大人が適切に養護しながら教育的に関わることが必要です。

　そのように養護面・教育面において個別の配慮が必要な3歳未満児ですが，同時に集団保育も子どもたちの発達にはかかせません。集団であそぶことの効用には以下のものが挙げられます。

① ほかの子どもがあそぶ様子を見ることにより，あそび方や身体の動かし方を知る（観察学習）。

② ほかの子どもとあそぶ際に順番を待つなどといった機会があることから，協調性が養われる。

　子どもたちは，環境から刺激をうけて，環境と関わりながら成長していきます。兄弟姉妹が少なく，地域での群れ遊びも減少した現代では，保育所において子ども集団の中であそび，ヒトとの関わりを学ぶことは，0，1，2歳児であっても必要なことなのです。

ことば

観察学習
モデルの行動を観察し，それを自分のものにする過程のことをいう。

子どもたちの健全な発達のために，集団の指導計画を注意深く立てる必要があるのです。集団の指導計画について，年間の指導計画の演習を行うことで，理解を深めていきましょう。年間指導計画を表23-1に示します。各項目を確認しておきましょう。

表23-1　年間指

目　標	・くつろいだ雰囲気の中で，生命の保持および情緒の安定を図る。 ・特定の保育者との関わりの中で人に対する愛情と信頼感を培う。 ・生活の中で，言葉への興味や関心を育てる。	
年間区分	第1期（4〜6月）	第2期（7〜10月）
期のねらい	・特定の保育者との関わりの中で安心して心地よく過ごす。 ・ ・ Ⓐ	・生活やあそびの中で様々なものに触れ，音，形，色，手触りなどに気づき，感覚の働きを豊かにする。 ・一人ひとりの発育に応じて，はう，立つ，歩くなど，十分に体を動かす。
基本的生活習慣（食事・排泄・睡眠・清潔・着脱衣）を中心とした子どもの姿	・個人差に応じておむつを取り替えてもらい，気持ちよさを感じる。 ・安心して寝入ったり目覚めたりする。 ・個々の発達に合った外気浴，マッサージ，赤ちゃん体操など動きを誘う働きかけをしてもらう。	・おむつがぬれると泣いて知らせる。 ・いやがらずに顔や手足を拭いてもらう。 ・スムーズに入眠し，機嫌よく目覚める。 ・タオルなどで皮膚の摩擦をしてもらう。
環境構成のポイント	・温度・湿度・換気に留意し，過ごしやすい環境を整える。 ・授乳コーナーや安心して眠れるスペースをつくる。 ・見る・聞く・触るなどの経験ができる玩具を用意する。	・玩具でじっくりあそべるようにコーナーをつくる。 ・口に入れても安全なものを用意し清潔に留意する。 ・ハイハイやおすわりなど様々な体勢であそべるようマットなどを活用する。
あそび・学び	・落ち着いた雰囲気の中で抱いたり，あやしたり，語りかけなどをしてもらい，安定した気分と喜びを味わう。 ・音を聞いたり，モノを見たり，握ったりつかんだりする。	・興味のある玩具はすぐに片手を出してつかみ，見つめたり，しゃぶったり，振ったりしてひとり遊びをする。 ・リズミカルで簡単な歌を歌ってもらったり，手遊びをしてもらったりしてふれあい遊びを楽しむ。
保育者の援助・配慮	・ ・ ・ Ⓒ	・保健的で安全な環境を整え，朝夕の健康観察を十分に行い，機嫌よく生活できるようにする。 ・あせも，おむつかぶれ，とびひになりやすい時期なので注意する。 ・水遊びは天気，気温，風の強さに注意し，体調がよいときにする。
保健の配慮	・個々の既往歴，予防接種状況を把握する。 ・個々の健康状況，発達，体質を把握する。	・あせも，おむつかぶれ，とびひになりやすい時期なので注意する。 ・水遊びは，天気，気温，風の強さに注意し，体調がよいときにする。

出所：筆者作成

●ワーク1：①第1期Ⓐと第3期Ⓑのねらい（太枠部分）を保育所保育指針を
　　　　　もとに記入してみましょう。
　　　　②第1期Ⓒと第3期Ⓓの保育者の援助・配慮（太枠部分）を記入
　　　　　してみましょう。

導計画（0歳児）

家庭との連携	・離乳食や断乳について保護者の思いや情報を受け止めながら援助していく。 ・予防接種や健診の情報提供と共通理解をする。 ・乳児期の生活リズムの大切さについて情報共有する。

第3期（11〜12月）	第4期（1〜3月）
・ ・ Ⓑ	・生活やあそびの中で，自分の身近な人の存在に気づき，親しみの気持ちを表す。 ・保育者のあやし遊びに機嫌よく応じたり，歌やリズムに合わせて手足や体を動かして楽しんだりする。
・食べ物の種類や量を増やしてもらい，薄味や様々な味になれる。 ・月齢が進んだ子は自分でコップを持って飲む。 ・おむつがぬれていないときはおまるで排泄する。 ・衣類の脱ぎ着のとき，自分から手足を動かす。	・コップやスプーンを使えるようになる。 ・月齢が進んだ子は便器で排泄し，尿や便が出たことを知らせる。 ・介助されながら顔を拭いてもらったり，手を洗ったりして気持ちよさがわかる。 ・戸外遊びや散歩などで外気浴をする。
・それぞれの活動が十分に行われるよう食事スペース，あそびスペースの環境を工夫する。 ・描いたり貼ったりできる環境をつくる。 ・戸外であそぶ際は危険なものがないか点検し，安全・清潔に配慮する。	・指先を使ったあそびができるよう，手づくり玩具などを用意する。
・散歩に出かけた際に，戸外の事物や動物に興味をもつ。 ・音の出る玩具を好み，太鼓をたたいたり，拍子木を打ったり，笛を吹いたりしてあそぶ。 ・保育者のまねをして，いろいろな音声や音節を繰り返す。	・保育者の話しかけに動作で応じ，交流を楽しむ。 ・友だちの行動に関心をもち，関わりを求める。 ・保育者に絵本を読んでもらったり，手遊び，まねっこ遊びをしたりしながら，言葉を覚えていく。
・ ・ ・ Ⓓ	・自然物や玩具，身のまわりのものを見たり触ったりできるよう環境を豊かにし，感覚遊びや運動遊びを促すようにする。
・気候や体調に留意し，なるべく薄着を心がけ，衣類の調節をしていく。	・室温，湿度，換気に注意する。 ・皮膚が乾燥しトラブルが起きやすくなるので配慮する。 ・冬季下痢症に注意する。

　ここでは，クラス単位で考える集団の指導計画について考えました。続いて
個別の指導計画について考えていきましょう。

2　個別の指導計画

　第13章第2節で確認しましたが，年間指導計画や期間指導計画は，年度開始前に立案され，園でこれまで生活してきたある年齢の子どもの姿と，その年齢に該当する子どもたちの昨年の育ちから今年の姿を想像して作成されます。一般的にはそれぞれの年齢に1つ作成します。月間指導計画（月案）は，ほとんどの園でクラスごとに作成しています。年間指導計画や期間指導計画をもとに，クラスの子どもたちの実態や発達に沿って保育内容のねらいや環境構成，保育者の援助といった項目ごとに作成していきます。前月の子どもたちの生活する姿や，興味・関心に即したものになります。

　こうした指導計画を作成する際に，乳児保育では特に月齢差や個人差の大きいことに配慮しなければなりません。保育所保育指針では指導計画の作成にあたっては，子ども一人ひとりの発達過程や状況を十分に踏まえるとともに，3歳未満児については，一人ひとりの子どもの生育歴，心身の発達，活動の実態等に即して，個別の指導計画を作成することとしています。幼保連携型認定こども園教育・保育要領でも3歳未満児の指導計画の作成について，「園児の発達の個人差，入園した年齢の違いなどによる集団生活の経験年数の差，家庭環境等を踏まえ，園児一人一人の発達の特性や課題に十分留意すること」とし，満3歳未満の園児については「大人への依存度が極めて高い特性があることから，個別的な対応を図ること。また，園児の集団生活への円滑な接続について，家庭等との連携及び協力を図る等十分留意すること」とされています。

　また，3歳未満児の生活の中では，「食事」「排泄」「睡眠」など，基本的な生活習慣の獲得に向けた活動が重要です。特に「食事」は生活のうえでも楽しみでもあり，日々の子どもの様子がよくわかる活動です。基本的生活習慣を中心として個別の指導計画を作成する園もあれば，食育を中心とした個別の指導計画を作成する園もあります。

　表23-2に基本的生活習慣を中心とした1歳児の個別の月間指導計画の一例を示しますので確認しておきましょう。

表23-2　基本的生活習慣を中心とした月間指導計画（1歳児・10月（個別））

Aちゃん トイレで排尿できることが増えてきているので，家庭と連携をとりながら少しずつパンツで過ごす時間をつくっていく。トイレで排尿ができた際には，一緒に喜びを共有し，自信につなげていく。	Cくん 衣服の着脱では，自分でやりたいという気持ちが強いため，じっくりと取り組めるよう時間を設け，その中でやり方を伝えたり，少しだけ援助をし，自分でできたという達成感がもてるようにする。
Bくん 手洗いでは泡をつけてすぐに流してしまうため，一緒に横で洗って見せることで，しっかりと手洗いができるようにする。また，手洗いの絵本などを通して，菌を流すことなど手洗いの意味も伝えていく。	Dちゃん 食事では好きなものだけを食べる姿があるので，苦手なものも一口でも挑戦できるように声かけをいろいろと試していく。周りの子どもとの声のかけ合いも取り入れることで，楽しく食べてみようという気持ちになれるよう配慮していく。

出所：筆者作成

個別の指導計画についてその様式は各園によって様々ですが，ここでは，第13章で示した児童票（105頁 表13-2）の抜粋を使って演習課題に取り組んでみましょう。

● ワーク2：表23-3に記載されている文章を熟読し，子どもの様子と支援について考えてみましょう。
　　① Aくんはどんな子だと思いますか。
　　② Aくんの性格と特徴に合った支援を考えてみましょう。

表23-3　児童票（1歳児Aくんの4月から7月までの保育記録）

年月日	ねらい	子どもの様子	保育者の反省と評価
R3.4.30 （1歳7か月）	新しい環境や職員に少しずつ慣れる。	保護者と離れる際や，生活の節目に「ママ」と泣いて求める姿が見られる。その際には保育者の抱っこを拒んでいる。歌やダンスが好きで，音楽が聞こえると泣いていても一緒に踊り始め，笑顔になっていた。保育者の声かけや，絵本を見て単語をよく話している。歌ってほしい歌を単語で伝える姿も見られた。食事では自分でスプーンを持ち，手づかみと併用しながら食べている。	まだ保護者を求める姿も多いので，本児に対しての言葉かけやスキンシップをしっかりと安心感につなげていきたい。言葉を真似して話すことも多いので繰り返し楽しめるような言葉かけを意識していく。絵本を持ってくるが，保育者の膝に他児がいると自分で読み始めているので本児との読み聞かせの時間をもっとつくっていく。
R3.5.31 （1歳8か月）	・保育者との信頼関係を築く。 ・単語でのやりとりが増える。	途中体調を崩し，下旬頃まで父母を求め泣いている姿も多く見られたが，体調が回復するとともに涙する姿も減り，他児との関わりの中で笑顔も見られるようになった。走ることも好きなようで，追いかけっこで声を出して笑いあそぶ姿も見られた。食事面では好き嫌いがはっきりと出てきて，苦手なものは口に入れようとせず残しているので，無理はせず声かけを続けていく。また排尿が少ないということがあったので，水分をしっかりと補給できるように援助していく。	本児が安心して過ごせるよう，引き続き声かけや本児の好きな歌遊びなどを通して信頼関係を形成していく。普段は周りの児から少し離れていることも多いので，本児のペースで楽しめるようあそびに誘っていきたい。
R3.6.30 （1歳9か月）	保育者や友だちと身体を動かしてあそぶことを楽しむ。	生活の中で父母を求めて泣く姿がなくなり，笑顔が増えてきた。走ることを好み，走るあそびを始めると声をあげて笑いながら楽しんでいる。お散歩では保育者や他児と手をつないで歩き，歩行も安定していた。水分をあまり自分でとらず，一口飲み，コップを置いて座っていることが多い。	本児が自ら保育者に関わろうとしてくることが少ないので，関わりをもてるよう言葉かけを意識していった。排尿が長時間ないといったことがあったので，保護者と様子を共有しながら，しっかりと水分補給の際に一定量飲めるように援助していった。
R3.7.31 （1歳10か月）	衣服の着脱を自分で行おうとする。	ズボンを少しだけおろすと自分で脱ごうとする姿が見られた。また自分ではこうとする姿もある。Tシャツも保育者が促すと，自分で着脱しようとしていたので，やり方を伝えながら援助していった。言葉数が一気に増え，二語文で話すことも多くなった。繰り返しや，見たものを単語で話すだけでなく，自分の思いや経験を話す様子が見られるようになった。	本児の自分でやりたいという気持ちを伸ばしていきたいと考えている反面，保育者が着替えなどをやってしまうことも多かったので，本児がじっくりと取り組める時間を考え，設定していくべきであった。言葉が文章で出てきているが，自ら積極的に話すことが多い子どもではないので，保育者とのやりとりを楽しめるよう今後もたくさん話しかけていきたい。

出所：東京都M保育園

　保育者は，自分自身の保育内容を振り返り，次の活動へとつなげていくことや，子どもの育ちを保護者に伝えていく必要があります。そのために保育活動を記録し評価したり，連絡帳などのツールでその記録を活用したりします。

第2節　保育内容の記録の活用

1　連絡帳

　保育現場では，指導計画があり保育を実施し，その記録をとるという作業を毎日行っています。ここでは保育における記録の活用について確認します。

　保育の記録とその活用について「保育所における自己評価ガイドライン（2020年改訂版）」（厚生労働省，2020）では次のようにまとめています。

○保育の記録は，自己評価の主要な材料であると同時に，記録する行為自体も保育を振り返る過程の一部として捉えられます。
○記録には，保育の全体的な展開や子どもに関する記録，活動や出来事についてまとめた記録など，様々なものがあります。また，言葉や文章だけでなく，写真や動画，保育環境の図を活用するといった形式・方法もあります。
○記録の活用を図る上では，記述内容が分かりやすいものとなるよう配慮する，整理の仕方や掲示・置き場所などを工夫するといったことも重要です。

　「子どもを中心に保育の実践を考える──保育所保育指針に基づく保育の質向上に向けた実践事例集」（厚生労働省，2019）では，記録や計画，発信物の工夫を活かすヒントとして次のようなことを挙げています。

　まず写真を活用した記録は，保育者への発信のためだけではなく，保育士自身が子どもの学びを読み取るツールや，子ども，同僚との対話にも生かされます。次に保護者に子どもの姿や保育を伝える場合，写真などの視覚的な記録をうまく活用することで，文章だけの記録よりもより伝わりやすくなります。最後に単に写真を用いるということだけではなく，子どもがあそびに熱中している姿や，そこでの子どもの経験内容を読み取り，記録していくことが重要です。

　荒井（2006）は，保育の「記録」の背景として次のことを挙げています。

①　個々の子どもの，それぞれの成長の仕方に注目する。
②　保護者が読んだとき子育てに対して喜びや励みとなるようにする。
③　保護者と保育者のあいだの，心のつながりとなるようにする。

　ここで，保護者と保育者の毎日のコミュニケーションツールとなる保育記録の一つとして0歳8か月のMちゃんの連絡帳（図23-1）を紹介します。内容を読んでみてください。Mちゃんの離乳食は1日2回です。ペースト状につぶした野菜を食べていることがわかります。季節は秋です。鼻水を出していることから風邪をひきやすい時期だとわかります。スタイを見て，もうすぐご飯の時間だと喜ぶMちゃん。とても理解力があると思いませんか。上記の②にあるように，保護者が読んだとき子育てに対して喜びや励みとなるような連絡帳への返信を考えてみましょう。

●ワーク３：図23-1のMちゃん（０歳８か月）の連絡帳では，母親が下の歯が生えてきたと喜んでいる様子がわかります。乳児にとっては初めて生えてくるのが下の２本の歯です。喜びを共有する保育者としてAの欄（太枠部分）にあなたなら何を書きますか。取り組んでみましょう。

図23- 1　0歳児Mちゃんの連絡帳

11月4日　金曜日　天気　晴れ　　　　　　　　　　　　　　（０歳８か月　Mちゃん）

	家庭から		保育園（所）から	
	時刻 （　時　分）	主食（またはミルク），副食，その他	時刻 （　時　分）	主食（またはミルク），副食，その他
食事	前夜 18：00 20：30 今朝 2：00 6：30 8：00	おかゆ，ほうれん草，じゃがいも 母乳 〃 〃 〃	11：00 15：45	お昼　おかゆ１杯半 　　　人参ペースト15口 　　　ほうれん草　２口 母乳　50CC（100CC） 母乳　100CC（100CC）
睡眠	就寝（　時　分）起床（　時　分） 21：00　　～　　　8：00		午睡（　時　分） 11：30　　～　　　14：40 ：　　～　　　：	
きげん	良　・　普　・　悪		良　・　普　・　悪	
排便	水　・　軟　・　普　・　堅 　　　　　　　　　3回		水　・　軟　・　普　・　堅 　　　　　　　　　2回	
入浴	有　・　無　｜検温｜（　時　分） 　　　　　　　　8：00 　　　　　　　　36.5℃		沐浴　有　・　無　｜検温｜（　時　分） 　　　　　　　9：40 　　　　　　　36.8℃	
連絡事項	おもちゃを振って渡すと，同じように振って楽しむ様になってきました。 下の歯の２本目も顔を出してきました。鼻汁はあいかわらず沢山でています。		A 運動会の練習も本人なりに参加しているつもりかもしれません。笑顔で見ていました。 ミルクのお友だちが増えて，見るとお腹が減ってきたのか半べそ…。お昼にスタイを見るとニコニコでした。	
お迎え	（　時　分） （　母　）　18：00		記入者	R・Y

出所：横浜市T保育園

　ここでは，手書きが主となる連絡帳について考えました。しかし，近年ではICT技術をもちいたコミュニケーション方法が保育の現場でも浸透しつつあります。

2　クラスだより

　クラスだよりもまた園と保護者をつなぐ大切なコミュニケーションツールの一つです。日々の送り迎えでの会話や連絡帳で保護者とのコミュニケーションは個別にとれていますが，クラスでの活動などを知らせて情報共有するきっかけとなります。またクラスだよりの作成は保育を振り返り，指導計画を明らかにするとともに子ども理解を深める一つの方法です。

　また近年においては都市化，核家族化の進展により，子どもとの関わりがないままに親となる人が増えています。そして，急速な情報化の進展により，スマートフォンが生活の中に浸透して，誰かに相談するよりもスマートフォンに頼る保護者も増えています（竹内，2022）。

　こうした子どもとの関わりに不安をおぼえる保護者に家でのあそび方のヒントになる園での生活や，年齢に合った絵本を紹介することも園だよりの大切な役割といえるでしょう。

> 〈クラスだよりの作成について〉
> ①　月間指導計画のねらいを反映した内容にしましょう。
> ②　家でできるあそびや，発達に合わせた絵本を紹介しましょう。
> ③　季節によって流行しやすい病気や対策について知らせるのもよいですね。
> ☆子どもの発達や関わり方に不安がある保護者をイメージして取り組んでみましょう。

　このように日々の連絡帳やクラスだよりといった記録を通して，保護者とコミュニケーションをとっていきましょう。日々の保育を丁寧に伝えることは，保護者の安心感につながります。

●ワーク４：12月のうさぎぐみ（１歳児）のクラスだよりを紹介します（図23-2）。クラスだよりに書かれている内容を参考にねらいとして保健的事項と外遊びに関するねらい（太枠部分）を考えてみましょう。

図23-2　クラスだよりの例

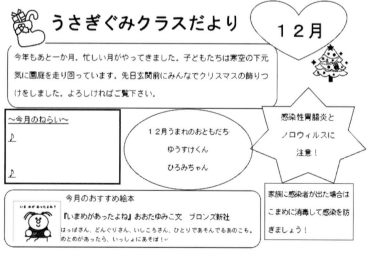

出所：筆者作成

　これまで乳児保育について学習を進めてみていかがでしたでしょうか。ずいぶん理解が進んだことと思います。実際の保育現場に出てみると，４月にはお子さんを預かったとたんに火が付いたように泣かれたり，せっかく慣れてきた頃にゴールデンウイークでまた逆戻りしたり，どうして機嫌が悪いのかわからずにおむつを交換したり，あれこれ試しても泣き止まずにこちらが泣きたくなることもあるでしょう。また皆さんより年上の保護者の方の信頼を得られるか，不安に思うこともあるでしょう。しかし心配はいりません。一生懸命子どもたちや保護者に寄り添おうとする皆さんのことを同じ保育者仲間が支えます。時間の経過とともに子どもたちと皆さんの間にはしっかりと愛着と呼ばれる信頼の絆で結ばれていくことでしょう。少子高齢化が進んでいるゆえに皆さんが子ども一人ひとりの気持ちをしっかりと受け止め，安心感に溢れた環境を設定していくことが子どもと日本の将来を支えているといっても過言ではありません。保育の世界を目指している皆さんを子どもたちが待っています。

演習課題

① 　保育の記録とその活用について「保育所における自己評価ガイドライン（2020年改訂版）」（厚生労働省，2020）では，記録の活用を図るうえでどんなことが重要だとしていますか。２つ挙げてください。
② 　クラスだより作成のポイントについて２つ挙げてください。

【引用・参考文献】
荒井洌編著『０～１歳児のクラス運営』ひかりのくに，2004年
荒井洌編著『１～２歳児のクラス運営』ひかりのくに，2006年
荒井洌編著『２～３歳児のクラス運営』ひかりのくに，2004年
石原栄子・庄司順一・田川悦子・横井茂夫『乳児保育』南山堂，2004年
厚生労働省「子どもを中心に保育の実践を考える──保育所保育指針に基づく保育の質向上に向けた実践事例集」2019年
厚生労働省「保育所における自己評価ガイドライン（2020年改訂版）」2020年
松本峰雄監修，浅川繭子・新井祥文・小山朝子・才郷眞弓・松田清美『よくわかる！ 保育士エクササイズ６　保育の計画と評価 演習ブック』ミネルヴァ書房，2019年
宮川萬寿美編著『保育の計画と評価』萌文書林，2019年
内閣府・文部科学省・厚生労働省『平成29年告示　幼稚園教育要領　保育所保育指針　幼保連携型認定こども園教育・保育要領』チャイルド社，2019年
大浦賢治編著『実践につながる 新しい子どもの理解と援助──いま，ここに生きる子どもの育ちをみつめて』ミネルヴァ書房，2021年
佐伯胖『幼児教育へのいざない』東京大学出版会，2006年
竹内直美「保育所における愛着障害児の潜在可能性と保護者支援のあり方に関する一考察」『小田原短期大学研究紀要』第52号，2022年，231-237頁
全国社会福祉協議会編著『保育の友増刊号　私たちの指導計画2006』2006年
全国社会福祉協議会編著『保育の友増刊号　私たちの指導計画2021』2021年

■第1章

① 解決策：保育所を充実するとともに安心して預けられるような保育体制をつくる。育児に関する悩みを相談し，適切に解決に導けるような場所を充実させる。子育てができるような安定した就労ができるようにする。

解決する理由：子どもを産むというプライベートな問題について国が介入することで，産まない選択をする人が否定的な目で見られるなど，個人の選択の自由が狭まる可能性がある。

② 3歳以上児の五領域では見通しや規範意識などといった社会的な理解を前提にした記述が増えている。また友だちと協力する，伝え合う，尋ねるなど相互のコミュニケーションを伴う記述が多くなっている。

■第2章

① ECEC（Early Childhood Education and Care）／ECEC日本語訳（乳幼児期の教育とケア）

② 子どもは，自分に関係のあることについて自由に自分の意見を表す権利をもっています。その意見は，子どもの発達に応じて，十分考慮されなければなりません（UNICEF）。

■第3章

① 幼児教育や保育，地域の子育て支援の量の拡充や質の向上を，市町村が実施主体となり進めていく制度である。

② 小規模保育事業，家庭的保育事業，居宅訪問型保育事業，事業所内保育事業。

■第4章

① エインズワースが明らかにしたタイプとして，回避型（養育者と離れることにあまり混乱を示さず，再会時に養育者を避けようとする行動を示すタイプ），安定型（養育者と離れることを嫌がり，泣いたりして混乱を示すが，再会時には養育者に抱っこをせがむなどして積極的に身体接触を求め，スムーズに再会できるタイプ），アンビバレント型（養育者と離れることを強く拒否し，大暴れをしたりして激しい混乱を示すが，養育者との再会時には，抱っこなどの身体接触を求めつつも養育者に怒りを向けてなかなか立ち直らないようなタイプ）がある。加えて近年，無秩序・無方向型（顔をそむけながら養育者に近づくなど，養育者との再会時に接近と回避が同時にみられるタイプ）の存在も確認されている。

② 感覚運動期は，感覚と運動を組み合わせることによって，身近な外界と関わろうとする段階である。前操作期は，表象を使った思考が可能になる段階である。具体的操作期は，具体的な事象においては論理的な思考が可能になる段階である。形式的操作期は，抽象的状況においても論理的な思考が可能になる段階である。

■第5章

① 子どもの主体性を損なう保育とは，子どもの思いが受け止められない・否定される，保育者主導の「〜させる」に傾倒している，子どもの主体的な活動が保障されていない（子どもがあそびを選べない）などが挙げられる。保育者として，常に子どもにとってどうなのかという視点が不可欠である。

② 集団の中での個を意識する前に，まずは，個々を十分に受け止めること，尊重することが大切となる。子どもの主体性で示したように，「私」として生きるから「私たち」として生きる過程を参考にし，個々から集団へという順序を意識した保育が求められる。

■第6章

① オルゴールメリー，モビール，ガラガラ，歯固め，起き上がりこぼし，ぬいぐるみ，布おもちゃ，絵本，タオル地でできたボールなど。

② おむつ交換は唯一，公然と赤ちゃんを裸にすることができる時間である。保育者は，赤ちゃんとのふれあいを大事にしながら，身体に湿疹ができていないか，虫に刺されていたり，かぶれたりしていないか，肌の状態を常に確認することが求められている。また，近年は，虐待を疑うような傷やあざができていないか，おむつ交換の際に確認することも必要になっている。

■第7章

① ユウくんは，お母さんが犬を指さして「わんわんはあっちよ」と言ってもお母さんの指さす方へすぐに視線を向けることはできなかった。しばらくは声かけをしているお母さんの顔を見ている。なぜなら，お母さんを見るのが精一杯で，モノが気になればそのモノしか目に入らないという状態（二項関係）だからである。

② この姿は，7，8か月頃に出現する人見知りによるもの。見慣れない人が食べさせようとしたため，口を開けようとしなかった。愛着関係のある保育者が差し出してくれるからこそ安心して口を開け，楽しく食べることができるのである。

■第8章

① 最も配慮したい点は，子どもが嫌がっているにもかかわらず，大人の都合や大人の「食べさせた」という自己満足のために，子どもに無理強いしない点である。食の嗜好も徐々に変化する。たとえば，食べられたものが苦手になり，反対に，それまで苦手なものが食べられるようになることもある。

　　たとえその子の嫌いなものであっても食卓には提供し，盛り付けの美しさを感じるきっかけづくりにしたり，ほかの子どもが食べている姿を見て「自分も！」と感じたときに自分から食べようとする機会づくりにしていく。大人に言われ，無理やり食べたのでは，「食べさせられた」という受容的な行為になってしまう。「自分で食べられた！」という気持ちを育み，食事の時間も楽しめるように工夫していくことが必要である。

② 自我が芽生え，自己主張ができるようになったことから考えられる言動である。自分が「イヤ」と言うことによって，どこまでが許されるのか，試しながら学んでいるともいえる。また，やりたいことはたくさんあるのに，実際にはまだできないという自分に対し，もどかしい気持ちの現れでもある。

このような発達途上にあることを理解し，子どもの「イヤ」を「今はイヤなのね」と受け入れることが望ましい。そして，「○○しているから。△△ちゃんのことも待っているからね」など，見通しがもてる伝え方をし，子どもの「イヤ」という主張を保障することも配慮の一つになる。頭ごなしに否定することのないようにしたい。

■第9章

① 朝食は家で済ませてほしいこと，それが難しい場合でも園の出入り口で食べ物を与えないこと，その理由として小麦アレルギーのある園児に影響する可能性があることを保護者に伝える。

② 「お花あったね」「お花きれいだね」「黄色い色だね」
   （＊第3節を参考に皆さん自身の言葉を考えてみましょう。）

■第10章

① （排泄）あそびの様子や排泄の感覚をみて個別にさりげなく声をかけたり，一緒にトイレへ向かったりする。

　（衣服の着脱）自立に向けて取り組んでいたときと同様にさりげない援助を心がけ，その場に一緒にいるようにする。決して「できるでしょ」などと言うことのないようにする。

　（午睡）安心して入眠できるよう，一番信頼を置いている保育士が手を握ったり傍についたりする。

　（保育士）どこであっても子どもから保育士が見える場所にいるようにしたり，子どもの状況を把握することで目線を合わせてほしいタイミングがきたときに応えられるようにしたりする。

② 小さなグループをつくり，同じリズムで生活していくように意識する。

■第11章

① 子どもは，発育・発達途上であり免疫機能が未熟であることから感染症にかかりやすく重症化しやすい。さらに，保育所は幅広い年齢の子どもが集団生活をする場であるため，感染が広がりやすい。子どもの特性として床をはったり，おもちゃを口に入れたり，ほかの子どもとふれあうため感染の危険が大きいということも考えられる。

② 日々の教育・保育の中では，子どもが成長していく過程を大切にするために自由に行動することを妨げることはできない。そうした中で，重篤な事故によって子どもが被害をうけないよう，予防と事故後の適切な対応を行うことが重要になる。

■第12章

①

日本語	おはよう	こんにちは	こんばんは	さようなら	ありがとう	ごめんなさい
英　語	Good morning グッモーニン	Hello ハロー	Good evening グッドイーブニン	Good bye グッバイ	Thank you サンキュー	I'm sorry アイムソーリー
中国語	你早 ニィザオ	你好 ニィハオ	晩上好 ワンシャンハオ	再见 ザイジェン	谢谢 シェイシェイ	对不起 ドゥイプチー
ベトナム語	Xin chào シン・チャオ	Xin chào シン・チャオ	Chào buổi tối チャオ・ブイ・トイ	Tạm biệt タンビェッ	Cám ơn カムオン	xin lỗi シンロイ
韓国語	안녕하세요 アンニョンハセヨ	안녕하세요 アンニョンハセヨ	안녕하세요 アンニョンハセヨ	안녕히 가세요 アンニョンヒ カセヨ （見送る側） 안녕히 계세요 アンニョンヒ ケセヨ （見送られる側）	감사합니다 カムサハムニダ	죄송해요 チェソンヘヨ
タガログ語 （フィリピン）	Magandang umaga マガンダン・ウマーガ	Magandang tanghali マガンダン・タンハーリ	Magandang gabi マガンダン・ガビ	Paalam パァラム	Salamat Po サラマッポ	Pasensya ka na パセンシャ カナ
ビサヤ語 （セブ島）	Maayong buntag マアヨン ブンタグ	Maayong hapon マアヨン ハポン	Maayong gabii マアヨン ガビイ	Muhawa nako ムハワ ナコ	Salamat サラマッ	Gikasubo nako ギカスボ ナコ
ポルトガル語 （ブラジル）	Bom dia ボンヂーア	Boa tarde ボアタージ	Boa noite ボアノイチ	Tchau チャオ （さよなら） Ate Amanhā アテ アマニャン （また明日）	Obrigado（男性） オブリガード Obrigada（女性） オブリガーダ	Desculpa デスクウパ

※ここに挙げている言葉はほんの一例であり，一つの国・地域でもシチュエーションによって使う言葉が異なるところがある。
※フィリピン人の中でもセブ島出身の人はタガログ語ではなくビサヤ語が母語となる。

② 担任の先生は，Ｃくんが１歳児クラスから通っていること，父親が日本人であることで日本語がわかるととらえている。しかし，家庭で使われている主となる言語は日本語とは限らない。母親がＣくんと会話をするとき，日本語でやりとりのできない母親は，自分の母語で子育てをしていることが推測される。父親はＣくんに日本語で話しかけていたとしても，母親と二人で過ごす時間の方が多いことを想定すれば，家庭での主な言語は日本語でないことが考えられる。つまり，言語を獲得していく時期に，Ｃくんは生活する場によって異なる言語を聞いているのである。言葉は，生活の文脈の中で獲得していくゆえ，一言語のみで生活している子どもより複数言語環境で育つ子どもは，場面によって聞く言語が異なるため言語獲得に時間がかかる。また，障害を疑う要素として，担任は寝転がっている姿が多いことを挙げている。この姿は，周囲の言葉が理解できず，何をしてよいのかわからない，見通しが立たない，つまらない，という心境の現れとも考えられる。周囲の子どもの行為を見て動くことはできても，これでは自ら心が動く行為に至るには容易ではない。このような姿が続く場合は，まず家庭で使われている言語を確認することが優先である。障害を疑うのは，日本の子どもたちのように家庭でも日本語で生活しているにもかかわらず，このような姿が改善されない場合に考える。

■第13章

① 乳児期における個人差を大切にする。

② 1）わかりやすい示し方や記述内容（経緯・事実・考察の書き分けなど）。

　2）読み返しやすい整理の仕方（様式の統一，ファイルの作成など）。

　3）手に取りやすい置き場所や見やすい掲示（職員間・子ども・保護者）。

■第14章

① このような保護者の背景に，不安定な雇用環境による生活への不安感が影響していることがあった。保護者は園長に相談できたことで，送迎時に笑顔がみられるようになり，子どもへの養育態度にも変化が生まれた。このように保護者の気になる言動・行動には，何らかの背景があることを忘れてはならない。また，相談できる環境づくりやカウンセリングマインドが大切となる。

② 不適切な養育や虐待に至る保護者は子どもへの愛情がなかったわけではなく，なんらかの理由で愛せなくなってしまった，子どものためによかれと思ってしていたことがエスカレートしてしまった，ということが多くある。そこに至るまでの複合的な要因に目を向けていくことが不可欠である。

■第15章

① 地域のお祭りに参加する，商店や工場などを社会見学する，など。

② 子どもの写真や文章による記録を見せながら，それについて対話することを通して保護者の関心を高めるなどの方法がある。

■第16章

① 自分でやりたい気持ちが育ってきたのだと理解し，つかみやすいものは大きさに配慮し皿に置いておく。わしづかみで口に入れられたときには「上手にできたね」「おいしいね」と微笑みかけながら，Aちゃんの気持ちに共感する。

② Hくんのお気に入りのおもちゃ（手に持てる大きさのもの）を用意し，「Hくん，これであそぼうか。おむつもきれいに替えようね」と，そのおもちゃをHくんの手に握らせてあそびながら，Hくんの顔を見て微笑みかえし，おむつを替える。おむつ替えの後は，スキンシップとしてふれあい遊びを取り入れ優しく歌い，足を動かしたり，手を握ったりしながら，ゆったりと関わりをもつようにする。

■第17章

① ほかの子どもがニンジンを食べている姿をとらえ「○○ちゃん，ニンジン食べられたね」「おいしかったのね」と対応し，Aちゃんがニンジンを食べたくなる雰囲気をつくる。本人は食べたくないのだから，無理強いはしない。きっかけをつくる方法として，子どもの様子をみながら「一口だけ食べてみる？」と提案をすることも考えられる。

② Cちゃんに対し「Bちゃんが使っている積み木が欲しかったのね。貸してって聞きましょうね。黙って取ると，Bちゃんが悲しむわね」と，Cちゃんの気持ちとBちゃんの気持ちを代弁する。状況

に応じた言葉をCちゃんに伝える。

■第18章

① 紙皿とペットボトルの蓋でつくるカスタネット等。

② 歌♪おもちゃのチャチャチャに合わせて，チャチャチャの部分で3回マラカスを振る。

■第19章

① 感染性胃腸炎の発生時は，使い捨て手袋・使い捨てエプロン・使い捨てマスクを着用し手順（物品とマニュアルは前もって準備しておく）に沿って処理する。廃棄物は二重にしたビニール袋に密封して屋外に置き，汚れた衣類はビニール袋に密閉して保護者に返却する。

・使い捨ての手袋，エプロン，マスクを着用し，ビニール袋で足カバーをする。バケツにビニール袋を二重にしてセットする。

・嘔吐物にペーパータオルをかけて広がらないようにし，窓を開けて換気する。

・ペーパータオルで嘔吐物を外から内側に向かって拭き，バケツの中の二重にしたビニール袋に捨てる。手袋を外して新しい手袋をつける。

・新しい手袋をつけ，嘔吐した場所を中心に0.1％の次亜塩素酸ナトリウムをしみこませた新聞紙を広げる。カーペットには直接次亜塩素酸ナトリウムをしみこませる（半径1.5mの範囲の床や壁をしっかりと消毒し10分間放置する）。

・手袋，マスク，エプロン，足カバーとも，表になっている部分を内側にくるむように，嘔吐物が手に触れないように注意してはずしビニール袋に入れる。手袋をはずした後は必ず手洗いをする。

② いつもと違う様子がみられ，哺乳できずに眠らず機嫌が悪いということから，感染症など何らかの病気を発症している可能性があると考える。発熱があり症状が続くようなら保護者に連絡をする。感染症を疑う場合は他児への影響を考慮して，保育室とは別の場所で水分補給をこまめに行いながら観察（検温等）・保育を続け，保護者の迎えを待つ。0～1歳児が入園してから初めて発熱した場合は突発性発疹を疑い，熱性けいれんの可能性に留意する（第11章参照）。中耳炎の可能性も考慮する。子どもの様子は記録に残し，しっかりと保護者に伝える。

■第20章

①・発達に遅れのある子どもにも興味をもてる保育内容を盛り込む。

　・発達に遅れのある子どもの着席時間を短く設定する。

②・多言語のおたよりを発行する。

　・メールなどでのやりとりで翻訳機能を使う。

ワークの模範解答

●ワーク1：インクルーシブな環境のためのアイデアを書き出しましょう。

あそび面	いろいろな国の童謡をきいたり，外国のことが学べる絵本を読んだりする。
生活面	給食に様々な国の料理をとり入れる。

■第21章

① まずはギュッと抱きしめるなどしてひとりじめしたい気持ちを受け止める。次に玩具などのモノや保育者を通して，他児とも関われるようにしていく。

② 保育者間で共有し，どの場面であってもその子どものサインを見逃さないようにし，すぐに視線を送れるようにする。また保護者から家庭での変化などについて様子を聞く。

ワークの模範解答

●ワーク1-2：子どもや家庭によって異なる起床から登園までの生活習慣

例）起床時間	例）起床の仕方	例）顔の洗い方
朝食の時間	朝食の内容	朝食を一緒にとる相手
着替えのタイミング	服を着替える順番	歯みがきの仕方
家を出る時間	保育所までの手段	誰と一緒に保育所へ行くのか

など

●ワーク2：クラス全体の流れがある中での個別対応

場　面	クラス全体の流れ	個別対応が必要な子どもの姿
片付け～おやつ	おやつを食べる準備をしている	あそびが面白くてやめられない →あそびに区切りがついたところで声をかける
散　歩	列になって歩道を歩いている	靴が脱げてしまった →安全な場所に止まって，靴をきちんとはけるまで待つ
食　事	食事が運ばれてくるのを待っている	着席すると眠り始めた →あそびを少し早く切り上げ食事の時間を早める
午　睡	布団で眠っている	時間よりだいぶ早く目覚めた →おむつ交換やトイレに誘った後，眠れない様子であればゆったりとしたあそびを用意する

●ワーク3：担当制を工夫して子どもに寄り添おう。

	プラス面	マイナス面
子どもとの関わり	育児担当制によって，愛着関係がより強固になる。子どもがより安心して生活できる。	担当だけでなく，ほかの保育者との関わりを意識した方がよい。
保護者との関わり	子どもの理解者として安心感や信頼感が増す。	関係性が思わしくない場合，お互いにストレスになる。
保育者間	役割担当制の場合，お互いの役割が明確なため連携がとりやすい。	クラスの流れに馴染めない子どもへの対応に時間を費やすと，保育が進まない。
子ども同士	いつも同じメンバーであるため関わる頻度が高くなり，気になる存在になりやすい。	子ども同士の相性に左右される。

■第22章

① 週間指導計画（週案）

② 食事・排泄・睡眠・清潔・衣服の着脱衣

●ワーク：表22-1　基本的生活習慣を中心とした期間指導計画（集団）
　　　　　　　　　　第3期（10〜12月），1歳児

	保育者の配慮
排　泄	・食事の前など決まった時間に排泄を促して習慣づけるようにする。 ・おむつ交換の際は子どもと保育者の1対1の時間を大切にする。
睡　眠	・一人ひとりの入眠しやすい方法を理解して援助するようにする。
着脱衣	・自分でやりたい気持ちを大切にしながら援助する。
清　潔	・手洗いの際に衣服がぬれないように援助する。 ・ティッシュペーパーを携帯する。

●ワーク2：表22-2　食育を中心とした期間指導計画（集団）
　　　　　　　　　　第3期（9〜12月），2歳児

	保育者の配慮
人間関係	・食事の時間が楽しみになるような雰囲気づくりや声かけをする。
環　境	・調理員や調理室，調理器具などについて説明をし，調理に対しての理解を深められるようにする。
言　葉	・絵本や紙芝居などを用いて様々な食材について理解を深められるようにする。
表　現	・芋ほりなどの経験を通して，季節の野菜に対する親しみや理解を深められるよう援助する。

●ワーク3：表22-3　0，1，2歳児の活動

0歳児　・タオルやハンカチを用いていないいないばあ遊びをする。
　　　　・フェルトでポケットの仕かけをつけた絵本を作成し，中のものを取り出せるようにする。
　　　　・100円ショップで販売しているようなプラスチックの引き出しに，乳児でもつかみやすい小さなクッション（10㎝×10㎝くらいの簡単につくれるもの）を入れ，取り出してあそべるようにする。その際，様々な色のものを準備する。

1歳児　・ビー玉などは誤飲の恐れがあるため，野球ボールのサイズのゴムボールを用意してカゴからカゴへ移すあそびの準備をする。
　　　　・一人ひとりの名前を呼んで「ハーイ」とあいさつをし，その後うまくできなくてもじゃんけん遊びをする。
　　　　・食紅で色をつけた小麦粉粘土を準備して粘土遊びをする。準備する前に小麦粉アレルギーのある子どもがいないか確認をする。

2歳児　・家庭から牛乳パックやお菓子の箱などの廃材を募り，おままごとができるようにする。
　　　　・フェルトでおままごと用の野菜や果物などをつくる。
　　　　・画用紙とクレヨンを用意してお絵描きをする。

●ワーク4：図22-1　2歳児のままごと場面

A：ねんねですよ
B：まくらしましょうね

●ワーク5：表22-4　児童票

　子どもの「自分でやりたい」という気持ちを伸ばしていきたいと考えているが，保育者が着替えなどをやってしまうことが多かった，という評価をした。そして，じっくりと取り組める時間を設定していく，という課題を明らかにした。

■第23章

① 記述内容がわかりやすいものとなるよう配慮する／整理の仕方や掲示・置き場所などを工夫する，といったこと。

② 月間指導計画のねらいを反映した内容にする／家でできるあそびや，発達に合わせた絵本を紹介する／季節によって流行しやすい病気や対策について知らせる，のうちの２つ。

ワークの模範解答

●ワーク１：表23－1　年間指導計画

①第１期Ⓐと第３期Ⓑのねらいを保育所保育指針をもとに記入してみましょう。

第１期（４～６月）	第３期（11～12月）
・保育者の愛情豊かな受容のもとで，生理的・心理的欲求を満たし，心地よく生活する。 ・身近な生活用具，玩具や絵本などが用意された中で，身の回りのものに対する興味や好奇心をもつ。 Ⓐ	・体の動きや表情，発声，喃語等を優しく受け止めてもらい，保育者とのやりとりを楽しむ。 ・保育者と一緒に様々な色彩や形のものや絵本などを見る。 Ⓑ

②第１期Ⓒと第３期Ⓓの保育者の援助・配慮を記入してみましょう。

第１期（４～６月）	第３期（11～12月）
・一人ひとりの子どもが安心して新しい生活に移行できるようにする。 ・個々の健康状況，発達，体質などを把握する。 ・個々の既往歴，予防接種状況を把握する。 Ⓒ	・抱き止めたり，ほほ笑みかけたり，子どもの要求に応答し情緒の安定を図り，安心して人と関われるようにする。 ・気候や体調に留意し，なるべく薄着を心がけ，衣類の調節をしていく。 Ⓓ

●ワーク２：表23－3　児童票

① 控えめな性格で水分の摂取が不足しがちな子。
② 積極的に保育者から関わり，また活動の合間などに水分補給をするように支援する。

●ワーク３：図23－1　連絡帳

歯もはえてきましたね。
毎日の成長が楽しみです。

●ワーク４：図23－2　クラスだより作成

・手洗いうがいを自分からすすんで行う。
・季節を感じ外で元気よくあそぶ。

児童の権利に関する条約（抄）

1989年11月20日　国際連合総会第44会期採択
1994年5月22日　日本国について発効

改正　平成15年6月12日　条約第3号，外務省告示第183号

前文　抄
第1部
第1条

　この条約の適用上，児童とは，18歳未満のすべての者をいう。ただし，当該児童で，その者に適用される法律によりより早く成年に達したものを除く。

第2条

　1　締約国は，その管轄の下にある児童に対し，児童又はその父母若しくは法定保護者の人種，皮膚の色，性，言語，宗教，政治的意見その他の意見，国民的，種族的若しくは社会的出身，財産，心身障害，出生又は他の地位にかかわらず，いかなる差別もなしにこの条約に定める権利を尊重し，及び確保する。

　2　締約国は，児童がその父母，法定保護者又は家族の構成員の地位，活動，表明した意見又は信念によるあらゆる形態の差別又は処罰から保護されることを確保するためのすべての適当な措置をとる。

第3条

　1　児童に関するすべての措置をとるに当たっては，公的若しくは私的な社会福祉施設，裁判所，行政当局又は立法機関のいずれによって行われるものであっても，児童の最善の利益が主として考慮されるものとする。

　2　締約国は，児童の父母，法定保護者又は児童について法的に責任を有する他の者の権利及び義務を考慮に入れて，児童の福祉に必要な保護及び養護を確保することを約束し，このため，すべての適当な立法上及び行政上の措置をとる。

　3　締約国は，児童の養護又は保護のための施設，役務の提供及び設備が，特に安全及び健康の分野に関し並びにこれらの職員の数及び適格性並びに適正な監督に関し権限のある当局の設定した基準に適合することを確保する。

第4条

　締約国は，この条約において認められる権利の実現のため，すべての適当な立法措置，行政措置その他の措置を講ずる。締約国は，経済的，社会的及び文化的権利に関しては，自国における利用可能な手段の最大限の範囲内で，また，必要な場合には国際協力の枠内で，これらの措置を講ずる。

第5条

　締約国は，児童がこの条約において認められる権利を行使するに当たり，父母若しくは場合により地方の慣習により定められている大家族若しくは共同体の構成員，法定保護者又は児童について法的に責任を有する他の者がその児童の発達しつつある能力に適合する方法で適当な指示及び指導を与える責任，権利及び義務を尊重する。

第6条

　1　締約国は，すべての児童が生命に対する固有の権利を有することを認める。

　2　締約国は，児童の生存及び発達を可能な最大限の範囲において確保する。

第7条

　1　児童は，出生の後直ちに登録される。児童は，出生の時から氏名を有する権利及び国籍を取得する権利を有するものとし，また，できる限りその父母を知りかつその父母によって養育される権利を有する。

　2　締約国は，特に児童が無国籍となる場合を含めて，国内法及びこの分野における関連する国際文書に基づく自国の義務に従い，1の権利の実現を確保する。

第8条

　1　締約国は，児童が法律によって認められた国籍，氏名及び家族関係を含むその身元関係事項について不法に干渉されることなく保持する権利を尊重することを約束する。

　2　締約国は，児童がその身元関係事項の一部又は全部を不法に奪われた場合には，その身元関係事項を速やかに回復するため，適当な援助及び保護を与える。

第9条

　1　締約国は，児童がその父母の意思に反してその父母から分離されないことを確保する。ただし，権限のある当局が司法の審査に従うことを条件として適用のある法律及び手続に従いその分離が児童の最善の利益のために必要であると決定する場合は，この限りでない。このような決定は，父母が児童を虐待し若しくは放置する場合又は父母が別居しており児童の居住地を決定しなければならない場合のような特定の場合において必要となることがある。

　2　すべての関係当事者は，1の規定に基づくいかなる手続においても，その手続に参加しかつ自己の意見を述べる機会を有する。

　3　締約国は，児童の最善の利益に反する場合を除くほか，父母の一方又は双方から分離されている児童が定期的に父母のいずれとも人的な関係及び直接の接触を維持する権利を尊重する。

　4　3の分離が，締約国がとった父母の一方若しくは双方又は児童の抑留，拘禁，追放，退去強制，死亡（その者が当該締約国により身体を拘束されている間に何らかの理由により生じた死亡を含む。）等のいずれかの措置に基づく場合には，当該締約国は，要請に応じ，父母，児童又は適当な場合には家族の他の構成員に対し，家族のうち不在となっている者の所在に関する重要な情報を提供する。ただし，その情報の提供が児童の福祉を害する場合は，この限りでない。締約国は，更に，その要請の提出自体が関係者に悪影響を及ぼさないことを確保する。

第10条

　1　前条1の規定に基づく締約国の義務に従い，家族の再統合を目的とする児童又はその父母による締約国への入国又は締約国からの出国の申請については，締約国が積極的，人道的かつ迅速な方法で取り扱う。締約国は，更に，その申請の提出が申請者及びその家族の構成員に悪影響を及ぼさないことを確保する。

　2　父母と異なる国に居住する児童は，例外的な事情がある場合を除くほか定期的に父母との人的な関係及び直接の接触を維持する権利を有する。このため，前条1の規定に基づく締約国の義務に従い，締約国は，児童及びその父母がいずれの国（自国を含む。）からも出国し，かつ，自国に入国する権利を尊重する。出国する権利は，法律で定められ，国の安全，公の秩序，公衆の健康若しくは道徳又は他の者の権利及び自由を保護するために必要であり，かつ，この条約において認められる他の権利と両立する制限にのみ従う。

第11条

　1　締約国は，児童が不法に国外へ移送されることを防止し及び国外から帰還することができない事態を除去するための措置を講ずる。

　2　このため，締約国は，二国間若しくは多数国間の協定の締結又は現行の協定への加入を促進する。

第12条

　1　締約国は，自己の意見を形成する能力のある児童がその児童に影響を及ぼすすべての事項について自由に自己の意見を表明する権利を確保する。この場合において，児童の意見は，その児童

203

の年齢及び成熟度に従って相応に考慮されるものとする。

2 このため，児童は，特に，自己に影響を及ぼすあらゆる司法上及び行政上の手続において，国内法の手続規則に合致する方法により直接に又は代理人若しくは適当な団体を通じて聴取される機会を与えられる。

第13条

1 児童は，表現の自由についての権利を有する。この権利には，口頭，手書き若しくは印刷，芸術の形態又は自ら選択する他の方法により，国境とのかかわりなく，あらゆる種類の情報及び考えを求め，受け及び伝える自由を含む。

2 1の権利の行使については，一定の制限を課することができる。ただし，その制限は，法律によって定められ，かつ，次の目的のために必要とされるものに限る。

　(a) 他の者の権利又は信用の尊重

　(b) 国の安全，公の秩序又は公衆の健康若しくは道徳の保護

第14条

1 締約国は，思想，良心及び宗教の自由についての児童の権利を尊重する。

2 締約国は，児童が1の権利を行使するに当たり，父母及び場合により法定保護者が児童に対しその発達しつつある能力に適合する方法で指示を与える権利及び義務を尊重する。

3 宗教又は信念を表明する自由については，法律で定める制限であって公共の安全，公の秩序，公衆の健康若しくは道徳又は他の者の基本的な権利及び自由を保護するために必要なもののみを課することができる。

第15条

1 締約国は，結社の自由及び平和的な集会の自由についての児童の権利を認める。

2 1の権利の行使については，法律で定める制限であって国の安全若しくは公共の安全，公の秩序，公衆の健康若しくは道徳の保護又は他の者の権利及び自由の保護のため民主的社会において必要なもの以外のいかなる制限も課することができない。

第16条

1 いかなる児童も，その私生活，家族，住居若しくは通信に対して恣意的に若しくは不法に干渉され又は名誉及び信用を不法に攻撃されない。

2 児童は，1の干渉又は攻撃に対する法律の保護を受ける権利を有する。

第17条

　締約国は，大衆媒体（マス・メディア）の果たす重要な機能を認め，児童が国の内外の多様な情報源からの情報及び資料，特に児童の社会面，精神面及び道徳面の福祉並びに心身の健康の促進を目的とした情報及び資料を利用することができることを確保する。このため，締約国は，

　(a) 児童にとって社会面及び文化面において有益であり，かつ，第29条の精神に沿う情報及び資料を大衆媒体（マス・メディア）が普及させるよう奨励する。

　(b) 国の内外の多様な情報源（文化的にも多様な情報源を含む。）からの情報及び資料の作成，交換及び普及における国際協力を奨励する。

　(c) 児童用書籍の作成及び普及を奨励する。

　(d) 少数集団に属し又は原住民である児童の言語上の必要性について大衆媒体（マス・メディア）が特に考慮するよう奨励する。

　(e) 第13条及び次条の規定に留意して，児童の福祉に有害な情報及び資料から児童を保護するための適当な指針を発展させることを奨励する。

第18条

1 締約国は，児童の養育及び発達について父母が共同の責任を有するという原則についての認識を確保するために最善の努力を払う。父母又は場合により法定保護者は，児童の養育及び発達についての第一義的な責任を有する。児童の最善の利益は，これらの者の基本的な関心事項となるものとする。

2 締約国は，この条約に定める権利を保障し及び促進するため，父母及び法定保護者が児童の養育についての責任を遂行するに当たりこれらの者に対して適当な援助を与えるものとし，また，児童の養護のための施設，設備及び役務の提供の発展を確保する。

3 締約国は，父母が働いている児童が利用する資格を有する児童の養護のための役務の提供及び設備からその児童が便益を受ける権利を有することを確保するためのすべての適当な措置をとる。

第19条

1 締約国は，児童が父母，法定保護者又は児童を監護する他の者による監護を受けている間において，あらゆる形態の身体的若しくは精神的な暴力，傷害若しくは虐待，放置若しくは怠慢な取扱い，不当な取扱い又は搾取（性的虐待を含む。）からその児童を保護するためすべての適当な立法上，行政上，社会上及び教育上の措置をとる。

2 1の保護措置には，適当な場合には，児童及び児童を監護する者のために必要な援助を与える社会的計画の作成その他の形態による防止のための効果的な手続並びに1に定める児童の不当な取扱いの事件の発見，報告，付託，調査，処置及び事後措置並びに適当な場合には司法の関与に関する効果的な手続を含むものとする。

第20条

1 一時的若しくは恒久的にその家庭環境を奪われた児童又は児童自身の最善の利益にかんがみその家庭環境にとどまることが認められない児童は，国が与える特別の保護及び援助を受ける権利を有する。

2 締約国は，自国の国内法に従い，1の児童のための代替的な監護を確保する。

3 2の監護には，特に，里親委託，イスラム法のカファーラ，養子縁組又は必要な場合には児童の監護のための適当な施設への収容を含むことができる。解決策の検討に当たっては，児童の養育において継続性が望ましいこと並びに児童の種族的，宗教的，文化的及び言語的な背景について，十分な考慮を払うものとする。

第21条

　養子縁組の制度を認め又は許容している締約国は，児童の最善の利益について最大の考慮が払われることを確保するものとし，また，

　(a) 児童の養子縁組が権限のある当局によってのみ認められることを確保する。この場合において，当該権限のある当局は，適用のある法律及び手続に従い，かつ，信頼し得るすべての関連情報に基づき，養子縁組が父母，親族及び法定保護者に関する児童の状況にかんがみ許容されること並びに必要な場合には，関係者が所要のカウンセリングに基づき養子縁組について事情を知らされた上での同意を与えていることを認定する。

　(b) 児童がその出身国内において里親若しくは養家に託され又は適切な方法で監護を受けることができない場合には，これに代わる児童の監護の手段として国際的な養子縁組を考慮することができることを認める。

　(c) 国際的な養子縁組が行われる児童が国内における養子縁組の場合における保護及び基準と同等のものを享受することを確保する。

　(d) 国際的な養子縁組において当該養子縁組が関係者に不当な金銭上の利得をもたらすことがないことを確保するためのすべて

の適当な措置をとる。

(e)　適当な場合には，二国間又は多数国間の取極又は協定を締結することによりこの条の目的を促進し，及びこの枠組みの範囲内で他国における児童の養子縁組が権限のある当局又は機関によって行われることを確保するよう努める。

第22条

1　締約国は，難民の地位を求めている児童又は適用のある国際法及び国際的な手続若しくは国内法及び国内的な手続に基づき難民と認められている児童が，父母又は他の者に付き添われているかいないかを問わず，この条約及び自国が締約国となっている人権又は人道に関する他の国際文書に定める権利であって適用のあるものの享受に当たり，適当な保護及び人道的援助を受けることを確保するための適当な措置をとる。

2　このため，締約国は，適当と認める場合には，1の児童を保護し及び援助するため，並びに難民の児童の家族との再統合に必要な情報を得ることを目的としてその難民の児童の父母又は家族の他の構成員を捜すため，国際連合及びこれと協力する他の権限のある政府間機関又は関係非政府機関による努力に協力する。その難民の児童は，父母又は家族の他の構成員が発見されない場合には，何らかの理由により恒久的又は一時的にその家庭環境を奪われた他の児童と同様にこの条約に定める保護が与えられる。

第23条

1　締約国は，精神的又は身体的な障害を有する児童が，その尊厳を確保し，自立を促進し及び社会への積極的な参加を容易にする条件の下で十分かつ相応な生活を享受すべきであることを認める。

2　締約国は，障害を有する児童が特別の養護についての権利を有することを認めるものとし，利用可能な手段の下で，申込みに応じた，かつ，当該児童の状況及び父母又は当該児童を養護している他の者の事情に適した援助を，これを受ける資格を有する児童及びこのような児童の養護について責任を有する者に与えることを奨励し，かつ，確保する。

3　障害を有する児童の特別な必要を認めて，2の規定に従って与えられる援助は，父母又は当該児童を養護している他の者の資力を考慮して可能な限り無償で与えられるものとし，かつ，障害を有する児童が可能な限り社会への統合及び個人の発達（文化的及び精神的な発達を含む。）を達成することに資する方法で当該児童が教育，訓練，保健サービス，リハビリテーション・サービス，雇用のための準備及びレクリエーションの機会を実質的に利用し及び享受することができるように行われるものとする。

4　締約国は，国際協力の精神により，予防的な保健並びに障害を有する児童の医学的，心理学的及び機能的治療の分野における適当な情報の交換（リハビリテーション，教育及び職業サービスの方法に関する情報の普及及び利用を含む。）であってこれらの分野における自国の能力及び技術を向上させ並びに自国の経験を広げることができるようにすることを目的とするものを促進する。これに関しては，特に，開発途上国の必要を考慮する。

第24条

1　締約国は，到達可能な最高水準の健康を享受すること並びに病気の治療及び健康の回復のための便宜を与えられることについての児童の権利を認める。締約国は，いかなる児童もこのような保健サービスを利用する権利が奪われないことを確保するために努力する。

2　締約国は，1の権利の完全な実現を追求するものとし，特に，次のことのための適当な措置をとる。

(a)　幼児及び児童の死亡率を低下させること。

(b)　基礎的な保健の発展に重点を置いて必要な医療及び保健をすべての児童に提供することを確保すること。

(c)　環境汚染の危険を考慮に入れて，基礎的な保健の枠組みの範囲内で行われることを含めて，特に容易に利用可能な技術の適用により並びに十分に栄養のある食物及び清潔な飲料水の供給を通じて，疾病及び栄養不良と闘うこと。

(d)　母親のための産前産後の適当な保健を確保すること。

(e)　社会のすべての構成員特に父母及び児童が，児童の健康及び栄養，母乳による育児の利点，衛生（環境衛生を含む。）並びに事故の防止についての基礎的な知識に関して，情報を提供され，教育を受ける機会を有し及びその知識の使用について支援されることを確保すること。

(f)　予防的な保健，父母のための指導並びに家族計画に関する教育及びサービスを発展させること。

3　締約国は，児童の健康を害するような伝統的な慣行を廃止するため，効果的かつ適当なすべての措置をとる。

4　締約国は，この条において認められる権利の完全な実現を漸進的に達成するため，国際協力を促進し及び奨励することを約束する。これに関しては，特に，開発途上国の必要を考慮する。

第25条

締約国は，児童の身体又は精神の養護，保護又は治療を目的として権限のある当局によって収容された児童に対する処遇及びその収容に関連する他のすべての状況に関する定期的な審査が行われることについての児童の権利を認める。

第26条

1　締約国は，すべての児童が社会保険その他の社会保障からの給付を受ける権利を認めるものとし，自国の国内法に従い，この権利の完全な実現を達成するための必要な措置をとる。

2　1の給付は，適当な場合には，児童及びその扶養について責任を有する者の資力及び事情並びに児童によって又は児童に代わって行われる給付の申請に関する他のすべての事項を考慮して，与えられるものとする。

第27条

1　締約国は，児童の身体的，精神的，道徳的及び社会的な発達のための相当な生活水準についてのすべての児童の権利を認める。

2　父母又は児童について責任を有する他の者は，自己の能力及び資力の範囲内で，児童の発達に必要な生活条件を確保することについての第一義的な責任を有する。

3　締約国は，国内事情に従い，かつ，その能力の範囲内で，1の権利の実現のため，父母及び児童について責任を有する他の者を援助するための適当な措置をとるものとし，また，必要な場合には，特に栄養，衣類及び住居に関して，物的援助及び支援計画を提供する。

4　締約国は，父母又は児童について金銭上の責任を有する他の者から，児童の扶養料を自国内で及び外国から，回収することを確保するためのすべての適当な措置をとる。特に，児童について金銭上の責任を有する者が児童と異なる国に居住している場合には，締約国は，国際協定への加入又は国際協定の締結及び他の適当な取決めの作成を促進する。

第28条

1　締約国は，教育についての児童の権利を認めるものとし，この権利を漸進的にかつ機会の平等を基礎として達成するため，特に，

(a)　初等教育を義務的なものとし，すべての者に対して無償のものとする。

(b)　種々の形態の中等教育（一般教育及び職業教育を含む。）の発展を奨励し，すべての児童に対し，これらの中等教育が利用可能であり，かつ，これらを利用する機会が与えられるものとし，例えば，無償教育の導入，必要な場合における財政的援助の提供のような適当な措置をとる。

(c) すべての適当な方法により，能力に応じ，すべての者に対して高等教育を利用する機会が与えられるものとする。

(d) すべての児童に対し，教育及び職業に関する情報及び指導が利用可能であり，かつ，これらを利用する機会が与えられるものとする。

(e) 定期的な登校及び中途退学率の減少を奨励するための措置をとる。

2 締約国は，学校の規律が児童の人間の尊厳に適合する方法で及びこの条約に従って運用されることを確保するためのすべての適当な措置をとる。

3 締約国は，特に全世界における無知及び非識字の廃絶に寄与し並びに科学上及び技術上の知識並びに最新の教育方法の利用を容易にするため，教育に関する事項についての国際協力を促進し，及び奨励する。これに関しては，特に，開発途上国の必要を考慮する。

第29条

1 締約国は，児童の教育が次のことを指向すべきことに同意する。

(a) 児童の人格，才能並びに精神的及び身体的な能力をその可能な最大限度まで発達させること。

(b) 人権及び基本的自由並びに国際連合憲章にうたう原則の尊重を育成すること。

(c) 児童の父母，児童の文化的同一性，言語及び価値観，児童の居住国及び出身国の国民的価値観並びに自己の文明と異なる文明に対する尊重を育成すること。

(d) すべての人民の間の，種族的，国民的及び宗教的集団の間の並びに原住民である者の理解，平和，寛容，両性の平等及び友好の精神に従い，自由な社会における責任ある生活のために児童に準備させること。

(e) 自然環境の尊重を育成すること。

2 この条又は前条のいかなる規定も，個人及び団体が教育機関を設置し及び管理する自由を妨げるものと解してはならない。ただし，常に，1に定める原則が遵守されること及び当該教育機関において行われる教育が国によって定められる最低限度の基準に適合することを条件とする。

第30条

種族的，宗教的若しくは言語的少数民族又は原住民である者が存在する国において，当該少数民族に属し又は原住民である児童は，その集団の他の構成員とともに自己の文化を享有し，自己の宗教を信仰しかつ実践し又は自己の言語を使用する権利を否定されない。

第31条

1 締約国は，休息及び余暇についての児童の権利並びに児童がその年齢に適した遊び及びレクリエーションの活動を行い並びに文化的な生活及び芸術に自由に参加する権利を認める。

2 締約国は，児童が文化的及び芸術的な生活に十分に参加する権利を尊重しかつ促進するものとし，文化的及び芸術的な活動並びにレクリエーション及び余暇の活動のための適当かつ平等な機会の提供を奨励する。

第32条

1 締約国は，児童が経済的な搾取から保護され及び危険となり若しくは児童の教育の妨げとなり又は児童の健康若しくは身体的，精神的，道徳的若しくは社会的な発達に有害となるおそれのある労働への従事から保護される権利を認める。

2 締約国は，この条の規定の実施を確保するための立法上，行政上，社会上及び教育上の措置をとる。このため，締約国は，他の国際文書の関連規定を考慮して，特に，

(a) 雇用が認められるための1又は2以上の最低年齢を定める。

(b) 労働時間及び労働条件についての適当な規則を定める。

(c) この条の規定の効果的な実施を確保するための適当な罰則その他の制裁を定める。

第33条

締約国は，関連する国際条約に定義された麻薬及び向精神薬の不正な使用から児童を保護し並びにこれらの物質の不正な生産及び取引における児童の使用を防止するための立法上，行政上，社会上及び教育上の措置を含むすべての適当な措置をとる。

第34条

締約国は，あらゆる形態の性的搾取及び性的虐待から児童を保護することを約束する。このため，締約国は，特に，次のことを防止するためのすべての適当な国内，二国間及び多数国間の措置をとる。

(a) 不法な性的な行為を行うことを児童に対して勧誘し又は強制すること。

(b) 売春又は他の不法な性的な業務において児童を搾取的に使用すること。

(c) わいせつな演技及び物において児童を搾取的に使用すること。

第35条

締約国は，あらゆる目的のための又はあらゆる形態の児童の誘拐，売買又は取引を防止するためのすべての適当な国内，二国間及び多数国間の措置をとる。

第36条

締約国は，いずれかの面において児童の福祉を害する他のすべての形態の搾取から児童を保護する。

第37条

締約国は，次のことを確保する。

(a) いかなる児童も，拷問又は他の残虐な，非人道的な若しくは品位を傷つける取扱い若しくは刑罰を受けないこと。死刑又は釈放の可能性がない終身刑は，18歳未満の者が行った犯罪について科さないこと。

(b) いかなる児童も，不法に又は恣意的にその自由を奪われないこと。児童の逮捕，抑留又は拘禁は，法律に従って行うものとし，最後の解決手段として最も短い適当な期間のみ用いること。

(c) 自由を奪われたすべての児童は，人道的に，人間の固有の尊厳を尊重して，かつ，その年齢の者の必要を考慮した方法で取り扱われること。特に，自由を奪われたすべての児童は，成人とは分離されないことがその最善の利益であると認められない限り成人とは分離されるものとし，例外的な事情がある場合を除くほか，通信及び訪問を通じてその家族との接触を維持する権利を有すること。

(d) 自由を奪われたすべての児童は，弁護人その他適当な援助を行う者と速やかに接触する権利を有し，裁判所その他の権限のある，独立の，かつ，公平な当局においてその自由の剥奪の合法性を争い並びにこれについての決定を速やかに受ける権利を有すること。

第38条

1 締約国は，武力紛争において自国に適用される国際人道法の規定で児童に関係を有するものを尊重し及びこれらの規定の尊重を確保することを約束する。

2 締約国は，15歳未満の者が敵対行為に直接参加しないことを確保するためのすべての実行可能な措置をとる。

3 締約国は，15歳未満の者を自国の軍隊に採用することを差し控えるものとし，また，15歳以上18歳未満の者の中から採用するに当たっては，最年長者を優先させるよう努める。

4 締約国は，武力紛争において文民を保護するための国際人道法に基づく自国の義務に従い，武力紛争の影響を受ける児童の保

護及び養護を確保するためのすべての実行可能な措置をとる。

第39条

締約国は，あらゆる形態の放置，搾取若しくは虐待，拷問若しくは他のあらゆる形態の残虐な，非人道的な若しくは品位を傷つける取扱い若しくは刑罰又は武力紛争による被害者である児童の身体的及び心理的な回復及び社会復帰を促進するためのすべての適当な措置をとる。このような回復及び復帰は，児童の健康，自尊心及び尊厳を育成する環境において行われる。

第40条

1　締約国は，刑法を犯したと申し立てられ，訴追され又は認定されたすべての児童が尊厳及び価値についての当該児童の意識を促進させるような方法であって，当該児童が他の者の人権及び基本的自由を尊重することを強化し，かつ，当該児童の年齢を考慮し，更に，当該児童が社会に復帰し及び社会において建設的な役割を担うことがなるべく促進されることを配慮した方法により取り扱われる権利を認める。

2　このため，締約国は，国際文書の関連する規定を考慮して，特に次のことを確保する。

(a)　いかなる児童も，実行の時に国内法又は国際法により禁じられていなかった作為又は不作為を理由として刑法を犯したと申し立てられ，訴追され又は認定されないこと。

(b)　刑法を犯したと申し立てられ又は訴追されたすべての児童は，少なくとも次の保障を受けること。

(i)　法律に基づいて有罪とされるまでは無罪と推定されること。

(ii)　速やかにかつ直接に，また，適当な場合には当該児童の父母又は法定保護者を通じてその罪を告げられること並びに防御の準備及び申立てにおいて弁護人その他適当な援助を行う者を持つこと。

(iii)　事案が権限のある，独立の，かつ，公平な当局又は司法機関により法律に基づく公正な審理において，弁護人その他適当な援助を行う者の立会い及び，特に当該児童の年齢又は境遇を考慮して児童の最善の利益にならないと認められる場合を除くほか，当該児童の父母又は法定保護者の立会いの下に遅滞なく決定されること。

(iv)　供述又は有罪の自白を強要されないこと。不利な証人を尋問し又はこれに対し尋問させること並びに対等の条件で自己のための証人の出席及びこれに対する尋問を求めること。

(v)　刑法を犯したと認められた場合には，その認定及びその結果科せられた措置について，法律に基づき，上級の，権限のある，独立の，かつ，公平な当局又は司法機関によって再審理されること。

(vi)　使用される言語を理解すること又は話すことができない場合には，無料で通訳の援助を受けること。

(vii)　手続のすべての段階において当該児童の私生活が十分に尊重されること。

3　締約国は，刑法を犯したと申し立てられ，訴追され又は認定された児童に特別に適用される法律及び手続の制定並びに当局及び施設の設置を促進するよう努めるものとし，特に，次のことを行う。

(a)　その年齢未満の児童は刑法を犯す能力を有しないと推定される最低年齢を設定すること。

(b)　適当なかつ望ましい場合には，人権及び法的保護が十分に尊重されていることを条件として，司法上の手続に訴えることなく当該児童を取り扱う措置をとること。

4　児童がその福祉に適合し，かつ，その事情及び犯罪の双方に応じた方法で取り扱われることを確保するため，保護，指導及び監督命令，カウンセリング，保護観察，里親委託，教育及び職業訓練計画，施設における養護に代わる他の措置等の種々の処置が

利用し得るものとする。

第41条

この条約のいかなる規定も，次のものに含まれる規定であって児童の権利の実現に一層貢献するものに影響を及ぼすものではない。

(a)　締約国の法律

(b)　締約国について効力を有する国際法

第2部　第3部　抄

全国保育士会倫理綱領

平成15年2月26日
平成14年度第2回全国保育士会委員総会採択

すべての子どもは，豊かな愛情のなかで心身ともに健やかに育てられ，自ら伸びていく無限の可能性を持っています。

私たちは，子どもが現在(いま)を幸せに生活し，未来(あす)を生きる力を育てる保育の仕事に誇りと責任をもって，自らの人間性と専門性の向上に努め，一人ひとりの子どもを心から尊重し，次のことを行います。

私たちは，子どもの育ちを支えます。
私たちは，保護者の子育てを支えます。
私たちは，子どもと子育てにやさしい社会をつくります。

(子どもの最善の利益の尊重)
1．私たちは，一人ひとりの子どもの最善の利益を第一に考え，保育を通してその福祉を積極的に増進するよう努めます。

(子どもの発達保障)
2．私たちは，養護と教育が一体となった保育を通して，一人ひとりの子どもが心身ともに健康，安全で情緒の安定した生活ができる環境を用意し，生きる喜びと力を育むことを基本として，その健やかな育ちを支えます。

(保護者との協力)
3．私たちは，子どもと保護者のおかれた状況や意向を受けとめ，保護者とより良い協力関係を築きながら，子どもの育ちや子育てを支えます。

(プライバシーの保護)
4．私たちは，一人ひとりのプライバシーを保護するため，保育を通して知り得た個人の情報や秘密を守ります。

(チームワークと自己評価)
5．私たちは，職場におけるチームワークや，関係する他の専門機関との連携を大切にします。

また，自らの行う保育について，常に子どもの視点に立って自己評価を行い，保育の質の向上を図ります。

(利用者の代弁)
6．私たちは，日々の保育や子育て支援の活動を通して子どものニーズを受けとめ，子どもの立場に立ってそれを代弁します。

また，子育てをしているすべての保護者のニーズを受けとめ，それを代弁していくことも重要な役割と考え，行動します。

(地域の子育て支援)
7．私たちは，地域の人々や関係機関とともに子育てを支援し，そのネットワークにより，地域で子どもを育てる環境づくりに努めます。

(専門職としての責務)
8．私たちは，研修や自己研鑽を通して，常に自らの人間性と専門性の向上に努め，専門職としての責務を果たします。

社会福祉法人　全国社会福祉協議会
全国保育協議会
全国保育士会

さくいん

編著者・著者紹介

● 編著者
大浦賢治（おおうら・けんじ）
三幸学園小田原短期大学保育学科通信教育課程准教授
修士（教育学）
保育士
［執筆担当］第Ⅰ部扉，第15章，第Ⅱ部扉

● 著者（執筆順）
松山　寛（まつやま・ひろ）
帝京科学大学幼児保育学科助教
修士（教育学）
保育士，幼稚園教諭
［執筆担当］第1章

山本陽子（やまもと・ようこ）
三幸学園小田原短期大学保育学科通信教育課程准教授
修士（教育学）
保育士，幼稚園教諭
［執筆担当］第2，9，18第2節，20章

後藤由美（ごとう・ゆみ）
名古屋柳城短期大学保育科講師
修士（教育学）
保育士，幼稚園教諭
［執筆担当］第3章

伊藤朋子（いとう・ともこ）
早稲田大学・明星大学非常勤講師，山形大学客員研究員・研究支援者
博士（教育学）
保育士
［執筆担当］第4章

砥上あゆみ（とがみ・あゆみ）
純真短期大学こども学科助教
修士（教育学）
保育士，幼稚園教諭
［執筆担当］第5，14章

鬼頭弥生（きとう・やよい）
名古屋短期大学保育科准教授
修士（人間発達学）
保育士，幼稚園教諭
［執筆担当］第6，7，12，16章第2節

寳川雅子 （ほうかわ・まさこ）

鎌倉女子大学短期大学部初等教育学科准教授

修士（家政学）

保育士，幼稚園教諭

［執筆担当］第8，17章

清水かおり （しみず・かおり）

聖ヶ丘教育福祉専門学校専任教員

修士（子ども学）

保育士，幼稚園教諭

［執筆担当］第10，21章

齋藤良枝 （さいとう・よしえ）

墨田看護専門学校非常勤講師，首都医校非常勤講師

高度専門士（公衆衛生看護学）

保健師，精神保健福祉士，看護師，養護教諭

［執筆担当］第11，19章

竹内直美 （たけうち・なおみ）

三幸学園小田原短期大学保育学科通信教育課程助教

修士（教育学）

保育士

［執筆担当］第13第1，4節，22第2節，23章第2節

三田村千穂 （みたむら・ちほ）

まなびの森保育園銀座園長

保育士，幼稚園教諭

［執筆担当］第13第2，3節，22第1節，23章第1節

嶌田弘子 （しまだ・ひろこ）

名古屋短期大学保育科准教授

修士（教育学）

保育士，幼稚園教諭

［執筆担当］第16章第1節

宮川友理子 （みやがわ・ゆりこ）

社会福祉法人柿の木福祉の園長居保育園園長
その

修士（教育学）

保育士，幼稚園教諭

［執筆担当］第18章第1節

実践につながる 新しい乳児保育
──ともに育ち合う保育の原点がここに──

2023年1月20日　初版第1刷発行　　　　　　　　　　　〈検印省略〉

定価はカバーに
表示しています

編著者　大　浦　賢　治
発行者　杉　田　啓　三
印刷者　中　村　勝　弘

発行所　株式会社　ミネルヴァ書房
607-8494　京都市山科区日ノ岡堤谷町1
電話代表（075）581 - 5191
振替口座　01020 - 0 - 8076

ISBN978-4-623-09470-7

Printed in Japan

実践につながる 新しい保育の心理学

大浦賢治 編著　　　　　　　　　　　　　　　　　　B5判美装カバー **本体2200円＋税**

保育実践のなかの発達理解，援助の基本である子ども理解，乳幼児期の学びの過程などを実践例を素材に学び，確かな理解につなげるテキスト。

実践につながる 新しい幼児教育の方法と技術

大浦賢治／野津直樹 編著　　　　　　　　　　　　　B5判美装カバー **本体2500円＋税**

育みたい資質や能力を身につけるためにはどうすればよいのかを豊富な実践例から学ぶ。新しい時代を生きる子どもたちを見据え，多彩な角度からの指導法を網羅した。

実践につながる 新しい子どもの理解と援助
──いま、ここに生きる子どもの育ちをみつめて

大浦賢治 編著　　　　　　　　　　　　　　　　　　B5判美装カバー **本体2500円＋税**

就学前の子どもが抱えるさまざまな課題を視野に，最善の利益となるかかわり方や効果的な支援法を解説。発達障害児や外国にルーツをもつ子どもや家族に対する援助についても網羅した。

実践につながる 新しい教養の心理学

大浦賢治 編著　　　　　　　　　　　　　　　　　　B5判美装カバー **本体2800円＋税**

さまざまな領域での心理学的技法を取り上げ，日常生活でいかに心理学が活用されているかを身近な事例を用いて解説する。対人援助職などが実践で役立つよう構成したテキスト。

実践につながる 新しい教育・保育実習
──自ら学ぶ実習を目指して

谷口征子／大浦賢治 編著　　　　　　　　　　　　　B5判美装カバー **本体2200円＋税**

実習とは何かから始まり，実習全体の流れを理解できるようわかりやすく解説。実習で役立つあそび，日誌の書き方，ICT，子どもと向き合うためのコツなどを実践的に学べる1冊。

実践につながる 新しい乳児保育
──ともに育ち合う保育の原点がここに

大浦賢治 編著　　　　　　　　　　　　　　　　　　B5判美装カバー **本体2400円＋税**

各年齢段階の発達過程をふまえながら，保育内容の理解を促し保育者の援助の実際を解説する。各章末に保育実践につながるテーマを演習課題として設けた。

───── ミネルヴァ書房 ─────
https://www.minervashobo.co.jp/